U0090081

民國歷史與文化研究

十一編

第 **10** 冊

近代回族文化運動（上）

丁明俊 著

花木蘭文化事業有限公司

國家圖書館出版品預行編目資料

近代回族文化運動（上）／丁明俊 著 -- 初版 -- 新北市：花
木蘭文化事業有限公司，2020〔民109〕
目 4+194 面；19×26 公分
（民國歷史與文化研究 十一編；第10冊）
ISBN 978-986-518-115-4（精裝）
1. 回族 2. 文化史
628.08　　　　　　　　　　　　　　　　109010096

ISBN-978-986-518-115-4

9 789865 181154

民國歷史與文化研究
十一編 第 十 冊　　　　ISBN：978-986-518-115-4

近代回族文化運動（上）

作　　者　丁明俊
總 編 輯　杜潔祥
副總編輯　楊嘉樂
編　　輯　許郁翎、張雅淋　美術編輯　陳逸婷
出　　版　花木蘭文化事業有限公司
發 行 人　高小娟
聯絡地址　235　新北市中和區中安街七二號十三樓
　　　　　電話：02-2923-1455／傳真：02-2923-1452
網　　址　http://www.huamulan.tw 信箱 hml810518@gmail.com
印　　刷　普羅文化出版廣告事業
初　　版　2020 年 9 月
全書字數　318295 字
定　　價　十一編 11 冊（精裝）台幣 28,000 元

版權所有 · 請勿翻印

近代回族文化運動（上）

丁明俊　著

作者簡介

丁明俊，寧夏涇源人，北方民族大學民族學學院教授（二級）、編審、博士、博士生導師，兼任北方民族大學回族學研究院院長。2013 年獲寧夏回族自治區人民政府特殊津貼，2016 年獲國務院政府特殊津貼。中國民族學會回族學分會副會長、寧夏回族研究會副會長。長期從事回族歷史文化研究工作，曾在國內外學術期刊發表學術論文 60 餘篇，著有《馬福祥傳》（寧夏人民出版社，2001）、《回族學研究文集》（民族出版社，2003）、《中國邊緣穆斯林族群的人類學考察》（寧夏人民出版社，2006）、《西北伊斯蘭教社會組織形態研究》（中國社會科學出版社，2013）。曾主持完成國家社會科學基金項目 3 項，此書為本人主持並結項 2013 年國家社會科學基金一般項目《近代回族新文化運動研究》（項目編號：13BMZ017）的最終成果。現主持2019 年國家社科基金一般項目《民國回族史研究》（項目編號：19BMZ014）。

提　　要

　　本書是一部研究近代回族文化運動的專著。全書共分 14 章，從不同視角對這場運動進行探討。20 世紀上半葉，隨著中國社會的轉型，由回族知識界、宗教界、軍政界精英發起旨在開啟民智、改良宗教、發展回族新式教育、派遣回族青年到國外留學、動員回族全面參與抗戰等為內容的近代回族文化運動。

　　民國時期回族創辦的報刊 200 種以上，其中出現象《月華》《清真鐸報》《中國回教救國協會會刊、會報》《突崛》等辦刊質量高、時間長、社會影響大的回族報刊。發表大量有價值的資料或研究成果，為我們研究民國回族社會提供了豐富的資料。民國時期組建回族社團近百個，其中辛亥革命之後王寬在北京發起成立的「中國回教俱進會」、抗戰爆發以後組建的「中國回教救國協會」影響最大。由於國民政府不承認回族是一個民族實體，當時學術界以「回教文化」表述，而這裡的「回教文化」表面看似乎等同於伊斯蘭文化，實際上其更多的是民族文化的內容。民國時期也出現「回族」一詞，但其內涵與範圍，不同人有不同理解。

　　縱觀近代回族文化運動，有以下幾個特點：一是持續時間長，前後長達半個世紀；二是社會各界參與程度高，上至回族軍、政界高級官員，中間階層包括回族文化界、宗教界、政界一般官員，下至一般基層回族民眾都不同程度參與到這場運動之中；三是內容豐富，具體包括創社團、辦報刊、發展回族新式教育。特別是一批漢族或其他民族文化名流如顧頡剛、老舍對回族文化運動以道義支持，並撰寫一系列文章，使這場運動意義影響深遠，達到啟迪民智、溝通回、漢民族感情，增強了回族對國家、中華傳統文化認同的效果，也喚醒了回族民族意識以及參與國家建設的積極性。

項目編號：2013 年國家社科基金一般項目
《近代回族新文化運動研究》
（批准號：13BMZ017）

目

次

上 冊

第一章 近代回族文化運動思想內涵與時代特徵⋯⋯ 1

　第一節 近代回族文化運動的思想內涵⋯⋯⋯⋯⋯ 1

　第二節 近代回族文化運動的時代特徵⋯⋯⋯⋯⋯ 5

　第三節 延安時期中國共產黨對回族問題的基本
　　　　　認識⋯⋯⋯⋯⋯⋯⋯⋯⋯⋯⋯⋯⋯⋯⋯ 9

第二章 「回教文化運動」與回漢民族關係⋯⋯⋯⋯ 17

　第一節 顧頡剛「回教文化運動」提出及引起討論
　　　　　⋯⋯⋯⋯⋯⋯⋯⋯⋯⋯⋯⋯⋯⋯⋯⋯⋯ 17

　第二節 近代社會各界對回漢民族關係的關注⋯⋯ 22

　第三節 白崇禧談改善回漢民族關係⋯⋯⋯⋯⋯⋯ 30

第三章 近代社會轉型中的回族社團組織⋯⋯⋯⋯⋯ 35

　第一節 社會轉型對近代回族社會影響⋯⋯⋯⋯⋯ 35

　第二節 回族文化運動初期的社團組織⋯⋯⋯⋯⋯ 38

　第三節 以學術研究為主導的回族社團⋯⋯⋯⋯⋯ 47

　第四節 近代回族青年社團⋯⋯⋯⋯⋯⋯⋯⋯⋯⋯ 51

　第五節 近代地方性回族社團⋯⋯⋯⋯⋯⋯⋯⋯⋯ 64

　第六節 全國性回族社團組織——中國回教俱
　　　　　進會⋯⋯⋯⋯⋯⋯⋯⋯⋯⋯⋯⋯⋯⋯⋯ 69

第四章 近代回族新式教育的興起⋯⋯⋯⋯⋯⋯⋯⋯ 77

　第一節 經堂教育歷史貢獻與存在問題⋯⋯⋯⋯⋯ 77

第二節　社團組織對近代回族教育的推動作用 ⋯⋯ 85

第三節　馬君圖與山西崇實中學 ⋯⋯⋯⋯⋯⋯⋯ 108

第四節　成達師範：近代新式回民教育的楷模 ⋯ 114

第五章　近代回族留學與翻譯活動 ⋯⋯⋯⋯⋯⋯⋯ 125

第一節　日本回族留學生與「留東清真教育會」 125

第二節　民國初期回族社會賢達出國考察活動 ⋯ 126

第三節　留埃及學生團選派經過 ⋯⋯⋯⋯⋯⋯ 128

第四節　馬福祥對留埃學生的關心與支持 ⋯⋯⋯ 133

第五節　留埃學生對中阿文化交流所做出的重要
　　　　貢獻 ⋯⋯⋯⋯⋯⋯⋯⋯⋯⋯⋯⋯⋯⋯ 136

第六節　《古蘭經》翻譯活動 ⋯⋯⋯⋯⋯⋯⋯⋯ 141

第六章　社團組織與回族社會互動 ⋯⋯⋯⋯⋯⋯⋯ 149

第一節　督請甘肅省政府解決臨潭回藏衝突事件 149

第二節　整頓、規範北平清真食品市場 ⋯⋯⋯⋯ 154

第三節　妥善處理多起侮教事件 ⋯⋯⋯⋯⋯⋯⋯ 159

第七章　創辦報刊雜誌 ⋯⋯⋯⋯⋯⋯⋯⋯⋯⋯⋯ 171

第一節　回族報刊的時代特點 ⋯⋯⋯⋯⋯⋯⋯⋯ 171

第二節　艱難的辦刊歷程 ⋯⋯⋯⋯⋯⋯⋯⋯⋯⋯ 175

下　冊

第八章　近代回族民族意識之覺醒 ⋯⋯⋯⋯⋯⋯⋯ 195

第一節　民國學界對「回族」「回教」之探討 ⋯⋯ 195

第二節　孫中山先生在中國回教俱進會發表演講 203

第三節　蔣介石「回教」說提出及其影響 ⋯⋯⋯ 207

第四節　伊斯蘭青年會與國民政府行政院之抗辯 213

第五節　回教救國協會、伊斯蘭青年會對行政院
　　　　通令提出異議 ⋯⋯⋯⋯⋯⋯⋯⋯⋯⋯ 214

第六節　對「回族」「回教」之爭緣起分析 ⋯⋯ 217

第九章　民國時期回族之政治訴求 ⋯⋯⋯⋯⋯⋯⋯ 221

第一節　李謙《回部公牘》記載的早期回族政治
　　　　訴求 ⋯⋯⋯⋯⋯⋯⋯⋯⋯⋯⋯⋯⋯⋯ 221

第二節　回族青年社團組織的政治請願活動 ⋯⋯ 226

第三節　中國回教協會爭取國大代表名額 ⋯⋯⋯ 232

第十章　抗戰前後日本的「回教工作」⋯⋯⋯⋯ 243
　第一節　日本間諜在回族地區的活動⋯⋯⋯⋯ 243
　第二節　日本在侵佔區成立的回族社團組織⋯⋯ 249
　第三節　中國穆斯林對日本分裂活動的批判⋯⋯ 257

第十一章　中國回教救國協會成立⋯⋯⋯⋯⋯⋯ 267
　第一節　白崇禧與中國回教救國協會的創立⋯⋯ 267
　第二節　蔣介石在救國協會第一屆全體會員大會
　　　　　的講話⋯⋯⋯⋯⋯⋯⋯⋯⋯⋯⋯⋯⋯ 272
　第三節　白崇禧與救國協會工作⋯⋯⋯⋯⋯⋯ 276
　第四節　更名中國回教協會⋯⋯⋯⋯⋯⋯⋯⋯ 280
　第五節　回教救國協會經費來源及各地分、支、
　　　　　區會建立⋯⋯⋯⋯⋯⋯⋯⋯⋯⋯⋯⋯ 282
　第六節　蔣中正發布《告戰區回教同胞書》與給
　　　　　清真寺題匾⋯⋯⋯⋯⋯⋯⋯⋯⋯⋯⋯ 287

第十二章　中國回教救國協會主要活動⋯⋯⋯⋯ 291
　第一節　救國協會抗戰動員工作⋯⋯⋯⋯⋯⋯ 291
　第二節　組織調查全國回族人口⋯⋯⋯⋯⋯⋯ 302
　第三節　救濟難民，倡導恢復生產⋯⋯⋯⋯⋯ 305
　第四節　救國協會教務工作⋯⋯⋯⋯⋯⋯⋯⋯ 309

第十三章　積極開展國民外交活動⋯⋯⋯⋯⋯⋯ 317
　第一節　開展國民外交活動的重要性⋯⋯⋯⋯ 317
　第二節　中國回教近東訪問團及其活動⋯⋯⋯ 319
　第三節　中華民國回教朝覲團與南洋訪問團⋯⋯ 337

第十四章　近代回族文化運動價值分析⋯⋯⋯⋯ 343
　第一節　近代回族精英群體的「文化自覺」⋯⋯ 343
　第二節　促進了國家認同與中華民族認同⋯⋯ 345
　第三節　促進了回族社會的全面發展⋯⋯⋯⋯ 352

附　錄⋯⋯⋯⋯⋯⋯⋯⋯⋯⋯⋯⋯⋯⋯⋯⋯⋯ 355
　附錄一：中國回教救國協會理監事一覽表（1942）355
　附錄二：民國時期中國穆斯林報刊統計表⋯⋯ 362
　附錄三：民國時期出版回族伊斯蘭教書目（部分）377

參考文獻⋯⋯⋯⋯⋯⋯⋯⋯⋯⋯⋯⋯⋯⋯⋯⋯ 385

後　記⋯⋯⋯⋯⋯⋯⋯⋯⋯⋯⋯⋯⋯⋯⋯⋯⋯ 391

第一章　近代回族文化運動思想內涵與時代特徵

　　清末民初伴隨著中國社會轉型，由回族知識界、宗教界、軍政界發起的近代回族文化運動，曾引起社會各界的高度關注，極大地推動了近代回族文化、教育、經濟、社會的全面發展，促進了回族社會自清朝以來由封閉走向開放，激發了回族愛國熱情及對國家、中華民族的高度認同。這場運動也對改善回、漢民族關係具有重要意義。儘管國民政府不承認回回民族是一個獨立的民族共同體，認為回民是漢族信仰伊斯蘭教、是「生活習慣特殊的國民」，但並沒有影響回族對民族共同體的自我認知。自 1907～1949 年期間，曾成立許多不同類型的回族社團組織，這些社團組織在發展民族文化教育、爭取參政權利方面發揮重要作用。同時利用創辦的報刊陣地，宣揚本民族文化、動員全國回族民眾積極參加抗戰等。近代回族社團組織在推動近代回族文化運動方面起了重要作用，今天回過頭來觀察、研究這段並不遙遠的過去，給我們留下許多思考。

第一節　近代回族文化運動的思想內涵

　　近代回族文化運動肇始於 1906 年，結束於 1949 年中華人民共和國成立，其內容主要包括創辦報刊、組建社團、改良宗教、發展教育等。由於國民政府不承認回族是一個民族實體，禁止使用「回族」稱謂，學術界遂以「回教文化」表述。而這裡的「回教文化」表面看似乎等同於伊斯蘭文化，實際上其內容更多的是民族文化的表述。民國時期也出現「回族」一詞，但其內涵

—1—

與所指，不同人有不同理解，也有人認為「回族」指新疆維吾爾族，也有人認為中國回族等同於中國穆斯林。因近代回族文化運動是由我國東部北京、南京等地區回族知識階層最先發起，因此該研究成果中的「回教文化」，基本等同於回族文化。

縱觀這場運動，有以下幾個特點：一是持續時間長，前後長達半個世紀；二是社會各界參與程度高，上至國民政府回族軍政界高級官員，中間階層包括回族文化界、宗教界、政界一般官員，下至一般基層回族民眾都不同程度參與到這場運動之中；三是這場運動最初以復興宗教為發起緣由，隨著運動的深入，由宗教復興轉變到文化復興，具體包括創社團、辦報刊、發展回族新式教育。特別是一批漢族或其他民族文化名流如顧頡剛、老舍等對回族文化運動以道義支持，並撰寫一系列文章，使這場運動影響更加深遠，達到啟迪民智、溝通回漢民族感情、增強回族對國家認同的效果。

回族社團是近代回族文化運動的一個主要組成部分，據統計，從 1906～1949 年自發創建的回族社團超過一百個，其中以 1912 年王寬阿訇發起成立的「中國回教俱進會」與 1938 年抗戰爆發後成立的「中國回教救國協會」影響最大。這兩個社團組織相繼在全國各省、市、縣成立分會或支會。從近代回族社團性質來看，包括宗教社團、文化社團、政治社團、教育社團、學術社團、青年社團、地方社團、抗戰社團等。從政治傾向來看有中國共產黨領導下的延安回教救國協會、延安回民文化促進會；也有國民政府主導下的中國回教救國協會、中國回教青年學會等；同時也有日本扶持成立的偽回族社團組織，如中國回教總聯合會等。

在近代回族文化運動的發展進程中，創辦報刊雜誌是其中的關鍵一環。1906 年，以「注重啟迪回民」為宗旨的回族歷史上第一份白話文報《正宗愛國報》由回族人士丁寶臣在北京創辦。1907 年，留學日本的 36 位回族學生在東京發起成立了留東清真教育會，並於 1908 年創辦了以「聯絡回教情誼，提高教育普及、宗教改良」為宗旨的歷史上回族穆斯林第一份刊物《醒回篇》。《醒回篇》雖然只出了一期，但它集中反映了清末回族資產階級知識分子的進步思想，它將民族、宗教與回族教育聯繫起來，提出改良宗教、振興回族，認為強盛國家必須從普及教育開始。近代回族報刊大多以闡發伊斯蘭教義、提倡新式回族教育、關注社會現實、交流各種信息、報導各地發生新聞事件為主，將各地回族團結起來。據統計，從 1906 年丁寶臣創辦的《正宗愛國報》

到 1949 年龐士謙主編的《回民大眾》，在近半個世紀裏，回民創辦的報刊約 270 餘種。北起東三省，南至兩廣，東起江浙沿海，西至新疆，回族創辦的報刊分布地域之廣，數量之多，在中國回族等穆斯林報刊發展史上呈現出前所未有的局面，創辦者既有回族社團組織、學校、清真寺，也有有志於回族文化傳播的個人，刊物類別有綜合類、教義類、學術類、政論類等〔註1〕，當然也有日偽回教組織所辦的《回教週報》等。

由於受辦刊人學識水平或辦刊經費限制，近代回族報刊質量上也是參差不齊，許多刊物只出一兩期就停刊，有一部分報刊現在已經無法尋到。早在上世紀 30 年代就有人評價回族報刊說：「我族發行之刊物，實為不鮮，幼稚者幼稚，偏頗者偏頗，雖多有，不如少有，發揚教義之刊物，在宗教立場說來，固亦得到不少的收穫，然對外表示，能將回族疾苦道數出來的，則絕少見」〔註2〕。

縱觀近代回族報刊發展歷程，雖然數量可觀，但辦刊宗旨明確、有影響、辦刊時間長、質量高的刊物並不多。中國回教學會於 1926 年 1 月創辦《中國回教學會月刊》，由沙善餘、伍特公任主編，辦刊宗旨為闡明教義，聯合同志，振興伊斯蘭文化，至 1929 年停刊。中國回教俱進會四川支會於 1927 年創刊《清真導報》，出版 2 期，以「闡揚教理，灌輸學術，革新風化，改進社會」為宗旨；滇支會於 1929 年創辦《雲南清真鐸報》，共發行 36 期，納忠、白壽彝、馬堅、沙德珍、納鍾明、納訓等先後出任主編。刊載文章內容主要包括伊斯蘭教義及倫理、伊斯蘭教史料、國外伊斯蘭教消息、詩歌散文等，是民國時期辦刊時間最長、影響最大的一份回族報刊。1931 年，東北大學之東北伊斯蘭學友會主辦的《伊斯蘭青年》，辦刊宗旨為：尋求真理和宗教，期待復興中國，推進整個民族的團結奮鬥。至 1936 年 12 月停刊。由於東北淪陷，期間顛沛流離，社址從東北遷到北平，又遷至西安，共出版 20 餘期。該期刊重點探討伊斯蘭教問題，揭露日本帝國主義侵華陰謀。1931 年北平追求學會主辦、北平清真書報社印行的《正道》雜誌創刊，並堅持辦刊 15 年，至 1946 年停刊，是創辦時間較長、影響較大的一份雜誌，也是瞭解當時華北穆斯林活動的重要珍貴資料。1936 年，由青海回教促進會主辦《崑崙》雜誌，主要

〔註1〕馬博忠：《民國時期穆斯林報刊統計表》，《回族研究》2008 年第 4 期。

〔註2〕《回族青年多一良友，為民族求解放之〈突崛〉應運而生》，《回族青年》1934 年第 2 卷第 3 期。

報導西北地區有關回族伊斯蘭教現實問題。1937 年香港回教青年會主辦《回教青年會刊》為抗戰吶喊宣傳，聯絡溝通民眾情感，健全教胞愛國愛教之精神。1937 年由中國回教青年學會主辦的《中國回教青年學會會報》先後出版過 3 期，王曾善任總編輯，社址在南京，辦刊宗旨：促進回民教育，傳播伊斯蘭教知識，發揚回教文化。該刊主要反映中國回教青年學會組織與活動情況，也報導各地伊斯蘭教方面動態〔註3〕。

民國期間還有學校或個人創辦的期刊，如王靜齋於 1927 年創辦《伊光》，以「尊經求實，弘揚伊斯蘭文化」為宗旨，發行約 130 期。成達師範學校主辦的《月華》雜誌創刊於 1929 年，堅持 20 年，共計出版 17 卷 485 期。該刊在加強文化溝通，促進回族教育，動員回族抗戰方面發揮了重要作用。《突崛》為 20 世紀三四十年代在華東地區有較大影響的回族伊斯蘭教刊物，由南京國民黨中央政治學院附設蒙藏班的回族青年學員創辦，其宗旨為：喚醒中國回民，闡揚回教教義，倡導回族教育，聯絡回教民族。抗戰爆發後又增加許多宣傳抗戰及愛國愛教的內容。

晚晴至民國時期，伴隨著中國社會的轉型，教育救國思想廣為發揚，一些回族知識階層對長期以來在回族內部盛行的傳統經堂教育表現出歷史侷限性與社會不適應性進行反思，並提出發展回族新式教育的主張，得到社會各界一致支持。一些在國外留學或出國考察的回族人士帶頭付諸實踐，改革經堂教育。回族教育社團組織及中國回教救國協會成立以後，在促進回族新式教育發展方面發揮了重要作用。民國時期回族宗教權威人士、知識精英和軍政界任職的高級官員，在發展回族新式教育方面形成共識，但同時認為傳統經堂教育還有保留的必要，並保證其發展生存的空間。近代回族教育的傳承與革新，也是中國伊斯蘭教本土化的一個縮影。

近代中國社會處在一個重要歷史轉折時期，所以出現政治、軍事上的紛亂、思想文化上的百家爭鳴，同時也湧現出一大批有思想、有膽識、有激情的政治家和文化名人。伴隨著近代中國社會轉型，對回族社會也產生重大影響。回族政界、文化界、宗教界、經濟界精英階層緊隨時代步伐，引領回族民眾掀起一場辦社團、創報刊、改良宗教、發展教育的近代回族文化運動。這場運動持續時間之長、影響面之廣、回族群眾參與程度之高超過歷史上任何一個時期，也曾引起中國社會各界的高度重視。近代著名學者顧頡剛先生

〔註3〕雷曉靜主編：《回族近現代報刊目錄提要》，寧夏人民出版社，2006 年。

曾在 1937 年《回教的文化運動》一文稱讚這場運動是「近代中國回教徒第一次自覺發動的文化運動」。這場運動極大促進了近代回族對國家和中華傳統文化的高度認同。近代各種回族社團作為近代回族文化運動的領導與組織者，在推動回族傳統社會向近代化的轉型、改革傳統經堂教育、推進近代回族新式教育及社會公益事業全面發展、引導動員回族參與抗日救亡、維護穆斯林合法權益、提升回族社會地位方面起到了重要作用。近代回族文化運動是對回族在清代所遭受民族歧視、民族壓迫歷史的訣別，其根本目的與意義在於思想文化層面的復興與重建，而回族精英階層在這場新文化運動中發揮了組織、領導與協調作用。對近代回族文化運動研究，有助於理解近代回族社會發展進程。

第二節　近代回族文化運動的時代特徵

　　民國期間各種類型回族社團的創立、回族報刊的創辦，為近現代回族文化運動的昌興起了重要推動作用，並且進行了許多卓有成效開創性的工作，由最初以開啟民智、聯絡感情，到發展回族教育、創辦新式學校、創辦報刊雜誌、宣傳回族文化，到加強學術研究，組織翻譯《古蘭經》等，注重溝通回、漢感情，再到發展實業，關注民生，對各地回族進行振災，最後號召回族全面走向抗日等。近代絕大部分回族社團的創辦目的以及實際功能並不是單一的，如中國回教救國協會成立以後將組織全國回民抗戰放在首位，進行抗戰動員和宣傳，但同時也大力發展回族教育，從事學術研究，在全國各地建立分會，其發展軌跡與近代中國社會進程相一致。這些社團對推動回族自清末以來由封閉走向開放，融入中國社會發展進程中起了重要作用，其歷史功績值得肯定。

　　近代回族文化運動作為「五四」以來中國新文化運動的主要組成部分，對推動回族社會的近代化轉型起了重要作用。近代回族社團是在辛亥革命前後出現的，一直延續到中華人民共和國成立，期間曾出現過近 100 種不同性質、宗旨的回族穆斯林社團，是近代回族知識界、政界、宗教界、商界聯合發起成立的旨在聯絡感情、開啟民智、發展回族教育、共同從事回族文化研究、關注回族群體利益為宗旨的公益性組織。近代回族社團在引導回族大眾國家認同、動員回族抗戰、與日偽回教組織進行鬥爭、爭取回族公權等方面發揮了主要作用。它的出現是近代中國社會劇烈變動影響的結果，是近代回

族社會進步的主要標誌，也是推動近代回族社會轉型的主要力量。

　　清朝末年各種矛盾進一步激化，清王朝面臨著嚴重的滅亡危機，清政府為了緩和國內矛盾，強化國家機器，維持自己反動統治，在不改變封建體制的前提下，利用國家權力，推行所謂「新政」，有選擇性進行一些改革。自 1901 年至 1905 年在全國範圍內推行裁撤冗衙、整飭吏治、獎勵工商實業，廢科舉、興新學等措施。清末「新政」的推行，引發國內興辦新式教育的熱潮，全國各地一些教育社團也相繼成立，繼 1902 年蔡元培在上海發起成立「中國教育會」之後，1905 年成立「江蘇教育總會」，全國各地紛紛傚仿組建教育會。一些回族人士也從中受到啟發，認為近代回民「曰貧、曰弱、曰愚」的根源在於「念書的太少，念經的太多」，丁竹園呼籲「惟有多立小學堂」，才能改變當前現狀。1906 年北京牛街清真寺開學阿訇王浩然從國外考察歸來，深感改革宗教、發展教育的重要性，「始知世界大勢非注重教育，不足以圖存」。在近代「教育救國」思潮影響下，回族穆斯林社團開始紛紛出現，20 世紀初回族社團組織發展進入一個高潮期。這一時期創建一批以興辦回族新式教育為主的教育社團，如影響較大的有 1906 年由回族知識分子童琮在鎮江創立的「東亞穆民教育總會」，後改名為「東亞清真教育總會」，其宗旨為「蓋欲為中國全體回民謀教育普及也」，「集教門之精粹，立一教育之標準，勸各處同教設立分會，則而傚之」。1907 年由中國穆斯林留學日本的學生發起成立「留東清真教育會」，其宗旨「聯絡同教情誼，提倡教育普及及宗教改良」。1906 年楊仲明阿訇在北京創辦的「清真教育會」等。這些社團多以發展教育、改良宗教、振興民族為宗旨。此後十多年間全國各地建立回族新式學堂數百所之多，1913 年馬福祥任寧夏護軍使以後，即著手在寧夏發展回民教育，創辦清真小學 60 餘所。

　　1911 年辛亥革命至 1937 年抗戰爆發之前，在這 26 年時間裏，回族社團以上海、北京等大城市為主，全國各省、較大城市回族聚居區也紛紛組建社團或支會、分會。這一時期回族在全國「五四」運動及民主革命的影響下，拋棄自清以來由於民族壓迫而在回族內部形成的狹隘、保守、固步自封、排外思想，面對內憂外患及矛盾的轉化，將愛國、保國放在首位，將自身命運與國家命運緊緊聯繫在一起，一批具有近代意識的回族知識階層、政界要員、宗教界開明人士、商界精英等首先掀起一場以組建社團、創辦報刊雜誌、建立回族新式學校、推行宗教改良、提倡研究本民族歷史文化、融洽回漢民族

關係、保護穆斯林合法權益等為主要內容的回族文化運動。這一時期的回族社團按其性質，以文化社團居多，如1912年王浩然在北京創建「中國回教俱進會」，隨之各省紛紛建立支會；學術型社團如 1917 年由京師公立第一兩等小學堂張德明等發起成立「清真學社」，其宗旨「專在研究學術、闡明教理」；宗教社團，如 1925 年由哈德成等人發起，在上海成立的「中國回教學會」，其宗旨為「闡明伊斯蘭教義，提倡回民教育，聯絡穆斯林情誼，開展中外伊斯蘭文化交流，扶助同教公益事業」；教育社團，如 1913 年 5 月馬鄰翼聯合馬安良、馬璘、喇世俊創建「蘭州回教勸學所」，以督促回族子弟上學為要務，至 1918 年改名為「蘭州回教教育促進會」；1933 年國民政府批准在南京成立的「中國回民教育促進會」，選舉馬鴻逵、邵力子、馬麟、唐柯三、孫繩武、馬鄰翼等 13 人為委員，其宗旨是「促進回民教育普及與健全」。青年社團如1931 年由王曾善等人在南京發起成立的「中國回教青年學會」，得到唐柯三、孫燕翼、艾沙、石覺民等人支持與贊助，會員多為受過中等以上教育的回族青年，其宗旨為「聯絡感情，研究學術，促進教務，服務社會」。公益性質社團如 1925 年由傅慎之、薩贊臣等人在廣州南勝清真寺成立「廣東回教慎終會」，以「愛群裕後為宗旨」的穆斯林喪濟互助慈善組織。1929 年 8 月，由鎖鐵泉、陳煥文等發起在廣州濠畔清真寺成立的崇善會，其宗旨為「扶助會員裕後」，有會員 400 餘人。該組織屬於帶有商業人壽保險性質的地區性回族社團組織。1929 年由回族實業家、文化界哈少夫、馬乙棠、沙善餘、伍特公、孫燕翼、達浦生等人在上海發起成立「中國回教公會」，其宗旨是「聯絡國內穆斯林情誼，共謀回民公益事業」。

　　這一時期成立的回族社團最多，這些社團組織成立發起人有以宗教界人士為主，有以學術、文化界人士為主，或以工商界人士為主，或以青年學生為主，或以政界人士為主。參加者除回族穆斯林以外，還有少量維吾爾族、東鄉族穆斯林參加。其工作任務除提倡改革經堂教育、舉辦現代教育外，還將出版發行書刊，翻譯出版伊斯蘭教典籍，向埃及愛資哈爾大學派遣留學生，促進同國外穆斯林之間文化交流，加強國內穆斯林教派門宦之間團結，處理回族穆斯林內部日常事務，加強對清真寺管理，與國民政府交涉維護穆斯林合法權益等成為社團的主要工作職責。

　　1937 年抗戰爆發以後，激發了回族空前的愛國熱情，將回族文化運動推向一個新階段，其中以 1938 年成立的「中國回教救國協會」影響最大。中國

回教救國協會成立後，即著手指導各省（市）成立分會，分會之下（縣）成立支會，支會之下（鄉鎮）成立區會。計有 21 個省成立分會，組建支會 381 個，區會 317 所，各地分、支、區會下附設戰時服務隊，編組回族青年協助正規軍作戰，辦理救護、情報收集、抗戰宣傳、警衛等工作。各地分會成立後，一方面引導回族青年參加抗日隊伍，同時極其重視回族文化研究。1939 年 3 月救國協會組織成立回教文化研究會，吸收了一批漢、滿等民族文化名流如郭沫若、老舍、宋之的、賀綠汀、胡愈之、陽翰笙、千家駒、陶行知、顧頡剛等教授、作家、劇作家數十人加入研究會。著名作家老舍等於 1940 年初創作了四幕話劇《國家至上》，在全國各地巡迴演出，以文藝的形式教育啟發穆斯林共赴國難，引起強烈反響，效果極佳。1937 年 12 月在中國回民救國協會支持下，組建「中國回教近東訪問團」，這是近代中國穆斯林第一次有組織的出國訪問活動，其目的在於「宣傳我國一致抗敵之決心，及日本侵略之實況，並陳述中國回教同胞在中國地位之重要，及負擔救亡責任之重大，冀以引起被訪問國同情心，而為有力之聲援。」1939 年又組建「中國回教南洋訪問團」，向世界人民宣揚中國人民抗戰到底的決心。抗戰期間由白壽彝、楊敬之、謝澄波等人在廣西桂林發起成立的「中國回教文化學會」，以弘揚伊斯蘭教文化，翻譯或介紹伊斯蘭教著作為職責，1941 年改名為「伊斯蘭文化學會」，曾組織出版伊斯蘭文化叢書 10 餘種。

抗戰期間，日本侵略者為分裂回回民族，破壞中華民族抗日統一戰線，日本華北方面軍派顧問高垣信造脅迫牛街清真寺開學阿訇王瑞蘭等於 1938 年 2 月在北京組建「中國回教總聯合會」。該偽組織建立後，遭到全國各族穆斯林的強烈譴責和抵制，各地回族社團組織紛紛發表通電，聲討日軍侵略中國、分化回族的陰謀。同年 3 月日本以「回教保護者」為名，在北平成立「中國回教青年團」，以日本特務機關長茂川秀和為主監，下設「中國回教青年團指導訓練所」，開設「防共」、日語等課程，其目的在「團結全國回教健全之青年，養成幹部防共人才」。之後在中國回教救國協會的組織下，1939 年在武漢成立「中國伊斯蘭青年會」，各地設立分會，會員一度發展到 4000 餘人，目的在於抵制和反對日偽社團組織的反動行徑，抗戰勝利以後，1945 年 11 月改組為「中國回民青年會」，宗旨為「團結全國回民，增進回民利益，融洽民族感情，共負建國任務」，1946 年開始出版《回民青年》，駁斥國民政府「回民不成民族」之說。

從理論上講我國回回民族共同體早在元末明初已經形成。但由於國民政府不承認回回是一個完整的民族共同體、以及回族內部關於民族屬性的自我認知不能達到高度統一，對近代回族文化運動也產生一定影響，使回族社團、回族報刊名稱不盡統一，出現回教、回民、回族、穆斯林、伊斯蘭教稱謂混用現象。

第三節　延安時期中國共產黨對回族問題的基本認識

中國共產黨將馬克思主義的基本原理與中國社會的、民族的實際相結合，創造性地建立了適合中國國情的民族理論和政策體系，為指導中國在解決民族問題的實踐中走出一條正確的道路，成為解決中國民族問題行之有效的思想和指南。中國共產黨的民族理論體系和具體的民族政策正是 20 世紀 30 年代紅軍長征開始後逐漸形成，在這個過程中西北地區回族獨特的文化類型與豐富的宗教資源為中國共產黨最初的一系列民族政策的制定提供了主要參考依據，特別是 1936 年 8 月豫海縣回民自治政府的成立，為黨的民族區域自治制度的最終形成積累了經驗，並為中國共產黨在民族問題上進一步探索提供了大量準確而詳實的資料，對中國共產黨執政以後民族政策的制定與完善提供了理論基礎。例如 1941 年延安民族問題研究會出版的《回回民族問題》一書，是中國共產黨早期運用馬列主義觀點研究中國民族問題的一本典範之作，具有重要劃時代意義。

回族歷史文化研究必須堅持馬克思主義基本原理和中國共產黨民族宗教政策的理論指導，這是回族歷史文化研究能夠沿著正確方向發展的基本保障。中國共產黨在長征時期對回族問題開始關注，在長征途中紅軍經過西北回族地區，對回族宗教信仰、風俗習慣有了初步認識，1935 年 1 月紅一方面軍抵達甘肅岷縣回民聚居區時，制定「回民區域政治工作」，提出「保護回民信教自由，不得擅自入清真寺，不得損壞回民經典；不准借用回民器皿用具。」1936 年 5 月又發布《中國工農紅軍總政治部關於回民工作的指示》，後附有「對回民之三大禁條，四大注意」，三大禁條為：禁止駐紮清真寺，禁止吃大葷，禁止毀壞回文經典。四大注意為：講究清潔，尊重回民的風俗習慣，不准亂用回民器皿，注意回漢團結﹝註4﹞。這一時期中國共產黨對回族的認識還是有

﹝註 4﹞《中國工農紅軍總政治部關於回民工作的指示》，《中國伊斯蘭教簡志》，宗教文化出版社，2011，382 頁。

限的，因為紅軍長征途中所接觸到、看到的大多為西北農村地區的回民。1936年5月23日中華蘇維埃政府發布《對回族人民的宣言》，這個文件除了重申回族宗教信仰自由原則以外，又提出民族自治的原則，「在民族平等原則上，回民自己管理自己的事情，建立回民自治的政府。」〔註5〕

在此前後中國共產黨中央駐地延安有一批民族工作者開始研究回族問題，他們查閱史料如《甘寧青史略》《陝西通志》及參閱大量前人研究成果，並進行實地調研，試圖對回族及全國少數民族問題有一個準確瞭解與把握，以便制定適合中國國情的民族政策。同時對日本利用民族問題分化中國抗戰力量的陰謀進行調查研究，對國民政府關於回族政策及一系列理論主張給予特別關注。黨中央為了加強對民族問題研究，西北工作委員會專門成立民族問題研究室，由劉春負責，下設兩個研究組，即回回民族問題研究組與蒙古民族問題研究組。回回民族問題研究組成立以後，曾派劉春等人到西安各地搜集資料，並到附近回民村莊開展實地調查，主要成果有兩個：

一是為中央起草了一份綱領性文件，1940年4月，中共中央西北工作委員會發表《關於回回民族問題的提綱》，並且在編者按語中指出：「這是中央西北工作委員會擬定，基本上經中央書記處批准的提綱，特發表於此，作為對回回民族問題的原則指示」〔註6〕。

二是1941年延安民族問題研究會編寫的《回回民族問題》（以下簡稱《問題》）出版發行。這部9萬字的論著被學術界認為是中國共產黨早期關於回族問題綱領性文獻，對當時乃至新中國成立以後的民族工作具有重要指導意義。從《問題》一書可以看出，當時延安民族問題研究工作者已經關注到影響全國的這場回族文化運動，在《問題》一書中大量引用了這一時期出版的回族報刊資料，如當時南京出版的《文化週刊·回教專刊》《突崛》《回教青年月報》《回教大眾》《月華》《晨熹》等。《問題》一書還引用伊斯蘭教經典《古蘭經》「聖訓」的內容，對日偽社團組織中國回教總聯合會1940年在北京所創辦的《回教》雜誌等利用民族問題分裂國家的言論給予批駁。《問題》一書對當時「回族」「回教」之爭給予特別關注，對國民政府不承認回族是一

〔註5〕《中華蘇維埃中央政府對回族人民的宣揚》，《中國伊斯蘭教志》，宗教文化出版社2011，383頁。

〔註6〕李維漢：《中共西北委員會和少數民族工作》，見甘肅民族事務委員會、甘肅民族研究所編《抗日戰爭時期甘肅回族現代史資料選輯》（第三次全國回族史討論會資料之三，內部資料）。

個完整民族共同體的大漢族主義行為進行批判。該書第七章開宗明義地指出
「回回問題是民族問題，這是客觀的存在和歷史的事實。然而，自民國以來，
關於回回民族與回族問題的存在，即已發生過不斷地爭論。這種爭論，自抗
戰以來，由於日寇分裂回回陰謀的加速進行與回族要求民族平等的積極迫
切，更被提高到重要的地位。」

　　這一時期斯大林關於民族共同體論述已經被延安民族問題研究會研究人
員所學習、領會並接受。因此有人提出，按斯大林的民族定義，回族不符合
一個民族應具備的四項條件，《問題》一書指出「他們拿斯大林民族的定義來
測量回回，發現回回沒有完全具備斯大林所指出的四個特徵，因此，認為回
回不能算作一個民族。」〔註7〕當時社會上關於回族的民族屬性有兩種觀點，
一種觀點認為，「回回本來就是漢人，回回是漢人信奉了回教，因此回回與漢
人的不同，只是信奉回教的漢人和不信奉回教的漢人的差別，回回並不是漢
族以外的獨特的民族」；另一種觀點認為，「回回原來雖不是漢人，或許是外
來民族，但現在已經漢化了，他們和漢人只剩下了宗教信仰的不同，沒有其
他的差別，他們已經不成為一個民族。」〔註8〕《問題》一書從回族起源、民
族構成、民族特點、生活習俗、宗教信仰等方面進行論證，認為回回是一個
民族，同時強調那些認為回族已經漢化或完全漢化的觀點是錯誤的，不符合
客觀事實，並指出「不承認回回是一個民族，否認有回族問題，不以民族平
等解決回族問題，這對於抗戰建國的前途將會發生如何嚴重的影響？特別在
敵人對中華民族加緊其政治進攻的現階段，將會產生如何惡劣的結果？他們
應該加速自省，並且應對回回民族以及其他民族實現民族平等政策」〔註9〕。

　　《問題》一書最後發布十條「簡短結論」，實際上是當時延安民族問題研
究會對回族問題研究結果的高度概括、處理民族問題的原則和在民族問題方
面的政治主張，如第三條稱：漢族統治階級的壓迫政策促進了回族的漢
化，……而壓迫政策所積累下來的民族隔閡還是很深的。第六條：為了鞏固
回、漢的聯合，為了堅持抗戰，漢族統治階級的民族壓迫政策不應該繼續下
去了。應該立即終止民族壓迫，具體地實行民族平等的原則。第八條：中國
共產黨根據馬、恩、列、斯關於解決民族問題的原則，歷來堅決反對任何形

〔註7〕民族問題研究會編：《回回民族問題》，民族出版社1982年，第96頁。
〔註8〕民族問題研究會編：《回回民族問題》，民族出版社1982年，第100頁。
〔註9〕民族問題研究會編：《回回民族問題》，民族出版社1982年，第105頁。

式的民族壓迫，主張以完全平等的政策去對待回族以及國內其他民族。這些
關於處理民族問題的政治主張與原則不僅僅針對回族，而是適用於國內所有
少數民族。

抗戰期間，國共兩黨建立抗日統一戰線，都看到團結回族抗戰的重要性，
也認識到日本帝國主義企圖利用民族問題分裂中國及帶來的嚴重危機。在中
國回教救國協會的號召下，中國共產黨機關駐地延安也積極籌建分會。據李
維漢回憶，1940 年 1 月中共西北工作委員會聯絡八路軍政治部白浪金，馬列
學院馬文良，中央黨校馬青年、王占魁、王謙、蘇汝智，西工委牙含章，以
及婦女大學的蘇冰等，共同發起成立「延安回民救國協會」。1940 年 2 月 26
日，延安回民救國會舉行成立大會，會場內外貼標語，如「團結回漢兩族共
同抗日」「擁護國共合作抗戰到底」。到會者除抗大、黨校、陝公、女大、邊
中及馬列學院的回民同志外，還有鄧發、李卓然、徐一新及邊區政府等同志
參加。主席報告開會意義，鄧發等發表演講，並選舉理事會，最後公推白浪
金、馬文良、馬寅（陝公）、馬青年、蘇冰五人為理事，並正式宣告「延安回
民救國協會」成立。3 月 22 日《新中華報》發表《延安回民救國協會告全邊
區回民同胞書》指出：延安各界的穆斯林弟兄們，為了鞏固全國的回漢團結
與粉碎日寇的挑撥陰謀，更加需要我們全邊區的回民統一組織起來，並與全
國各地回民建立聯繫，以激發全國回民抗日熱忱而鞏固回漢兩族的抗日團結。

延安回民救國協會倡議在延安修建一座清真寺和創辦一個清真食堂，這兩
件事都辦到了。其中延安清真寺是邊區修建的第一個清真寺，由白浪金、馬占
元負責籌建，於 1940 年 10 月 7 日正式落成，地點在文化溝內，寺院石牌坊上
鏤刻的「清真寺」三個字是毛澤東親筆題寫的，落成那天，儀式隆重，邊區回
民代表和延安各機關團體代表二百多人參加落成典禮，包括朱德、高自立、曹
如、謝覺哉、李卓然、艾思奇、李維漢等都參加了，落成典禮完全按照伊斯蘭
教儀式進行，之後朱德、高自立、李維漢等人講了話，並從關中請了馬生福為
開學阿訇，以後延安民族學院的回族、東鄉族師生，每逢主麻日及開齋節、古
爾邦節都到清真寺進行聚禮活動。截止 1941 年春，在邊區境內共修建了 14 座
清真寺。以後在鹽池、定邊鹽業區也陸續修建了清真寺〔註10〕。

〔註10〕李維漢：《中共西北委員會和少數民族工作》，見甘肅民族事務委員會、甘肅
民族研究所編《抗日戰爭時期甘肅回族現代史資料選輯》，（第三次全國回族
史討論會資料之三，內部資料）。

毛澤東為延安清真寺題字

　　同時鑒於目前抗戰形勢的需要，建議籌備組織「中國回教救國協會陝甘寧邊區分會」〔註11〕。據李維漢回憶，「中國回教救國協會陝甘寧邊區分會」這一名稱是經過黨中央研究決定的，是為了同國民黨的「中國回教救國協會」發生關係，進行統一戰線工作，擴大邊區回民抗日救國鬥爭的影響。因國民黨不承認回族，稱為回教，我們也用了這一名稱。邊區獨立的其他回民組織，則統稱為回民〔註12〕。1940年10月7日下午，中國回教救國協會陝甘寧邊區分會、邊區回民文化促進會在延安中央大禮堂聯合舉行「陝甘寧邊區回民代表大會」，到會者有邊區各分區回民代表團、延安市全體回民，黨中央及邊區領導朱德、王明、洛浦（張聞天）、高自立、謝覺哉以及各機關的代表一千餘人出席了大會，選舉出中國回教救國協會陝甘寧邊區分會主席團成員和延安回民文化促進會理事，朱德司令發表講話，略謂：一、在十八集團軍中有許多回民同志參加，如冀中回民支隊、山東回民營、山西長治回民營，他們都能艱苦奮鬥，團結抗戰，這是很光榮和值得發揚的。二、抗戰三年端賴五族聯合一致，因全國各民族都在受著敵人的壓迫，必須各民族團結一致，才能打退我們的共同敵人日本帝國主義。三、日寇的挑撥離間、「以華制華」陰謀，我們必須打破，不受其欺騙，消除歷史上回漢之間的仇隙，發揚團結以求得中華民族最後的解放〔註13〕。

〔註11〕《延安回民救國會召開成立大會》載《新中華報》1940年3月5日。
〔註12〕李維漢：《中共西北委員會和少數民族工作》，見甘肅民族事務委員會、甘肅民族研究所編《抗日戰爭時期甘肅回族現代史資料選輯》（內部資料）。
〔註13〕《回救邊區分會和回民文化促進會及邊區回民代表大會同時開幕》，《新華日報》1940年10月20日。

陝甘寧邊區回民代表大會還確定重點工作，「一、更加提高回民參加民主政治的積極性，建立與健全政府管理回民事務的機關，選舉回民參議員到各級參議會中來。二、建議增設與充實各回民小學，普遍提高回民男女老少的政治文化教育，為掃清回民的文盲而鬥爭。三、動員回民參加各種生產事業，政府幫助回民解決各種困難問題，更加改善回民生活。四、充實健全各種回民組織，一方面是回民自己民族性的組織，一方面是參加邊區一般的群眾組織。五、更加改善邊區回漢關係，提倡回漢互助瞭解並尊重其風俗習慣，用適當方式解決目前引起回漢關係某種糾紛的婚姻問題。六、幫助回民建立各地清真寺，並教育邊區漢族人民尊重回教宗教信仰及一切風俗習慣。七、加強回民內部的團結，在抗戰建國的共同目標下，回族中各教派各階層人士更親密團結起來，首先是回族中長老阿訇及進步青年擔負起團結回民的任務。八、同邊區外的全國回民團結及軍政各界建立親密關係，相互交換工作經驗，推動全國回民抗日救國運動」〔註14〕。

據李維漢講，當時創建回民文化促進會的目的，是為了溝通回漢民族感情及團結，提高邊區回民文化，共同致力於抗戰建國事業。邊區政府對籌建回民文化促進會很重視，組建回民文化促進會籌備委員會，邀請邊區政府一些漢族文化名人及軍政界要員參加，成員有謝覺哉、羅邁、張仲實、艾思奇、賈拓夫、劉春、馬文良、鮮維俊、金浪白、馬寅、馬爾撒、吳玉章、鄧發、林伯渠、高崗、李富春、蕭勁光、周揚、丁玲、王若飛、呂驥、張邦英、曹一甌、曹力如、劉景範、喬木、柯施慶、趙毅敏、金茂岳、杜矢甲、張仲勳、馬文瑞、白志民、王維舟、馬海德、蘇冰等〔註15〕。

1940 年 10 月 16 日，邊區回民代表大會主席團向毛澤東主席發電表示致敬，電文如下：

中共中央毛澤東先生並轉全體委員先生鑒：

陝甘寧邊區回民第一次代表大會在邊區共產黨、邊區政府幫助指導下勝利閉幕，大會一致認為：回民在邊區確已獲得民族地位平等，經濟生活改善，與宗教習俗自由。回漢之間確已建立兄弟友愛的關係，這是邊區政府實行中國共產黨團結中華各民族一致抗日圖存的民族平等政策所給予我們的果實，邊區回民從自己的實際生活

〔註14〕社論：《陝甘寧邊區回民代表大會的開幕》，《新中華報》1940 年 10 月 10 日。
〔註15〕《回民文化促進會緣起》，《新中華報》1940 年 10 月 10 日。

中，認識了中國共產黨確實是我們回族的可靠朋友和領導者。大會謹代表全邊區回民向中共中央以及中國各民族人民領袖毛澤東先生致最崇高敬禮與親切的慰問！〔註16〕

　　1941 年春，延安回民救國協會在關中、隴東、三邊各分區也成立支會。並派出三個巡視團赴三個區視察回民生活，幫助解決糾紛。分會和支會在邊區回民中作了許多工作，如動員西北回民群眾抗日，揭露日本製造「大回回國」的陰謀，擴大民族抗日統一戰線等。1944 年回民文化協會組織人員將馬列主義和毛澤東部分著作翻譯成阿拉伯文出版。

　　1943 年前後抗戰進入相持階段，國民黨政策逐漸逆轉，由重點對外轉向加緊「剿共」，抗戰逐漸消極。這一時期，國民黨發動了三次反共高潮，破壞國共合作，造成嚴重的內戰危機。面對國民黨的積極反共及消極抗戰，1943 年 7 月 21 日，陝甘寧邊區回教救國協會向重慶中國回教救國協會轉全體回胞暨全國同胞《回胞呼籲制止內戰》的公函，指出：「我民族災難深重，國家危急存亡之秋，國民黨內的反動派竟調河防大軍，包圍邊區，內戰危機一觸即發，當此千鈞一髮之際，我全邊區回胞，特向伊斯蘭兄弟及全國同胞呼籲，要求國民黨軍政當局，以國家民族為重，懸崖勒馬，制止內戰」〔註17〕。

　　延安回民救國協會及中國回教救國協會陝甘寧分會的成立，是中國共產黨加強回漢民族團結、動員回民抗日、粉碎敵人欺騙誘惑陰謀、建立廣泛抗日民族統一戰線的需要，也是第二次國共合作的一項重要成果。

　　1938 年 8 月，來自河北定縣、獻縣等 18 個縣的 100 多名回民代表在商丘縣城召開「冀中區第一次回民代表大會」，決定成立「冀中區回民抗戰救國聯合會」，宗旨為反對日本侵略者離間回民，揭穿日偽組織「中國回教總聯合會的陰謀，統一華北各地回民抗日救國團體」。1940 年初，由王連芳、劉震寰、劉三喜等人在寧（津）樂（陵）地區的魏家庵宣布成立「回民抗日救國總會」，主要任務是宣傳和組織抗日救亡活動，有效團結回族穆斯林群眾，同日本侵略者、回奸進行鬥爭。

　　近代回族文化運動作為「五四」以來中國新文化運動的主要組成部分，對推動回族社會的近代化轉型起了重要作用。我國各民族之間之所以在長期

〔註16〕《邊區回民代表大會向中共中央及毛澤東同志致敬》，《新中華報》1940 年 11 月 28 日。

〔註17〕《回胞呼籲制止內戰》，《解放日報》1943 年 7 月 23 日。

的歷史發展中能和睦相處，這與不同民族之間的文化交流、共榮共生有很大關係。中華民族是由 56 個民族組成，每一個民族文化都是在特定歷史條件下發展延續形成的，只有多元文化觀念的樹立，才能昭示文化間走向和諧，我國傳統文化中就有「和而不同」的思想，其主張就是在尊重差異的前提下追求和諧統一。我們樹立多元文化觀，就是要倡導人們在理解自己民族文化和享有應有的文化尊重、認同本民族文化的基礎上，包容、理解、尊重他民族文化。文化認同是多元文化和諧的重要基礎，也是中華民族走向復興的必要條件。

回族是中國特有的少數民族，是完全在中國社會環境下形成和發展起來的一個民族。同時回族又是個熱愛國家、自強不息的民族，在中華民族近代化進程中起過重要作用。近代回族文化運動之活躍、時代感之強，在近代少數民族中具有一定代表性。期間也有日本侵略者在佔領區扶植成立過偽「回教」社團，這些社團一經成立，立刻遭到全國回族同胞的一致譴責，充分反映出日本侵略者企圖通過社團組織製造民族分裂、破壞中華民族抗日統一戰線的陰謀。近代回族文化運動推動了回族社會的轉型，促進了回族經濟、社會、文化教育的全面發展，民族平等思想深入人心。

第二章 「回教文化運動」與回漢民族關係

　　回族文化運動興起於晚清時期，其興起的外部環境與晚清推行新政，開啟民智有一定關係，內部條件與回族文化自覺相聯繫，特別是一批留學國外的回族學生，成為近代回族文化運動的發起者。從 20 世紀 90 年代，國內學術界對近代回族文化運動開始關注，並發表了一系列文章。學術界對這場以興辦新式回民教育、創辦報刊雜誌、組建社團組織、開展伊斯蘭文化研究、在全國各地清真寺設立圖書館與閱覽室、派遣留學生等回族穆斯林的一系列活動被命名為「近代回族文化運動」「中國穆斯林文化運動」或「中國伊斯蘭新文化運動」等，並對這場運動的興起、結束時間、內涵、回族精英階層在新文化運動中的作用進行探討。近代回漢關係也成為社會各界關注的重點領域之一。

第一節　顧頡剛「回教文化運動」提出及引起討論

　　民國時期由於國民政府不承認回族是一個民族，所以在社會各界將近代這場回族文化思想界的革新運動命名為「回教文化運動」。1932 年中國回族青年會主辦的《回族青年》曾發表《中國回族運動》一文，提出「回族運動」的概念。作者開宗明義提出，宗教與民族是兩回事，因為同一宗教，未必是同一民族；一個民族未必信仰同一宗教，因此民族與宗教絕不能強拉硬扯在一起，宗教意識與民族意識也不能混淆。但作者認為「回族」與「回教」則不同，認為回族的民族意識與宗教意識早就結在一起了，認為「回教」是回

族的靈魂，如果「回教」消亡了，回族也就不存在了〔註1〕。作者認為他發表這篇文章目的，第一是要喚醒西北回族；第二要促進內地回族之民族自信力，換句話說就是使內地回族具有充分的民族意識。當時這種觀點一經發表，就引起討論，劉孟揚在《午報》副刊發表《回教回族辨》一文，提出「我主張中國奉回教的，不能算是回族。」「五族共和的回族，就是指新疆人而言」，「內地人是漢人信仰回教」〔註2〕。由於當時國民政府及蔣介石、回族上層大多持「內地回民是漢族信仰回教」、回族是「生活習慣特殊國民」的觀點，所以「回族文化運動」也就表述為「回教文化運動」。

顧頡剛在1937年3月7日天津、上海《大公報》發表《回教的文化運動》一文，在回族社會引起強烈反響。之後，他主編的《禹貢半月刊》「回教專號」轉載（1937年4月16日出版）。回族自己主辦的雜誌《晨熹》1937年第3卷5號、《月華》1937年第9卷第6～7期、《中國回教青年學會會報》1937年第3號也同時轉載。顧頡剛在這篇文章中提到「回教徒與非回教徒之間的隔膜必須打開」，並且要為「近三十年來回教徒所推進的回教文化運動」貢獻一點愚見。顧頡剛將這場運動的起始年定位為光緒三十四年（1908年）王浩然（寬）自國外考察歸來在牛街清真寺創辦回文師範學堂，並認為「這是近代回教徒第一次自覺發動的文化運動」。顧先生認為這次運動「目標小的很，唯一的主張僅是要使全體回教民認識漢字」。此後王靜齋阿訇於民國10年留學埃及，學習各種伊斯蘭教典籍，使這場文化運動有了學術研究的氣息。隨著成達師範、上海伊斯蘭師範學校的創辦，又將回族文化運動與邊疆問題聯繫在一起，並在回族學生中開始灌輸國家意識。顧頡剛同時指出這場運動從當時看，存在兩大缺陷，一是力量不夠集中，最突出表現在當時回族自己創辦的刊物，「近數年來，回教刊物不算不多，但彼此間看不出有什麼聯絡，所以一個地方可以有兩三種各不相謀的小型刊物，而沒有一個規模較大、人力財力較厚、內容較充實的雜誌」。同時全國沒有一個回族教育管理機構，致使各地教育發展不均衡；第二個缺陷「表現得最清楚的是回教徒發表的文字和言論往往把學術研究和宗教情緒牽混在一起，而不能把這兩項各安放在適宜的地位。……此外，這運動雖已有了三十年的歷史，但一直到現在，還沒有建立起一套精

〔註1〕達烏德：《中國回族運動》，《回族青年》創刊號，1933年。
〔註2〕達烏德：《關於「回族」與「漢人信仰回教」問題》，《回族青年》1933年第1卷第2期。

細的具體的理論，又不曾培養出一個優秀的文學家把教義作廣大的宣傳，這也是很大的缺陷」。顧先生總結說，這場文化運動，回教人視野不夠開闊，羅致的人才和可資利用的資源「總是局於回教範圍之內的」，國內一般學術團體和專門學者也沒有幫過他們的忙，也沒有向政府申請到一筆像樣的補助費，一切都是回教人自己來做，「所以我寫這文的目的，一方面希望回教中的志士努力推進自己的工作，並隨時檢查自己的缺陷，另一方面希望國家和社會對於這種有價值的運動能有真摯的認識和實際的補助」〔註3〕。

顧頡剛先生對回族知識階層依靠自己力量發展文化運動的動機及效果給予高度讚揚，同時指出這場運動存在的缺陷，提出善意批評，更重要的希望回族文化運動得到漢族學者和國民政府的支持。「回教文化」概念此前就有人提出，但將之上升到運動高度，還是顧先生第一次提出，並將回族文化運動的內容、存在的問題闡述的如此清晰，引起社會各界的廣泛關注，也引起回族知識階層的反思。

顧頡剛文章發表以後，在回族社會引起強烈反響，《晨熹》編輯部在一篇文章「編者按」稱：「顧頡剛先生在獨立評論二二七期上發表一篇《回漢問題和目前應有的工作》，在三月七日大公報上發表一篇《回教的文化運動》文章後，已引起國內人士的關注，尤其關於《回教的文化運動》一文，注意的人特多。本刊近來收到討論這事的信，不下三四十件，並且有幾位寫來文章，希望著本刊給發表。現在決定由本月起連續著刊登幾篇，作個公開的研討。本期用澤田君的文章做個開端，並將顧先生的文章轉載在後面」〔註4〕。

顧先生「回教文化運動」概念一經提出，得到當時回族知識階層的高度讚譽，並被當時回族社會各界大多數成員所接受，也引起一場討論。王文萱在《讀顧頡剛的「回教的文化運動」後》一文中認為「回教問題，確是一個值得注意的問題，尤其是像我們時常跑西北的人，更體驗到它的重要！現在顧頡剛先生在《大公報》發表高見，來做介紹溝通的工作，他的用意深長，極可欽佩，尤其他能說明現階段中回教運動的缺陷。」王文對顧頡剛先生提到「國內一般學術團體和專門學者向來沒有幫助過他們的忙，他們也從來沒有向政府拿過一筆像樣的補助費」一說認為不準確，王文指出國民黨中央政治學校每年花許多錢來培植新疆維吾爾族青年，社會各界與私人對中國回教

〔註3〕顧頡剛：《回教的文化運動》，《月華》1937年第9卷第6～7期。
〔註4〕沙澤田：《我們需要一種文化運動嗎？》，《晨熹》1937年第3卷第5期。

青年學會、回教教育促進會等回民團體的同情與幫助，這些都是政府和社會致力於回教文化運動的事實。王文萱認為中國不是政教合一的國家，國家不能補助任何一種宣傳宗教的事業，或學術與宗教情緒牽混在一起的事業，所以顧先生不能責怪政府對回民所辦帶有宗教性質的學校沒有補助。王文萱同時認為中國回教文化僅是中華民族文化構成的一環，不是一個獨立的單位，回教文化運動應該以整個中華民族為基點，若是一個民族中有兩種對立的文化，就不能發生共同的情緒，民族就要分解了。同時認為，民族與宗教不能混為一談，宗教是私人的信仰，與民族並無關係〔註5〕。

當時另一位回族青年學者王曾善對王文萱的一些觀點進行駁斥，並表示對顧頡剛觀點的認同，特別是國民政府在回族教育方面並沒有給予大力支持，「國家每年花了若干萬的邊疆教育經費和蒙藏教育經費，而回民的文化教育事業，並未得沾潤過幾何。」同時指出中國穆斯林是中華民族大家庭一個具有特殊性質的組成部分，中國回民並不像王文萱所說純屬宗教性質，回民的文化教育團體亦非以傳教為宗旨，回民所患為「貧」「愚」二字，因貧就無力供養子女讀書，這並非一個單純的宗教問題，實際是社會問題〔註6〕。

另一位學者受顧頡剛先生文章啟發，就回族文化運動與回族教育之間關係發表自己觀點。他認為回族思想保守，「所謂回民教育，惟知攻讀阿文，專重教義，僉以一受普通教育，即將趨於反教。詎意此種病態之錯誤觀念，實為回教文化落後之根本原因，抑亦回民教育進行途中之最大障礙。」回族文化運動的目的，在於發展回族教育，促進回民社會均衡發展。「日前平市名學者顧頡剛先生，曾為文論『回教文化運動』。乃以誠懇之態度，予以客觀地認識與批評……惟是顧氏對整個回民教育，似鮮深切之考察，而於回教文化之真實核心，尚少徹底之瞭解，蓋以部分之宗教文化而概括其全部。」〔註7〕也有人認為：「顧頡剛先生為非回教徒，所述回教文化運動之情況，雖尚詳實，然所見僅以北平為中心回教文化運動之一環，未能概括回教文化運動之全體。」同時認為，回教文化運動必須對伊斯蘭教法有新的理論闡發；必須研究歷史上阿拉伯伊斯蘭文化與中國文化的交融，回教徒與非回教徒沒有種族

〔註5〕王文萱：《讀顧頡剛的〈回教的文化運動〉後》，《南京朝報》1937年3月3日。
〔註6〕王曾善：《關於回教文化運動——同意顧頡剛的見地》，《南京朝報》，1937年3月28日。
〔註7〕青光：《回民教育展望》，《西北週報》1937年3月24日。

區別；大量翻譯、整理各種阿拉伯文典籍，給中國學術界以新的刺激。清代以來統治者有兩種錯誤觀念，並根深蒂固，一為「非我族類，其心必異」的種族偏見；一為鄙視宗教情緒之體統虛文。「現在中國之回教文化運動，並非另起爐灶，謀回教文化之獨立發揚，乃以整個中華民族為基點，融合回漢感情，化除種族偏見。」〔註8〕

也有人認為「目前中國回教徒所需要的不是什麼文化運動，而是生活的改善，就和一般中國人民所需要的一樣。只就受教育一方面說，國內的小學、中學、大學都沒有『回教徒不許入內』的事例，至於回教徒入學的特少的緣故，大半還是因為經濟的惡劣，和一般中國人一樣，沒有錢不能上學，僅僅是有錢的才能受到學校的教育。除此之外，回教徒入學特少的另一個原因，在於受了一少部分宗教師的宣傳，他們認為除了阿拉伯文的教典便沒有學問，學了中國文，就出了回教，不過這樣的事近來漸漸沒有了。」認為顧頡剛先生所提出的「回教文化運動」是少數人閉門造車的名詞，實際上回民大眾並不需要〔註9〕。作者認為顧頡剛並不瞭解回族社會，也沒有親自到回民聚居的西北考察，只看到北京的幾位回族青年、幾位宗教界阿訇、幾位政界官員的行為，離開多數回民去談回教文化運動是沒有什麼意義的。

也有人認為，發展回教文化，應拋棄內部紛爭，在西北甘寧青，「回教新舊之爭，時常在隱伏中而突出，實際無非排除異己，自命尊高，然果標奇立異」。同時要統一領導，一些回族社團組織以倡導回教文化運動最高機關自居，許多社團組織彼此無聯絡，各行其是，意見不能相互融洽，甚至相互傾軋，不但無益於回教文化運動，並且阻礙了運動的發展。〔註10〕

抗戰爆發以後，回教文化運動仍然在繼續討論，而討論的內容也有所變化，一方面將發展回教新文化運動與抗戰緊密聯繫，如白壽彝在1938年5月《回教文化運動與抗戰建國》一文，提出在政治、經濟、教育及文化上想辦法，使回漢緊密團結，共赴國難〔註11〕。1940年白崇禧也發表《反侵略與回教文化》一文，建議將近東各回教國家的反侵略力量聯繫起來，對於維護世界和平與人類文明具有重要意義，「近如回胞組織的近東訪問團，中華朝覲

〔註8〕楊德元：《中國回教文化之演進及現代之新趨勢》，《晨熹》1937年第3卷4號。
〔註9〕沙澤田：《我們需要一種文化運動嗎？》，《晨熹》，1937年第3卷5號。
〔註10〕牖庶：《在回教文化運動期中我對回教文人的希望》，《震宗報月刊》1937年第3卷第12期。
〔註11〕白壽彝：《回教文化運動與抗戰建國》，《月華》1938年第10卷第7期。

團，南洋訪問團，去年國聯同志會也曾委派幾位同胞訪問近東各回教國，這對於樹立我國與回教國際關係的基礎上，有著很大的補益，換言之，也就是對於樹立國際反侵略勢力有很大的貢獻。」中國回教救國協會擬定了聯絡近東回教國家的計劃，以國民外交的方式，在可能範圍內設法進行，同時聯絡一批漢族文化名流，組織回教文化研究會，希望以研究回教文化的立場對內促進回教與非回教間彼此的認識及信賴，以增強國內團結的力量；對國外更希望以文化的關係，樹立彼此間精神及感情上的聯繫〔註12〕。1940 年 10 月，「回教文化研究會」主辦的《回教文化》季刊出版發行。另一方面，「中國回教文化」提法開始出現，其所指概念更加具體、明確。有人提出，建設中國回教新文化運動應注意提倡科學、鼓勵博愛和平、提倡節儉、鞏固團結、鼓勵創造精神等，視野更加開闊，也更加切合社會需求〔註13〕。

第二節　近代社會各界對回漢民族關係的關注

近代社會各界對回漢民族關係比較關注，並發表一系列文章，對影響回漢民族關係原因及改善回漢民族關係的重要性進行探討。1936 年顧頡剛在胡適創辦的週刊《獨立評論》第 227 期發表《回漢問題和目前應有的工作》一文，認為「回漢問題，無論從整個中華民族的發展上說，或是從現在社會生活的調諧上來說，都絕非一個小問題」。顧先生列舉 30 年代初發生「南華文藝」「北新書局」等侮教事件，而此類事件在西北回漢雜居地區還很多，每月最多達到十數起，南京的《文化週刊》曾專為此類事件出版「侮教專號」連續至十餘期。而此類事件的誘發原因多半起因於一點極小的誤會，「或僅由於一兩個人的輕薄的語言，結果就會雙方糾合多人，拿刀動杖，傷人流血」。在西北地區，回漢間的問題更大，在多數回民中，甚至有人以學習漢字、讀漢書有違教法，放棄對中國傳統文化學習。身為中國國民，不學習中國傳統文化，而只囿於宗教文化學習，必然造成文化隔閡，影響民族間的團結。顧先生指出：「同是中國國民，竟像是屬於兩個毫不相干或竟是互不相容的團體，這是怎樣痛心的事！有了這種成見，試問在社會事業上如何能做到互不猜忌和互相尊重的合作？所以在百廢待興而且邊防日緊的今日，這種現象絕不應

〔註12〕白崇禧：《反侵略與回教文化》，《月華》1940 年第 12 卷第 10～12 期。
〔註13〕謝松濤：《建設中國回教文化運動是什麼？》，《回教文化》1941 年創刊號。

該長此放任下去。」﹝註14﹞從歷史上看，這種現象並非向來如此，唐宋時期，中國穆斯林人數很少，主要居住在東南沿海及西北長安一帶，回漢問題無從談起，元明時期中國的穆斯林人口已經很多了，回、漢關係比較融洽，元代的回回人掀起學習中國文化高潮，許多回回人在文學藝術領域頗有成就，他們通詩賦、嫻書畫，理解中國固有思想和禮教者頗不乏人。元、明時期回回人的宗教和文化以及政治上的能力，都受到尊重，當時的回漢關係，並沒有什麼扞格。清朝建立後，一方面優待自己的同族，另方面又分化出回、漢的界限，使他們相互牽制，加上執法的不公正，使回漢仇怨越積越深，對回民作大規模的屠殺，「所以現在回漢間的隔膜和糾紛，可以說完全是清代二百多年的愚弄政策有意造下的惡果，而絕不是因信仰和生活習慣的關係，回人和漢人在本質上不能接近」。「現在我們想把二百多年造下的病態完全改變，當然很不容易。改變的方法，要但從某一方面著手，也絕不會完全成功，但如果我們老是不著手去工作，便將始終沒有改變的一天，這必非我們國家的福利。我覺得，從現在起，我們應當大家努力，就力之所及，對於這個問題痛下工夫。較為容易集合同志意見，可以先從文化方面下手，至少要在相當時期內使回人和漢人明白，原來回漢是混合無間的一家人，回漢在文化上，在種族上，在當前的整個生存上，有絕對不可分割的關係」。

顧先生認為改善歷史上造成的回漢隔閡，應從回、漢雙方入手，從最容易處，即回漢文化溝通入手，改變歷史上回民不讀漢書，漢族對回民宗教信仰、風俗習慣不瞭解，或改善歷史上漢民對回民存有偏見。顧先生認為就目前來說可以先從以下容易處著手：

一、各大學裏，特別是北京大學、中央大學和準備在西北設置的大學裏，應開設阿拉伯語課程，各大學的史學系裏，應該添設「中國回教史」課程，同時也應該學習中國少數民族史課程，體現各少數民族是中華民族命運共同體中的一員，也是偉大祖國的締造者。中國通史及唐宋以後的斷代史課程中，中國回民發展史及其他少數民族歷史也應佔據適當的篇章。中央研究院或其他國家學術研究機關，對「回教」之研究更應該提倡和鼓勵。

二、回教人士自辦的學校，如北平成達師範學校、上海伊斯蘭回文師範學校、萬縣伊斯蘭學校，最主要的目的固在他們的宗教，但同時他們也極注

﹝註14﹞顧頡剛：《回漢問題和目前應有的工作》，《獨立評論》227期，1936年11月17日出版。

意灌輸國家思想和消滅回漢糾紛的隱患。這些學校所造就的師資對於我們所要做的工作有極不可忽視的力量。……我們應該聯合學術界及社會各界人士，並請求政府，對於這類學校作各方面的輔助。在教育部方面，尤當顧及事實，對於這類學校給予各種便利，不要因為設有宗教的課程就不予立案。

三、顧先生建議「在適當的地方建設一個大規模的伊斯蘭專門圖書館，指定確實的款子作常年的經費」，收集世界各地研究伊斯蘭教學術書籍，供研究者參考。至於回民學校的圖書館，如成達師範的福德圖書館，由馬松亭阿訇跑到埃及國王那裡弄到許多阿拉伯文經典，樹立了圖書館的基礎，真是艱苦到萬分，我們也絕不能單讓外國人來幫忙而自己縮手旁觀。

四、全中國的穆斯林學者以及對於回、漢問題有興趣的人，都應該聯合起來，組成一個大規模的學會，「使中國的回教文化研究事業有一個中心機關。這個機關不妨由回教人主持，而參加的人則無回漢之分。」顧先生認為，這個機關的主要職責，一方面就回族或中國伊斯蘭文化做一些有深度的專題研究，另一方面，用各種通俗的文字（包括漢文、阿拉伯文、波斯文、土耳其文等）將伊斯蘭文化介紹給廣大回漢讀者。「這個機關所必須具有的理想。第一，要使多數的回人和漢人，承認凡關於回教文化上的問題，無論是宗教的或學術上的，都需要到這個機關裏探詢。第二，凡涉及回、漢關係的問題，都有備政府諮詢的能力。」

> 以上提出的四件工作，在表面上，好像是專替回教徒計劃一種宗教文化的研究，不像是企圖在文化方面解決回漢問題的工作。其實，回教文化研究的本身，便是在文化方面溝通回漢的正面工作。因為從文化方面講，回漢間的隔膜，其問題不在於回人對於漢人文化的不瞭解，而在於漢人對於回人的文化的不瞭解，同時也在於回人對於自己過去的回教文化的瞭解過於不普遍。但使漢人瞭解回教文化，一定可以改變他們輕視回人的心理，更是回人普遍地瞭解過去的回教文化，也可以釋然於回漢原是一家，僅不過宗教不同而已，所謂「回」「漢」乃是第三者加上的分化的名詞。所以，想在文化方面溝通回漢，我的唯一的概括的意見，就是要提倡回教文化之本身的研究。〔註15〕

〔註15〕顧頡剛：《回漢問題和目前應有的工作》，《獨立評論》227 期；《禹貢半月刊》第 7 卷第 4 期，1937 年 4 月 16 日出版。

顧先生希望通過加強對中國穆斯林及伊斯蘭文化的研究，通過文化溝通、文化理解來消除回漢間的隔膜，融洽回漢感情，特別在日本佔領東三省，正在陰謀策劃全面侵略中國之時，中華民族應同心同德，團結一心，抵禦外敵。以顧先生學識，對問題看的比較透徹，提出的四點建議後來也受到國民政府重視，如國民政府教育部要求在幾所大學開設「回教史」課，「我國回教徒為數眾多，關於回教文化，中央曾極力提倡，並擬有計劃，飭由教育部分別實施，現中央大學、重慶大學、雲南大學、西南聯大，從本學期起，一律添設回教文化課程，敦請回教文化學者講授，用以闡揚回教文化」〔註16〕。在回族各界的努力下成達師範、上海伊斯蘭師範學校得到政府經費補貼，1941年改為國立。1939 年 3 月，在白崇禧支持下，中國回教救國協會下設「回教文化研究會」，會員 119 人，吸收大批漢族或其他民族文化名流如郭沫若、顧頡剛、老舍等數十人為會員，該研究會宣稱其成立的意義「對內可以消除回胞與非回胞之間的隔膜」，對外聯絡全世界穆斯林為反侵略而共同奮鬥〔註17〕。

顧先生這篇文章發表以後，在社會各界同樣引起較大反響，達浦生阿訇撰文說道：

> 前讀先生宏章，誠所謂「空谷足音」，實令人曾無限之欣慰。
> 況先生設帳故都之最高學府，為陶鑄之專家，立自強之基礎，尤能
> 不分畛域，以文化啟迪漢回之間痼弊，以教育融化種族間之感情，
> 至論危言如春雷之初鳴，聞者必能多為之動。其裨益民族之團結，
> 矯正國人之心理，至捷至深，仰企風標，無間遐邇。〔註18〕

另一位留學日本的回族青年在讀了顧先生文章之後說：「我受陳垣先生的《元西域人華化考》的影響，很想整理中國的回教史，來作溝通回漢的隔膜」，「在日華學會得讀已過了期的《獨立評論》，內有先生的《回漢問題和目前應有的工作》一文，真是高興得了不得」，「我奇怪先生曾對回教有這樣親切的關注，我謹代表我教的士子向先生致敬」〔註19〕。

〔註16〕《中國回民救國協會通告》1939 年第 29 號。
〔註17〕《中國回教救國協會回教文化研究會成立宣言》，《中國回教救國協會會刊》
　　　　1940 年第 2 卷第 1 期。
〔註18〕達鳳軒：《與顧頡剛先生論回漢問題》，《禹貢半月刊》第 7 卷第 4 期，1937
　　　　年 4 月 16 日出版。
〔註19〕金永同：《與顧頡剛先生談中國回教史》，《禹貢半月刊》第 7 卷第 4 期，1937
　　　　年 4 月 16 日出版。

顧頡剛先生在其主辦的《禹貢半月刊》（回教專號）「附錄」中共收錄九篇討論回、漢關係及回族文化運動的文章，其中包括薛文波先生撰寫的《回教民族過去的地位及今日應有之努力》。薛文波先生是民國時期比較活躍的回族青年，也是「回族論」的倡導者和堅定支持者，他讀了顧先生文章之後撰寫了這篇文章，他說：「《獨立評論》第二二七號，顧頡剛先生發表《回漢問題和目前應有的工作》一文，顧先生是同情於下層民眾和弱小民族的，於回族更有格外的關心。說出那些公道話，在回民看來，真是榮寵極了，所以無妨把回族苦悶心理重新挖掘，以告諸社會。」薛文波先生這篇文章有些觀點不免偏頗，但也有瞭解必要。薛先生認為，回族文化還屬於舊文化，在發展上受到種種限制，所謂文化高的民族，忽略了回族文化。「至於回族本身，也是固步自封，使得回教的文化，可以發展而不發展。日子久了，自己的能力，只不過全師自保。」「清朝這一代，回民的遭遇太悲慘了……邊疆的回族……看他們屢撲屢起，家常便飯似的反抗滿清統治便可證明了。但雜居內地的回族們，他們陷於包圍之勢，靠近皇帝腳下，那敢放一聲大氣？一般回族知識階級們，卻會避風頭，說我們不是回回，我們是漢人信仰回教，更有索興把固有的回族姓氏，變作漢姓，如此在外人看來，就不能視為『非我族類，其心必異』了，因而得以自保，更有一般深通學術的回民，他們更一步，把回教教義和尊君親上的儒學融合在一起，硬把東、西不同的倫常思想，混得毫無痕跡，這種適應環境的方式，真是後來人欽佩」。生活在下層的回民，為了改善生存環境，便想出了「回回爭教不爭國」，意思是只要尊重、保護他的宗教信仰就於願已足。「回民適應環境是很可憐的，後來有人曲解這句話，說是回民愛教不愛國的意思，這話錯誤極了」。進入民國以後「回族環境當然還不能算好，試看包圍他們的各種社會勢力，民族間彼此不信賴，政府無合適的辦法，歷史上不好痕跡的遺留，他們的優點無從發展，所以他們應付環境的方式，和早先比較，也無一些變更。」〔註20〕有人提出，「我回族為中華民族之重要成分，國家存亡，我回族之職責至大，其民族與國家意識並重，救國即使保族。凡以惡意謂我『爭教不爭國』是真乃割裂民族與破壞中國之完整」〔註21〕。

〔註20〕薛文波：《回教民族過去的地位及今日應有之努力》《禹貢半月刊》第7卷第4期，1937年4月16日。

〔註21〕達烏德：《「爭教不爭國」解》，《回族青年》，第3卷4期。

民國成立以後，隨著孫中山三民族主義思想的不斷完善及「五族共和」口號的提出，給受壓迫的回族等各族人民帶來希望，也是近代回族文化運動的啟蒙思想來源及動力驅動，薛文波指出：「孫先總理的民族主義，是唯一的好方藥，弱小民族們，可以得到自由與解放了！得到與漢族同等的地位了，和他族的民眾也是同樣的享權利、盡義務了。總理的主義實現的那一日，便是國內弱小民族，撥煙霧而見天日的日子。」「其次是帝國主義者，整個的向中華民族進攻著，各個民族，都感著絕大的威脅，不容我們再不相見以誠了，不容我們再分崩離析了。」〔註22〕

白壽彝先生也在《申報》1937年2月28日「星期論壇」欄目發表《論設立回教文化研究機關之需要》，這篇文章先後被《回教青年月報》（1937年13～14號）與《月華》（1937年9卷10期）全文轉載。白先生文章中雖然沒有提到顧頡剛這篇文章，但很明顯是受顧先生文章啟發而作。白先生認為「一個回教文化機關的設立，不只對於純粹學術有許多好處，而且對於邊疆問題和國內種族問題的解決，也為必不可少的研究機關。」從學術方面來說，伊斯蘭文化是世界各種文化中的一個重要文化系統，並且與中國發生關係已經有一千多年，研究中國文化史，不可避免要涉及到中國伊斯蘭文化。從國家安全來講，穆斯林大多分布在我國西北邊疆一線，「這些邊疆上的回教同胞，比起內地回教同胞來，宗教信仰更為強烈，宗教組織更為堅強。如善處之，即可成為捍衛邊疆的干城，……但如想善處，必須瞭解他們的根本信仰、他們的思想和生活形態以及他們所憑藉的更廣大的文化。」從回族形成來看，回族到底是在中國形成的一個民族，還是外來民族，不同的觀點，就影響到產生不同的政策與結果，清代民族分化政策的推行，引起陝甘、新疆的巨大慘禍，到現在回漢間許多不諒解的事件也多為這個看法所造成。白先生認為「我國回教同胞血統來源很為廣大，有出於阿拉伯人者，有出於波斯人者，有出於土耳其人者，有出於回紇人者，有出於漢人之改變固有信仰者，而最後一個來源恐怕反居一個最大的數量。」白先生認為，如果有一個專門研究機關，可以證明中國的回族與漢族之間關係密切，也可以證明伊斯蘭教不是一個狹隘的宗教，穆斯林同胞應該清楚他們對國家應負的重大責任，對宗教應持更遠大的見解，「舊日不合的觀念可以慢慢地改變，許多所謂種族的隔膜

〔註22〕 薛文波：《回教民族過去的地位及今日應有之努力》《禹貢半月刊》第7卷第4期，1937年4月16日。

可以掃地無餘了。……我希望大家能夠結合起來，在政府輔持之下，設立一個研究回教文化的機關，負起它在這個時代所應負的責任。」〔註23〕

白壽彝先生在另一篇討論回教文化研究意義文章中指出，「回教文化研究者至少可以告訴大家回漢問題根本的結症；可以告訴大家回漢問題演變的經過；可以告訴大家，回漢並非兩個絕對隔離的血緣集團，整個的回或漢並非全屬於單純的血緣」〔註24〕。

王靜齋在他主辦的《伊光》報刊發文，探討回、漢文化溝通問題，他認為回、漢之間產生隔閡是因為回漢雙方在文化方面未徹底溝通：

> 漢人真不知道回教，固由看不起回教人而輕視回教。在回教人，以為我們具有純潔的信仰、高尚的文化，自然的要高過一切。雙方而如此背道而馳，那怎能精誠團結，抵禦外侮。我們的意見是，回漢的融合要以溝通雙方的文化為入手。一方面把普通知識用一種方法灌輸給各地教長，要使他明白中國的國情，世界的大勢，不要永久坐在禮拜寺講堂裏那把椅子上，抹殺一切，唯我獨尊。一方面把回教的舊文化，儘量向外宣傳，使外教人知道回教人是講求文化的。不是只講叩頭禮拜，一味盼望死後進天園的。果然把雙方文化溝通起來，回漢的感情，可望日益親密，不致再有隔閡〔註25〕。

據王靜齋觀察，近十年來隨著新式教育的發展，各地方專攻阿拉伯文的學生，十有八九都願意學習漢文化，唯有西北一些地方不但不學，而且反對，一些從事經堂教育的老阿訇認為學習漢文化與反教差不多。這種謬論代代相傳，學生也就跟著唱高調。「其實他們的名字全用漢字，講經說教，還是用漢語，可就是不准認漢字。哪位阿訇能識漢字，在這般瞎漢即認為是潮流阿訇。虎嵩山阿訇是西北通漢文的一位大阿訇。而西北守舊派提起他來，全要太息，說可惜他講漢字，入到潮流派裏去了」。王靜齋認為，這種偏見如果不改變，則西北的新式教育無法推進，因為西北阿訇的權力極大，無論你在寺門外如何推進，阿訇在寺內一唱反調，你就絕對邁不開步，新疆的回民（指維吾爾

〔註23〕白壽彝：《論設立回教文化研究機關之需要》，《申報》（星期論壇），1937 年 2 月 28 日出版。

〔註24〕白壽彝：《回教文化研究的意義》，《月華》1939 年第 11 卷第 31～33 期。

〔註25〕王靜齋：《融合回漢要由溝通文化入手》，《伊光》1939 年第 101 期。

族）識漢字者，千無一二。如此國民，怎能開化？〔註26〕

　　回族學者馬霄石在 1940 年出版的《回教青年月報》刊發《西北民族問題之研究》一文，該文分上、中、下三篇，分別為「從歷史上說明回漢問題的起因」、「回漢問題擴大之探討」、「今後團結各民族之途徑」。在上篇中作者回顧了清代回漢關係惡化之原因，認為一般人徒具厭亂之心，不究治亂之法，以致愈厭愈亂，往往以及微小的事端，釀成不可收拾之局面。在回民方面，一些教職人員曲解教義，引起漢民誤會，如稱漢人為「杜失蠻」「卡菲爾」，將漢民處於敵對之境地。在漢民方面，一些人隨意批評回民，往往引起回民惡感。作者認為，一種事物的出現，必有其根據，欲定事物的是與非，必先研究透徹，然後始可加以評價，而很多人不瞭解實情，隨意批評，往往引起回民反感，如有些人以回民不食豬肉，引為口實，造出許多侮辱之謠傳，再如有些人認為伊斯蘭教的多妻制度，在婦女解放、男女平等的當下，應該被淘汰，而一些回民也不能給予合理解釋，以致以訛傳訛，最終引起一系列誤會，增加回漢之間隔閡〔註27〕。

　　時任寧夏省政府主席的馬鴻逵，在抗戰爆發以後，對回、漢關係也開始關注，他認為「當前西北方面最重要的問題，莫過於回教的問題」，五四運動以後，中國文化走上了新的軌道，唯有西北穆斯林仍然墨守舊習，沿用陳規，頑固不化，一些回民教職人員漢文化水平低，解經工作不到位，「一般念經的阿訇差不多都沒讀過中文，對於普通的常識、現代的一切都茫然無知，不但中文未通，還有把阿文意義及經典內容未弄通的很多，他們對教徒讀經的時候，穿鑿附會、曲解錯誤的地方很多。」所以馬鴻逵認為，開學阿訇最好有一定中文基礎，中、阿兼通，才配當一個阿訇。此前馬鴻逵在寧夏第二次省政會議上提議清真寺經堂教育一律添設中文教育，「教念經人兼讀中文，養成中阿兼通人才，溝通中阿文化思想，破除回漢間隔閡」。這個提議雖經會議通過，但各清真寺並沒有認真執行。1939 年前後，在銀川設立阿訇訓練班，對全省各清真寺開學阿訇集中進行培訓，「文化溝通了，教旨明白了，回漢間的感情，便不期而然地融洽了。」〔註28〕

〔註26〕王靜齋：《述我以往與現在的志願——講學、譯經、溝通中阿文化》，《伊光》1939 年第 101 期。
〔註27〕馬霄石：《西北民族問題之研究》，《回教青年月報》第 2 卷第 12 期，1940 年 8 月 15 日出版。
〔註28〕馬鴻逵：《西北回漢問題之解剖》，《清真鐸報》，1940 年新 1 號。

第三節　白崇禧談改善回漢民族關係

　　抗戰爆發以後，國民政府及社會各界對回族文化運動及回漢關係改善給予關注，如著名劇作家老舍創作描寫回、漢團結抗日的話劇《國家至上》在全國巡迴演出，蔣介石授意白崇禧組建全國性回族社團組織，將各地分散的力量組織起來，抵抗日本的軍事侵略及利用民族問題分裂中國的陰謀。蔣介石發表《告戰區回教同胞書》，一些回族知識階層將改善回漢關係與保衛西北聯繫起來，「在國家如此危難關頭，我們再不能讓回漢兩族存在著裂痕了，構成中華國族的五大民族中的兩個較大的民族，必須緊緊地攜手，在偉大的戰爭中共同建樹偉大的戰績」〔註29〕。其中 1938 年白崇禧在《回教大眾》發表《民族解放戰爭中回胞應有的覺醒》一文中談到抗戰時期回、漢關係問題，他說：「消除回漢隔閡。毋庸諱言的回漢問題過去存在有不能調和的矛盾，如果不把這矛盾破除，便談不上精誠團結，共赴國難。什麼是回漢隔閡的原因呢？一是關於政治的：我國過去的統治者對於回漢民族採取分化政策，特別是滿清政府更力盡挑撥離間之能事，因為如此，他們才可以造成各個分立互相牽制的局面而分別地統治起來，也因為如此，回漢間才形成了互不相謀的隔離狀態。自國民政府成立，本著中華民族力求解放、國內各民族一律平等的原則，設法改進和促進回漢關係，現在這工作正在飛躍的進步中。回漢隔閡的另一個原因是關於社會的，回、漢間因為信仰、生活和歷史傳統的不同，所表現的思想情感和風俗習慣也互異，過去往往因為習俗細故發生極大的爭端來，這是不可容許的錯誤。我們的回教大眾比較富有保守型和排他性，這也是不能與人親密合作的重要原因。今天我們全民族遭受了生死存亡千鈞一髮的空前危機，我們再不能因為細故的枝節的人事摩擦來妨礙整個的救亡鬥爭，我們要根本消除回漢隔閡，彼此攜手，精誠團結，共同在民族戰爭的大旗之下邁步前進。」〔註30〕1938 年初，武漢軍事會議，白崇禧提出抗戰方略為「積小勝為大勝，以空間換時間，以游擊戰輔助正規戰，與日本人打持久戰」，並到西北考察戰略佈防，曾召集回族宗教界人士座談，就回漢民族關係與抗戰發表講話。

〔註29〕沙蕾：《再論保衛西北與協和回漢》，《回教大眾》第 4 期，1938 年 4 月 10 日出版。

〔註30〕白崇禧：《民族解放戰爭中回胞應有的覺醒》，《回教大眾》第 2 期，1938 年 3 月 20 日出版。

對於教胞的幾點希望

白崇禧

　　諸位阿訇，教胞：西北是我們回教同胞集聚之地，地大物博，民性敦厚。兄弟好久既想到西北來，但總沒有實現這志願。全面抗戰展開以後，蔣委員長對於西北和我們教胞非常關切，所以特派兄弟前來視察。現在就個人的觀察和感想，列舉幾點，貢獻給諸位。

　　一、掃除回漢隔閡：歷史告訴我們，過去統治西北的，多用分化政策，滿清一代，尤盡挑撥回漢兩大民族的能事。民元以來，邊疆官吏復操縱政令，魚肉邊民，以致回漢感情益趨惡化，邊陲危機，更見嚴重。甚至到了北伐成功，西北同胞還不能脫離封建勢力的蹂躪，瘡痍滿目，災黎遍野。幸而近數年來，西北軍政當局皆能充分注意到這一點，不斷促進雙方情感。這不但是西北地區之幸，也是整個國家的大幸。總理說：「我們要由家族變成宗族，由宗族變成國族。」這句話應用在宗教上亦甚適當。信教雖是自由的，但國家和民族的利益更是不可分開的。在這大敵壓境的今日，更使我們堅信整個國族要鐵一般的團結的必要。過去回漢兩民族最大的缺點，就是互相仇殺。據說在遜清光緒年間甚至為著看戲這類的小事，也曾引起劇烈的鬥爭。到了現在我們真應該不算舊賬，切實團結，把回漢結成一大國族，共赴國難。要達到這個目的，最必要的就是完全掃除彼此間的隔閡。這樣，回漢間新的情感就可建立起來了。

　　二、消滅教內派別：回教是信奉真主，崇拜穆聖的宗教。它的原名伊斯蘭，就是和平的意思。《可蘭經》上說：「你們一總抓住主的繩索，不能分離」，就是叫我們統一指揮，不可各立門戶。聽說近些年來，教內也有各種派別，如新教、舊教、新新教等，彼此猜疑仇視，致使和平團結的宗教一變而現呈出分崩離析的現象。這實是一樁最可痛心的事。若長此自相分裂對峙，不但五族不能成為一家，就是一個回教亦難團結一致。希望各位阿訇，能深切地認識這一缺點，尊奉經典的昭示，消除教內一切派別。如果大家都能身體力行，抗戰力量在無形中就增強不少。

　　三、努力回民教育：要完成前述兩大任務，根本上就要提高回

民教育。因為若把一般知識太低的「愚」病一去掉，前面所說的回漢隔閡和教內分派的兩大缺點，就自然的可以解決了。現在朱主席（指朱紹良）是個賢明的長官，對於回民教育素很注重，深信我們回民教育在不久的將來，必有長足的進步。雖然如是，我對於教胞們仍致其一片熱望，希望教胞們要徹底糾正過去以讀漢書為恥辱的偏見。我們知道漢人有四千餘年的文化，在世界文化上自成一體系，我們絕不能輕視。即就一公民而言，我們是中國人，更應當認得中國字。我們固然要念經，但讀書也是必要的，否則對於國家社會實難有什麼貢獻。大家試想想，如果我們不懂漢文，不入學校，即使有能力升學，有機會謀工作，也很難有很好的結果和出路。如果我們有豐富的知識、高深的學問，那麼做大事的機會隨處皆有。我們知道在今天從中央到各地方政府，都有不少教胞，擔任重要的責任，這可作為鮮明的事例，……我們今日說復興回教，第一就要振興教育。有了知識，不但個人可以通達事理，即對國家亦能提供其最大的貢獻。我希望將來重來此地時，能看到許多學校，第三次再來的時候，可以看到許多學生，非但教育可以普及，即生活亦可因之提高。

四、抗戰救國：說到這裡，我給大家報告兩件事情。第一，自從日本侵佔我華北後，對於我們教胞無不儘量欺凌……。

五、闡揚回教真諦：我們知道宗教是勸人行善的，……我聽說近有一種阿訇常「閉關自守」，把宗教看作神秘的、不可公開的一件事。這種自高身價的行為，是違反教義，不應該的！我們要闡揚回教的真諦，介紹回教的美德，並且要身體力行，做人們的模範。如果捨此不圖，斤斤於留鬚與不留鬚的小枝節上，於國家、於宗教都無好處。

總結以上各節，希望各位阿訇、各位教胞，打破回漢的界限，把這兩大民族結成一大國族。以健全自身的生活，消滅一切派別，提高回胞教育，來充實抗戰的陣容，並且喚起大多數教胞，來負起抗敵救國的神聖使命。〔註31〕

〔註31〕白崇禧：《對於教胞的幾點希望》，《回教大眾》第 3 期，1938 年 3 月 25 日出版。

　　回漢關係問題，在抗戰之前已經有學者關注，1937 年 4 月在顧頡剛、馮家昇所主辦的《禹貢半月刊》發表蘇盛華《回漢糾紛經歷錄》，在該文編者按中指出「回漢糾紛為現在一部分人避而不談。但不談，始終真相不明，與事實無補。我們須糾正這不對的態度，要有正視現實的勇氣，要從真正的事實中研究出來一個辦法……，本文中曾屢次記述，生死憂患之際，一般回漢民眾之扶持互助，並無畛域，而回漢糾紛之原因大多半為貪官劣紳所有意造成」〔註32〕。在抗戰非常時期，社會各界對回漢民族關係給予特別關注。白崇禧在甘肅省這次面對宗教界的講話，主要希望從阿訇做起，彌合回漢感情，白崇禧也知道西北，特別是甘、寧、青回族內部教派門宦複雜，對於回族內部團結、回漢團結都不利，實際上當時寧夏省的馬鴻逵、青海省馬步芳也意識到這一問題，在甘、寧、青大力推行伊赫瓦尼教派，試圖以新興的伊赫瓦尼統一回族等穆斯林內部盛行的各教派門宦。

〔註32〕蘇盛華：《回漢糾紛經歷錄》，《禹貢半月刊》第 7 卷第 4 期（回教專號），1937年 4 月 16 日出版。

第三章　近代社會轉型中的回族社團組織

　　關於「社會轉型」的含義，在我國社會學學者的討論中，有多種理解，其中郭德宏教授認為「社會轉型」是指「中國社會從傳統社會向現代社會、從農業社會向工業社會和信息社會、從封閉型社會向開放性社會的變遷和發展。社會轉型的目的，當然是為了促進人的全面發展和社會的全面進步」〔註1〕。社會轉型往往會帶動文化轉型，文化轉型的特點主要體現在傳統主流文化有可能被懷疑，而另一種文化得到普遍認同，最終走向文化重構。特別是辛亥革命，推翻了統治中國兩千多年的封建帝制，可以說是近代中國社會發生的一次重大轉型。這次社會轉型對回族社會產生巨大牽動作用，一些回、漢知識階層面對清代封建社會民族壓迫而造成的民族隔閡及遺留的一系列問題，試圖通過建社團、辦報刊、發展回族教育等方式，做起促進回漢團結，培養回族的國家意識，提高回族文化，爭取回族政治權利、發揮回族固有精神的工作。

第一節　社會轉型對近代回族社會影響

　　有學者指出，社會轉型的主體是社會結構發生變動，社會形態變遷也是社會轉型的主要內容。近代中國社會轉型與中國近代化進程相伴隨，一般認為 1840 年西方列強對中國的侵略是中國社會轉型的歷史起點，也就是近代西

〔註 1〕郭德宏：《中國現代社會轉型研究述評》，《安徽史學》2003 年第 1 期。

方工業文明的撞擊而引起中國社會的變遷。有學者認為「1840 年，鴉片戰爭的炮聲震破了天朝上國不可戰勝的神話，持續百年的社會轉型就此拉開沉重的帷幕。」〔註2〕著名的社會學家鄭杭生也認為「中國社會大轉型是從 1840年鴉片戰爭開始的。」〔註3〕也有學者認為，社會轉型就是社會經濟結構、文化形態、價值觀念等發生深刻變化。從社會學的視角來看，人類社會就是一部社會變遷的進步史，社會變遷是一個緩慢的過程，而轉型就是社會變遷當中的「驚險一跳」，就是從原有的發展軌道進入到新的發展軌道。近 100 年來，我國真正意義上的社會轉型有三次。第一次是辛亥革命，結束了長達兩千年的封建帝制；第二次是 1949 年中華人民共和國成立，實行社會主義制度；第三次是正在進行的改革開放。英國社會學家吉登斯提出，社會轉型要考慮三大因素，即文化因素、經濟因素、政治因素，特別是政治因素，即政治組織、政治人物的核心作用〔註4〕。儘管這是一個英國的社會學家提出的，但也可以成為研究轉型中的中國社會的一種參考，社會組織中精英人物的確在社會轉型中發揮引領作用。

回族是在我國封建社會形成的一個民族。回族鮮明的民族特點在於他形成過程中有條件吸收承載了大量中國傳統文化因素。從元代開始其居住格局已基本定型，呈現「大分散，小集中」，分布全國各地的基本格局，主要與漢族雜居，為他們學習儒家文化提供了便利條件。同時元代東來的回回士兵、工匠、商人以男性青壯年為主，他們入中國籍後娶漢族女子為妻，成家立業。回漢通婚加速了回回人的本土化，許多回回人讀儒書、習禮訓、改漢姓。而值得注意的是元代的回漢通婚幾乎絕大多數為回男娶漢女，這在以男性為中心的古代家庭關係中為伊斯蘭文化的延續提供了保障，即在採借大量儒家文化的同時又有效保存了伊斯蘭教信仰。明朝建立以後對少數民族及其文化呈現的差異性難以接受，明朝一些漢族士大夫認為「非我族類，其心必異」，一些文人也感歎「惟回回守其國俗，終不肯變」。對少數民族在語言、生活習俗、服飾等文化方面表現出的多樣性也難以認同，明政府在政權穩固的前提下採用「用夏變夷」的策略企圖消除外來民族及國內少數民族與漢族間的差異，其目的是要各少數民族服從國家至上和大一統原則，少數民族的身份被有意淡化。

〔註2〕馬敏：《關於中國近代轉型的幾點思考》，《天津社會科學》1997 年第 4 期。

〔註3〕鄭杭生：《中國社會大轉型》，《中國軟科學》1994 年第 1 期。

〔註4〕（英）安東尼‧吉登斯《社會學》，北京大學出版社，2009 年。

　　伴隨著清朝建立，回族社會也發生一系列變化：首先清代是西北回族社會門宦制度形成時期，中亞蘇非主義傳入西北回族聚居區，回族內部因教派門宦形成而出現分化。門宦較之教坊，管轄範圍更大，一個大一點的門宦，管轄清真寺數可達百座，其內部組織更加嚴密，功能更加完善。門宦為底層回族民眾提供了更接近實際的宗教服務，使教民精神上獲得了更多的安慰。門宦主張遠離權勢，走向內心世界的主張，更符合穆斯林民眾在嚴酷的生存壓力之下尋求團結一致與心靈溝通的需要。二是回族所信仰的伊斯蘭教被一些地方官員有意或無意誤讀，認為伊斯蘭教是「不敬天地，不祭神祇，另立宗主，自為歲年，黨羽甚眾」的「左道」，指證回族齋月期間夜間上禮拜寺活動是「夜聚明散，有某圖造反之舉」，山東巡撫陳世倌向朝廷上奏，要強制回民「概令出教，毀其禮拜寺」，安徽按察使魯國華也奏「請令回民遵奉正朔、服制。一應禮拜寺等，盡行革除，尚怙而不悛，將私記年月者照左道惑眾律治罪。戴白帽者以違制律治罪。如地方官容隱督撫徇庇，亦一併照律議處。」由於清朝實行民族高壓政策，前後引起多次大規模的回族反清事變，事變被清政府鎮壓以後，數十萬回民或被殺，或失去家園，流離失所〔註5〕。一些地方回民面對地方團練「逢回必誅」的反人類行為，為了保命，被迫放棄伊斯蘭教信仰，改為漢族而得以生存。在這種境況之下，回族為了自身的生存，由元、明時期自立求進的狀態，逐漸變成消極自守，沉湎於宗教功修，回族社會與「官府」保持一定距離，普通回族群眾對上學、做官、參與政治相對淡漠，與外部世界幾乎隔絕，放棄社會上的一切權利與責任，專求宗教本身，「造成回族僅富於宗教意識，而薄於國家意識」。張承志認為，清代回族社會，尤其是西北回族社會是一個與「官府」保持著距離的「沉默」的世界，是中國文化的一個死角〔註6〕。馬松亭阿訇也曾經說道「在這種環境演變之下，回民為保存本身的生命起見，專求宗教本身的推延，馴至養成回民僅富於宗教意識，而薄於國家意識。這種動向的轉變，是中華民族史的過程上的值得注意的事。這種轉變，不但是回教民族本身的大損失，實際就是中華民族整個的損失。」〔註7〕因此，促進回漢團結，培植回民國家意識，提高回族文化，

〔註5〕李偉、丁明俊：《從文化認同到國家認同——論中華傳統文化在回族形成與發展中的重要作用》，《北方民族大學學報》，2010年第2期。

〔註6〕張承志：《回民的黃土高原》，青海人民出版社，1999年。

〔註7〕馬松亭：《中國回教的現狀》（在埃及正道會講演，馬子實翻譯），《月華》第5卷第15～18期，1933年6月出版。

發揮回族固有的精神，成為近代回族文化運動的主要內容。

第二節　回族文化運動初期的社團組織

　　20 世紀初孫中山領導的辛亥革命推翻了二千多年的封建專制王朝，提出漢、滿、蒙、回、藏「五族共和」，確立漢族與國內所有少數民族以平等地位共同進行民主革命，締造民國的理想。當然孫中山先生提出『五族共和』中回族概念並非當代意義上的回族。當時「民族」一詞剛剛傳入中國，人們對「民族」概念認識還比較模糊，因此影響到當時對「回族」的界定。東部、南部各省一些回族在國民政府部門或地方軍界、商界任職，政治敏感性強，獲取信息較為便捷。所以民國時期內地回族在民主革命影響下，拋棄清朝以來由於民族壓迫而在回族內部形成狹隘、保守、固步自封、排外思想，面對內憂外患及矛盾轉化，將愛國、保國放在首位，開始將自身命運與國家命運緊緊結合在一起，力圖消除回漢隔閡。回族中的一些先進分子提出：欲振興民族，就必須從改良宗教、發展民族經濟、提高回族文化教育水平入手。

一、早期回族社團

　　回族社團組織最早創建於什麼時間，已無從考證，據碑文記載，康熙五十一年（1712）在廣州成立以辦理穆斯林喪葬事宜為主的「以思呢老人會」，以及後來形成的鬆散組織「喪濟會」「慎終會」「同益會」〔註8〕等。湖南常德回民在清朝出現「慈善堂會」組織，主要職責為修建清真寺籌集款項。1871年在雲南開遠大莊成立的「捐款會」，所捐款項用以支持全國各地遠道而來清真寺學經的滿拉生活費。但這些組織大多為處理回族日常事務性的民間組織，也僅限於一寺一地，影響不大。影響較大的 20 世紀初在漢口成立的「清真自治公益會」，由漢江之濱社區的回民組成，他們經常發表演說，痛斥清政府的封建專制，鼓動共和。辛亥武昌起義時，該會聯合各團體整頓商團，維護地方秩序 20 餘日。20 世紀初在漢口由回族發起成立的「清和保安會」，有會員 40 餘人，平時以救火防災、提倡公益、保衛地方為職責，武昌起義時，給起義軍民以大力支持〔註9〕。

〔註 8〕馬建釗、孫九霞、張菽暉編：《中國南方回族社會團體資料選編》384 頁，四川民族出版社，2003 年。

〔註 9〕《武昌起義檔案資料選編》上卷，255～265 頁，湖北人民出版社，1981 年。

20 世紀初，在封建專制體制即將滅亡，共和政體初建時期，一些回族學者發文介紹西方國家之政體，試圖為中國國家體制的構建尋求一種可資參考的模式，如有人提出：「我中國制度，是宜君主立憲，抑或民主立憲，鄙人不學無識，不敢驟加斷語，雖然，竊私改行民主政體，當以多數人民之趨向及程度為前提；若行君主立憲制度，則君主當凡事取信於民。否則，不論君主與民主，皆不能造福於民矣。」〔註 10〕從辛亥革命到中華民國成立，回族知識階層、宗教階層、政界積極參與到各種社會活動中，讚譽共和，引起當時一些人的關注，例如 1915 年 2 月出版的《清真月報》第一期轉錄《蒙藏院白話報》刊載「清真教之特色」一文記載：

> 共和成立，回族最表同情，伊新回部，先後翊贊，擁護中央，出於至誠。文電紛來，情見乎詞。原其曉然於共和真理之故，自以內地清真教友之功居多，何以言之？蓋以內地之清真教友，識時達變，知保種保國，非群策群力不為功，所以組織社團者有之，發行報紙者有之，故使天山南北，觀感所及亡嘗不驚，此皆內地清真教友有以導化之也。若甘肅馬元章之聯絡、寧夏馬福祥之籌劃、北京張德純之勸導，亦均與有力焉，茲特分別敘其事蹟之特色如左。

> 回教俱進會。該會為內地清真教友所組織，各省均有支部，會中人物，皆係各處清真教友中之識時俊傑，而且皆屬穩健派，若非政黨中之攘權奪利者可得同日而語，其所提倡，未嘗逾越範圍，宗旨之純正，有足多者。上年正式國會未成立以前，時世所趨，該會對於選舉總統，主張推戴項城，各處支部，函電紛馳，痛陳利害，一致推行，後果屬其所欲，以宗教輔政治泯畛域，求福利，該會有焉，此其特色一。

> 《京華新報》。京城清真教友以處於首郡之故，風氣迫開，然而政體驟改，普通之人，未免不知共和真理，所以清真教友之學識兼優者，急起編輯報紙以餉回族人民。聞《京華新報》出版之初，其額數甚少，及至現今，逐漸增印，竟可銷至三四千份之多，足徵鼓吸能力，可使社會歡迎。該報內容豐富，統載詳實，其最足耐味者，諸清真正史，及雷門鼓等，均係出自經典，印證共和，譯述者，張阿訇德純，此其特色二。

〔註10〕《述穆罕默德辭世後阿拉伯之政體》，《正宗愛國報》1912 年 1 月 11 日。

張阿訇勸導哈密。哈密僻處嘉峪關外，該處回王，見聞稍隘，國體變更，徘徊觀望，張阿訇德純，自京師寄書哈密，暢言共和要旨，並稱中央德意，因此上月遞呈政府恭順翊贊，據實上□，當奉大總統傳令嘉獎張君品學兼優，博通回教經典，昔曾遊學土耳其國，文明藉甚，現在北京掌教於清真寺，與王阿訇齊名。王君名寬，乃京城清真教中之泰斗，德高望隆，熱心公益，尤為非常人所及，此其特色三。

他若馬元章通欵於中央，馬福祥上書於總統，若不雙方融洽，相見以誠，種種特色，不遑枚舉。聊綴數端，以概其餘。〔註11〕

這是近代中國社會轉型初期一篇介紹回族精英階層創社團、辦報刊，參與共和政體建設的文章，文章沒有署名，可能出自漢族文人之手，作者對當時回族參與政治活動情況還是有一定瞭解，文章提到的馬元章、馬福祥、張德純、王寬皆是當時回族政界、宗教界比較活躍的人物，同時還提到回教俱進會、《京華時報》等。該文中出現「回族」、「回部」、「清真教友」等稱謂。此文發表時，袁世凱還沒有復辟稱帝，據記載一年以後，回教俱進會支持袁世凱稱帝，給俱進會後來發展帶來負面影響。也有人稱俱進會曾經被人利用，但具體細節沒有找到更詳實的資料記載。

二、馬安良呈請袁世凱在清真寺改供總統神牌

社會轉型期人們的思想觀念也處在一個轉變過程中，往往會出現新舊思想的較量，一部分人很快適應社會潮流，另一部分人有可能頑固堅守舊思想、舊道德。筆者從《清真月報》看到一條啟事，就是甘肅提督馬安良於1915年呈請袁世凱，通飭各地清真寺改供袁世凱大總統神牌，原文如下：

甘肅提督馬安良呈請通飭回教禮拜寺改供大總統神牌，已奉大總統批令照准，並交內務部通行遵照，茲將該提督原呈錄左。

為呈請改設神牌，以崇國體，仰祈鈞鑒：事竊，維民國肇造四載於茲，除專制之積習，立共和之基礎，全球軍民欣欣仰化。漢、滿、蒙、回、藏習俗各異，宗教亦殊，而服從命令，擁戴中央之心極之四海如一家、中國如一人也。查回民禮拜寺為朝拜真主之所，向供皇帝萬歲萬萬歲神牌，朝夕誦經，相沿已久。現在國體已更，

〔註11〕《清真教之特色》，《清真月報》1915年第1期，1915年2月出版。

供設皇帝神牌實非所宜，擬請將前牌取消，改供大總統萬歲萬歲萬
萬歲神牌，以定名義，而昭虔誠，正天下以正萬世，實為切要之圖。
安良隸於回教，敢冒昧直陳是否有當理合，恭呈大總統府賜採擇。
如蒙允准，仰懇明頒命令，通飭各省，一體遵辦，不勝悚惶，待命
之至。謹啟大總統鈞鑒訓示施行，謹呈。〔註12〕

這條呈文應該是 1915 年所寫，竟然被袁世凱「批令照准，並交內務部通行遵
照。」試圖在全國清真寺推行，而《清真月報》作為雲南回教俱進會所辦，
率先發表這一消息，也甚為遺憾。

　　清真寺放置萬歲牌始於明朝，與明朝在全國各地敕建清真寺有關。雖然
明朝初年大力推行民族同化政策，但對各種宗教管理相對寬鬆。歷代君主為
了表示對伊斯蘭教保持尊重，並由朝廷出資在全國各地敕建了許多清真寺。
同時明朝對清真寺的管理實行飭賜清真寺掌教剳付冠帶主持制度，它包括朝
廷敕建清真寺、皇帝為清真寺書寫寺名、禮部為清真寺頒發剳付，作為該清
真寺掌教的憑證。而「飭賜」或「飭建」清真寺掌教，又皆為「冠帶主持」，
這些掌教地位較高，一般「行令禮部給予剳剔，冠帶榮身，准免差徭」，非常
榮耀〔註13〕。明代清真寺職能也發生變化，清真寺「非惟吾人禮拜敬天者得
其所而振揚聖教於不息，殆將祝延聖壽於悠久、祈保皇圖無疆者在此也。」〔註
14〕各地回民自覺自願在清真寺放置萬歲牌，一方面表示對中國文化的認同，
同時切實解決了伊斯蘭教信仰中二元忠誠問題，即順主忠君問題。君主在特
定歷史條件下具有某種象徵意義，封建社會統治者將君主視為國家的象徵，
把忠君視為愛國的標誌。明清時期全國各地清真寺專門開闢一塊地方放置「萬
歲牌」，上書「皇帝萬歲萬歲萬萬歲」，他們在做完每日五次禮拜的同時，不
忘祈禱國家太平，為當朝皇帝祝壽延年，可以視為忠君及國家認同的具體表
現。至清中後期，隨著地方政府對回民政策的逆轉，一些中心城市清真寺除
保留「萬歲牌」以外，各地清真寺已經移除了「萬歲牌」。中華民國成立，封
建專制政府已經推翻，馬安良作為甘肅地方大員，倒行逆施，提出將清真寺

〔註12〕子英：《禮拜寺改供大總統神牌之先聲》，《清真月報》1915 年第 2 期，1915
　　　年 3 月出版。
〔註13〕丁明俊等著：《西北伊斯蘭教社會組織形態研究》第 20 頁，中國社會科學出
　　　版社，2013 年。
〔註14〕《飭賜清修寺重修碑記》，（清）劉智：《天方至聖實錄》262 頁，中國伊斯蘭
　　　教協會印，1984 年。

原來放置的「皇帝萬歲牌」更換為「大總統萬歲牌」，顯然不合時宜。儘管袁世凱批准了馬安良的呈請，「並交內務部通行遵照」，但各地清真寺並沒有認真執行，至今還沒有見到民國時期清真寺放置「大總統萬歲牌」的記載。

三、民國元年以後成立的回族社團

自中華民國成立，伴隨著中國社會的轉型，回族社團組織出現高發期，期間成立的社團組織有近百種。包括各種類型名稱不統一的社團組織，許多社團組織忽起忽滅，由於存在時間很短，沒有留下有價值信息。但也有一些影響廣泛、回族群眾參與程度高、存在時間比較長的社團。這些社團的創建與發展凝聚著許多前輩的心血。據後來任西北中學校長的孫繩武回憶，早期有一定影響的回族社團組織他都參加過，他還自稱參與過一些社團組織的創建工作。據他回憶，民國元年元旦，孫中山剛剛就任中華民國臨時大總統，幾位回族人士想要集中回民力量，參與中華民國建設，糾合一批志同道合者，計劃發起成立一個回民組織，代表人物有蔣新吾、劉維霖、沙仰之、楊質卿、陳沛生、改實君等 30 餘人。既要建立團體，必先確定名稱。當時正值孫中山提出「五族共和」主張，有些人建議用五族共和中的「族」字，主張稱回族，有些人囿於清真教門的「教」字，主張稱回教。見解不同，爭端遂起，「二十餘年迄未解決族教二字的爭端」〔註 15〕。當時雙方各執一詞，請中華民國臨時總統府內務部出面裁決，最後南京臨時國民政府內務部次長居正代為圈定「教」字，「中國回教聯合會」的名稱得以確定（居正認為「五族共和」中的回族系新疆的纏回，並非指內地回教徒）。中國回教聯合會總部設在南京，提出團結回族，贊助共和，維護宗教，聯絡聲氣。會長是金崎生，副會長沙舟如、梁義成，會址設在南京草橋清真寺內。1913 年 5 月 15 日，各省、市、縣支部代表齊聚南京，召開「中華民國回教聯合會」成立週年大會，並陸續在長江流域一些省會城市及縣級單位設立分會 40 餘處。1922 年金世和當選為會長，先後在南京市清真寺開辦回民小學 7 所，並致力於廢除清真寺掌教世襲制度，至 1927 年停止活動〔註 16〕。孫繩武認為這是回族歷史上第一個全國性社團組織。

〔註15〕孫繩武：《關於回教的統一組織》，《回教大眾》第 3 期，1938 年 3 月 25 日出版。
〔註16〕《中國伊斯蘭教百科全書》765 頁，四川辭書出版社，1994 版。

　　南北統一，臨時政府北遷，民國元年 4 月北京回族在王寬、侯德山的倡議下，發起成立社團組織，在進行籌備之際，又出現族、教之爭，在雙方互不相讓、爭執不下之時，有人拿出臨時國民政府內政部次長居正意見，當即決定定名為「中國回教俱進會」，7 月召開成立大會，選舉馬鄰翼為理事長、王寬、王友三為副理事長。不久孫中山先生攜黃興、陳其美北上，俱進會召開盛大歡迎會，孫中山先生與黃、陳二公均發表演說，並與俱進會代表合影。中國回教俱進會成立兩年，全國各省、市、縣、鄉先後成立分會 200 餘處，1912 年至 1916 年期間曾創辦《清真教務雜誌》（月刊）、《愛國白話報》（日報）、《京華新報》（月報）、《清真學理譯注》等報刊，主編有王浩然、張子文、王友三等，這些期刊大多沒能堅持下去，有的只存在幾個月，或出版一兩期就停刊。

　　俱進會成立以後，全國回族同胞寄予很高希望，而俱進會本身也採取了一系列措施，如興辦教育，改良風俗，調解糾紛等，成績頗為顯著，特別是孫中山先生在俱進會的演講，更是提升了該會在全國回族民眾中聲望。但是後來因為政治的影響，特別是 1915 年楊度、孫毓筠、嚴復、劉師培、李燮和、胡瑛等六人發起成立的一個政治團體——籌安會，公開支持當時的中華民國大總統袁世凱恢復帝制，實行君主立憲，回教俱進會也捲入這一政治漩渦，成為早期這一全國最大回族社團組織的一個歷史污點，直至影響到各地分會的正常發展。此事件之後，許多分會停止了活動。至於俱進會是如何支持袁世凱復辟稱帝，參與到何種程度，暫時沒有查找到資料。再加上俱進會沒能及時加強組織建設，提出的一些舉措沒能貫徹執行，有失民眾期望，開始走向衰落。民國八年（1919 年）有人建議改組「中國回教俱進會」為「中國回民公會」，得到一些回族知識界、工商界人士的贊成。1919 年 5 月，在「五四運動」影響下，濟南學生也積極響應北京學生的愛國運動，時任濟南鎮守使的回族馬良與任山東督軍的張樹元，秉承段祺瑞旨意，殘酷鎮壓濟南愛國運動。馬良為了表示他鎮壓愛國運動的鐵面無私，首先拿自己教友開刀，逮捕並殺害濟南回民救國後援會會長馬雲亭等，遭到回教俱進會及全國回族人民的一致聲討，俱進會改組之事暫時擱置，會務活動即告停頓。有人評論說：「俱進會在前此在坏胎時代，失先天的調護，生產不良，至今雖有十餘年歷史，而暮氣沉沉，毫無建樹」。與俱進會總部相比較，反而一些地方分會發展生機勃勃。1927 年中國回教俱進會成都支會進行改組，興辦平民讀書處，以惠失

學青年；並辦女子初級小學校，以提倡其智識；創設無息貸款局，以利平民；開設經書流通處，以供外教之研究，使其對回教教義有深切瞭解；另外還創辦《清真導報》，該報雖出刊兩期，但內容豐富。

1927 年 4 月國民政府定都南京，上海哈少夫等人發起成立「中國回教公會」，孫繩武草擬簡章，本來想用民國 8 年提出「中國回民公會」之名，最後國民政府建議改為「中國回教公會」，並於 1929 年 10 月正式成立，各地設立一些分會，但後來因為組織渙散，領導人沒能認真負起責任，總會活動處於癱瘓狀態。1932 年上海北新書局出版一本經國民政府審查機關批准的少兒讀物《小豬八戒》，該書發行很廣，書內出現侮辱穆斯林言辭，引起全國各地回族的抗議，上海中國回教公會召開緊急會議，組建「華南護教團」，到南京行政院請願抗議。同一時期北平也成立「華北護教團」，公推牛街禮拜寺阿訇王瑞蘭，西北公學附屬小學主任王夢揚，成達師範學校教務主任劉柏石及軍界馬子文南下至南京，聲援華南護教團的行動。侮教事件解決以後，上海回族同胞盛情邀請華北護教團成員遊覽名勝，經商議，他們決定聯合發起成立一個全國統一的回民組織，在討論名稱時，又出現意見不統一，華北代表主張用「回民」，上海代表堅持非「教」不可，最後折衷雙方意見，擬取名為「中國回教人民協會」，哈少夫等認為此名雖嫌累贅，但都兼顧了雙方的意見，隨後發起簽名動員，後因人事關係，籌備活動無形擱淺。

1934 年馬良聯合旅京部分回族人士，擬另起爐灶，創辦一回民團體，惟恐審批手續繁瑣，遂沿用「中國回教公會」舊案，呈請有關部門，國民黨政府民訓機關在發放許可證時，將「國」改為「華」，取名「中華回教公會」，以示有別於舊會。由於馬良參與鎮壓濟南學生愛國運動，殺害濟南回族民主人士馬雲亭，在回族中影響很壞，由馬良組織籌建全國性回族社團組織，顯然難以服眾，有人在報刊發文稱「所謂中華回教公會便是本組織回民而產生的，可是這個偉大的運動，沒有得到偉大的人來領導，便使人處處失望。」〔註17〕「民國二十三年馬良在南京組織回教公會，因其別有居心，而圖個人之利祿，在籌備時期及惹起種種暗潮，會務未能推進，無形瓦解。」〔註 18〕「中華回教公會」籌備時間較長，迄至抗戰爆發，「中華回教公會」籌委會主任馬良加入山東日本傀儡組織，發表抨擊國民政府言論，原來與馬良有聯繫的一

〔註17〕常之：《中華回教公會給予我們的教訓》，《突崛》1936 年第 3 卷第 1 期。
〔註18〕社論：《回民需要健全的組織》，《突崛》1840 年第 6 卷第 12 期。

些回族上層人士紛紛發表聲明，表示與馬良脫離關係。

四、社會各界對社團組織存在問題的反思

從以上可以看出，民國初期「回族」「回教」之爭已經開始，而且這種爭論首先來自於回族內部，爭論雙方各執一詞，誰也說服不了誰，最後請政府部門出面裁決。居正出生在湖北省廣濟縣（今武穴市），加之早年長期在日本、新加坡等國留學，對回族歷史文化缺乏瞭解，隨手一圈，就確定「回教」名稱，又缺乏學理論述，很難被回族大眾所接受，正如有人指出「所謂回族之領袖人物，大都抱有絕對主義哲學，會的意識異常堅強。因一名一字之爭，相持已久，至成懸案，使統一之回民組織，始終不能實現……今日有識之士一談及回民組織，莫不疾首蹙額，歎為難事。」[註19]同時許多社團也是曇花一現，創建社團隨意性較強，一兩個人產生想法，即刻組織成立，缺乏深思熟慮和長遠發展規劃；缺乏經費支持也是許多社團不能堅持長久的原因之一。有人曾感歎：「中國的回教社團，其組織的不健全，能力的微弱，在今日已是不可諱言的事實」。趙振武先生長期擔任《月華》雜誌編輯，1932年隨馬松亭阿訇赴埃及護送第一批留埃學生。據趙振武先生回憶，在一次座談會上，愛資哈爾大學一位教授問中國回教有無社團組織，那時我們首先想到的是中國回教俱進會，在當時來說，俱進會已有20的歷史，在全國各地有200多個支分會，是當時中國回族社會中歷史最為悠久，社會影響最大的一個社團組織，所以就說出中國回教俱進會，沒想到那位教授要求列舉回教俱進會的主要工作，趙振武就毫不猶豫列舉了俱進會處理清真寺財產登記，組織漢譯《古蘭經》，組織護教運動等。沒想到那位教授聽了以後說道：「這些是它的偶然的成績，我要問的是它的經常性的工作。」於是就無法回答這位教授提出的問題。趙先生感歎說：「的確，不僅止是俱進會，所有中國的回教社團，差不多如常刊行一種刊物外，若是按照會章上列舉的工作去研討，真是沒有可舉的。俱進會能始終不懈，譯印了基本典籍，畢竟還高人一等；但是，這件問答我們並不曾記在日記裏，若不是它這次有重新立案整頓會務的話，我們還不願說給人聽。從那以後，本社對於中國任何一個回教的社團組織，再沒有拍過掌喝過彩，同時，本社竭力主張『……不要再組織什麼新的團體，而是要集中中國回民的力量，在原有的有力的、統一的組織之下，來實現它的作

[註19] 達烏德：《談回民組織》，《回族青年》1934年第2卷第3期。

用。』」〔註20〕

有學者提出，分析近代回族社團組織失敗的原因：一是組織方法不合理；二是缺乏賢明的領導者；三是缺乏大批優良的工作幹部；四是脫離回族大眾。

基於民國時期回族社會的狀況及以往組織失敗的原因，有人提出如果要建立回族民眾普遍擁護的社團組織，必須做到以下幾點：一、組織必須合法化。過去一般回教組織大多由幾個人關門籌備，拉幾個上層回族人物做幌子，組織方式如此簡單，結果也就可想而知。因此今後的組織原則必須是民主的，組織系統必須是由下而上的，負責人必須由公開的選舉產生，一切須多徵求各方的意見，如果建立全國性的組織，就應能切實代表全國回族。二、推選賢明的領導者，以往的中華回教公會，以昏庸老朽馬良擔任領導，它的命運自然不難預料。三、培養大批優秀工作幹部。一個組織如果有了賢明的領導者，能得到政府的支持與認可，有縝密的工作計劃，還須有一批優良的工作幹部。四、一個組織如果有廣泛的群眾基礎，才能鞏固、發展。「過去的回教組織所以會陷於泥沼，會被出賣，最大的原因便是和大眾不發生關係，與大眾有著遙遠的隔閡。既不能被大眾所瞭解，當然無法使大眾擁護，所以我們不從事回教組織則已，要組織就須以大眾為基礎！是全國性的，應建立在全國回教大眾上，是地方性的，應建立在一個地方的回教大眾上，能以回教大眾的基礎出發，以回教大眾的福利為依歸，才可以算是一個真正的回民組織。」〔註21〕

回族大分散、小聚居，分布全國各地，以西北居多，而近代回族社團大多集中在較為發達的東部城市，因此很難有哪一個社團組織或個人能代表整個回族民意。但同時大多數回族知識階層也認為回族社會需要一個統一、強有力的社團組織，「一地方有一回民團體，則一地方回民精神有所依歸，一國有一統一性之回民團體，則一國之回民精神有所依歸。」〔註22〕精神統一，則其主張與行動也會趨於統一，回族本身應興應革之事處理起來也相對容易。

另外一些人希望能有一個全國統一、且強有力的回族社團組織，以便在政治上有所作為。例如有人評論當時準備成立的一個社團組織：「除中國回教俱進會、回民公會、回教公會不計外，又有新回民組織的醞釀。其背景如何？

〔註20〕振武：《中國回教俱進會總會重行立案》，《月華》第 8 卷第 10 期，1936 年 4 月 10 日出版。
〔註21〕沙蕾：《關於回教組織》，《回教大眾》（武漢版），1938 年第 7 期。
〔註22〕薛文波：《論回民組織》，《突崛》1935 年第 2 卷第 10 期。

其原動力為何？吾人皆不得而知。不過回民在此多量統治之下，確是大為其難，路上傍徨，不知何所是從也！余以為代表回眾之團體，只須一個已足，不必『換湯不換藥』，另番花樣也！或曰『回教組織本身不健全，將藉外力以使之有統系也』。余曰：此舉之結果如何，姑不論，先以實際上言之，回教組織之不健全，此固為通病矣！應如何匡救之，應如何撥正之，方足以濟其弊。否則雖有千萬之回民組織，豈能為回民謀福利乎？團體乃是回民團體，所辦之事，自是回民之事……故余謂新的回民組織，大非必要也」〔註23〕。也有人認為沒有一個全國統一的強有力的回民組織，對爭取回民政治權利極為不利：「我們可以說目前的中國回民是缺乏組織，雖然各地有所謂回教公會、佈道會、回教俱進會等等，但僅是部分，而且效能上很小，我們可以說目前回民是缺乏統一性，沒有整個的組織。所以弄到這次對於國選，沒有長時間的準備，沒有整個的行動，以至於失敗，這裡我們看出組織的重要性了。」〔註24〕

第三節　以學術研究為主導的回族社團

一、學術性回族社團的特點

民國時期學術型回族社團有如下幾個特點：一是純學術性的社團，如1917年由北京第一兩等小學堂回族同學組織成立「清真學社」，該學社設在牛街清真寺，「以闡明教理，研究學術」為宗旨。二是許多回族青年社團將學術研究放在比較重要位置，如1923年在「五四運動」影響下，牛街回族青年與就讀於宣武門外河南中學的回族青年在李廷弼、劉屹夫的倡導下組建「穆友社」，參加者有劉伯餘、楊兆均等10餘人，該組織以「砥礪言行，聯絡感情，切磋學術，交流心得」為宗旨，創辦《穆友月刊》。1925年「穆友社」出現分裂，劉屹夫聯合「穆友社」部分成員成立「追求學會」，該學會以研究伊斯蘭教，交流文化學習心得為主旨，他們曾組織翻譯了一批國外伊斯蘭教研究成果《和平宗教》《穆罕默德傳》等論著，由清真書報社組織出版，其言論大多發表在由清真書報社主辦的《正道》雜誌上。

1931年2月由西北公學學生劉毓華等五位同學發起創辦「勵進學會」，並創辦《勵進》雜誌，也致力於翻譯介紹國外伊斯蘭文化研究動態。1929年由

〔註23〕阿里：《又有新回民組織說》，《回族青年》1934年第2卷第4期。
〔註24〕裕恒：《再論回民組織之重要》，《突崛》1936年第3卷第9期。

在北京各大學學習的回族青年聯合創立「伊斯蘭學友會」，後來又改組為「中國回族青年會」。伊斯蘭學友會創立初期提出「本會以聯絡感情，砥礪學行，研究伊斯蘭教義，發揚伊斯蘭精神為宗旨」。1930 年改組後的「中國回族青年會」在北京西單清真寺成立，其會員多是西北中學、成達師範的學生，主辦並出版《回族青年》。在回族與伊斯蘭教關係上，該會成員主張回回人是信仰伊斯蘭教的一個民族，與那些主張回族只是漢族信仰伊斯蘭教的主流派進行了激烈的辯論。1937 年「七七事變」北京淪陷，大部分會員離京，活動陷於停頓狀態，1939 年部分撤退到重慶的會員希望恢復組織，但由於國民黨政府堅持不承認回回是民族的立場，只得改成「中國伊斯蘭青年會」，1945 年抗戰勝利後又改為「中國回民青年會」，被確定為中國回教協會二級組織。在此期間薛文波等會員仍堅持回回是民族的觀點，並出版《回民青年》雜誌。

中國回教學會於 1925 年 6 月在上海成立，發起人為哈德成、哈少甫、馬剛侯、沙善餘、伍特公等，為中國伊斯蘭教學術文化團體。宗旨為：闡明伊斯蘭教義、提倡回民教育，聯絡穆斯林情誼，開展中外伊斯蘭文化交流，扶助同教公益事業。成立後所做的主要工作有：資助哈德成等人翻譯漢文《古蘭經》；出資刊行清代馬復初《漢譯寶命真經》5 卷；編輯出版學會月刊，宣傳伊斯蘭教教義、教理。創辦上海伊斯蘭師範學校及敦化小學，設立宗教圖書館，傳播伊斯蘭教知識；組織派遣回族青年赴埃及留學〔註 25〕。

二、學術性社團與回族文化研究工作

中國回教俱進會、中國回教救國協會協會等影響比較大的回族社團組織，比較重視回族文化研究，如救國協會就下設有回教文化研究會二級社團組織。

1937 年 2 月，白壽彝發表《論設立回教文化研究研究機關之需要》一文，認為「我國因文化事業一般地落後，一切學術研究都讓人家捷足先登」，「國內沒有一個回教文化研究機構，作集中的研究工作，以致弄的關於中國回教底知識，也還看歐美人的底研究報告，看歐美人底旅行筆記」。白先生希望回教同胞知識階層與關心回教文化的非回教同胞聯合起來，在政府扶持之下，設立一個研究回教文化的機關，負起它在這個時代應負的時代使命〔註 26〕。

〔註 25〕《中國伊斯蘭百科全書》749 頁，四川辭書出版社，1994 年。
〔註 26〕白壽彝：《論設立回教文化研究研究機關之需要》，《申報》1937 年 2 月 28 日星期論壇。

1938 年冬，由白壽彝、楊敬之、謝澄波等人在廣西桂林發起成立中國回教文化學會，其宗旨是：弘揚伊斯蘭教文化，翻譯或介紹伊斯蘭教著作。1941 年改名為「伊斯蘭文化學會」，據有關資料記載「白壽彝君等組織之伊斯蘭文化學會，其主旨為專力從事回教典籍之翻譯著作，成立迄今，業經四載，基本會員為白亮誠、白壽彝、馬堅、張秉鐸、納忠、謝澄波、楊志玖、楊敬之、薛文波、海維諒、陳煥文、馬元卿等，其已出版或將出版之書籍有馬堅之回教教育史等，張秉鐸之伊斯蘭之普遍與永恆，白壽彝之中國伊斯蘭教史綱、咸陽王世家、杜文秀研究資料，楊志玖之元回回考等書多種。又該會正分工合作，翻譯各種典籍。日前該會在渝召開年會，參加者有白壽彝、謝澄波、楊敬之、薛文波、納子嘉等云。」〔註27〕伊斯蘭文化學會曾分別在中央大學、雲南大學開設伊斯蘭文化講座，由白壽彝、納忠分別講授，最終出版伊斯蘭文化叢書 10 餘種，其中有馬堅譯著的《回教真相》《回教哲學》《回教教育史》，白壽彝的《中國回教史綱要》，楊敬之的《日本之回教政策》等，出版經費由會員自籌。伊斯蘭文化研究會對抗戰時期中國伊斯蘭教文化學術研究事業做出了重要貢獻。

還值得一提的是 1931 年由王曾善等人在南京發起成立的中國回教青年學會，得到唐柯三、孫燕翼等人支持，會員多為受過中等以上教育的穆斯林青年，會址設在南京太平路清真寺，宗旨是「聯絡感情，研究學術，促進教務，服務社會」。正當中國回教青年學會籌備之際，「九一八事變」發生，日軍佔領我東三省，中國回教青年學會籌備處於 1931 年 10 月 10 日草擬「快郵代電」，發至全國各地清真寺、社團組織，聲討日軍的侵略罪行，全文如下：

> 全國各清真寺阿訇、掌教、鄉耆諸公暨各回民團體，並轉全體回民公鑒：

> 倭寇謀我，積心已久，層層侵略，有加無已，「五九」之變，繼以「五三」，今則萬鮮之血跡未乾，不幸之事端又起，此次竟敢乘我天災流行，內憂未泯之際，藉口毫無理由、毫無根據之中村事件，突出重兵，襲擊我東省，強佔我要地，搗毀我機關，蹂躪我人民，焚殺淫掠，無所不用其極。近復艦臨內海，彈擊錦遼，種種暴行，令人髮指，人道滅絕，天理無存。回憶本年夏間，瀋陽回民米氏雙禎父子橫遭日人無故殘殺，我全國回民，早各奔走呼號，奮志東指，

〔註27〕《伊斯蘭學會近況》，《中國回教協會會報》第 5 卷第 1 期，1943 年 1 月出版。

誓除此寇，痛定思痛，隱恨猶深。今者慘案復起，勢更嚴重，考其居心，實冀滅我中華民族，以逞其一。我回民乃五大民族之一，生息相關，豈容坐視，衛國殺賊，安敢後人。值此一網打盡之毒計，一髮千鈞危急存亡之際，凡我五大民族，允宜通力團結，亟起奮鬥，全國上下，一德一心，整齊步伐，與日決戰，內息同根之煎，急謀救濟之道。棄嫌修好，赴難急公，則區區島寇，不難犁庭掃穴，新仇舊恨，不難一一湔消。切希全國回民，從速興起，永久對日經濟絕交，誓作政府後盾，效命疆場，義不敢辭，遠法我穆聖大無畏之精神，近效凱瑪爾奮鬥之毅力，振臂先驅，誓除此獠，國難前途，庶幾有豸，臨電迫切，不知所云。

中國回教青年學會籌備處叩雙十節〔註28〕

　　1935 年 5 月中國回教青年會又下設回民學術研究會，並編輯出版《中國回教青年學會會報》，王曾善任主編，1939 年中國回教救國協會成立以後，該會不復存在。王曾善在《中國回教青年學會回民學術研究會第一次會報告詞》中指出，本會「以研究學術為主要目的」，「近來各地教案屢次發生，侮辱教民，隨處可見，有時竟因小節往往發生很大的風潮，人家稍有文字之侮辱，我們就興起問罪之師，這固然是愛護宗教的行動，頗可同情，可是有時人家問到我們教民關於回教的道理，往往多數不能作祥明的解答。」〔註 29〕可以看出「回民學術研究會」的研究領域僅侷限於伊斯蘭教教義方面。1936 年以後邀請一些知名學者舉行過多次學術演講，同時也邀請不同地區開學阿訇進行宣道演講。在學術演講方面，1936 年 5 月 31 日下午在回民學術研究會成立週年紀念大會上，唐柯三作《研究回教學術為回教青年之總務》，同年 6 月 28 日孫燕翼作《北平處理侮教案之經過及其結果》，同時做過演講或宣道的還有王靜齋、周仲仁、張光玉、馬麒等。1937 年 1 月中國回教青年學會為馬松亭由埃及返國舉行盛大歡迎會，據記載「中國回教青年學會回民學術研究會 1 月 3 日上午九時，在太平路三一〇號本會會所，召開第八次會議，到唐柯三、艾沙、王曾善、安賓堯、穆鳳岐、劉伯餘等男女來賓二百餘人，由王曾善主席，並歡迎回教學者馬松亭氏蒞會演講。馬氏新由埃及各回教國家考察返

〔註28〕《快郵代電》，《月華》第 3 卷第 30 期，1931 年 10 月 25 日出版。
〔註29〕王曾善：《中國回教青年學會回民學術研究會第一次會報告詞》，《中國回教青年學會會報》1936 年創刊號。

回……此次過京，該會特請報告西方各回教國家之現狀」〔註30〕。當時中國
回教青年學會舉辦的學術演講活動吸引了許多在南京各高校、中學求學的回
族青年，並紛紛加入該會，主動繳納會費，支持其活動。「參加聽講教民甚為
踴躍，成績甚佳，一般教中明達，咸認為首都回教中之創舉。」〔註31〕

　　1934 年由魯忠翔、馬天英、傅統先等人發起在上海成立中國回教文化協
會，其宗旨為提高中國伊斯蘭教學術文化水平，擬定出版伊斯蘭教學術研究
刊物，編輯伊斯蘭文化叢書，溝通回教國家文化。選舉魯忠翔為協會總幹事，
曾舉辦過一期回民職工補習學校。由於經費匱乏，除傅統先 1937 年撰寫出一
部《中國回教史》，別無其他成果，1937 年以後該會停止活動。

第四節　近代回族青年社團

　　民國時期回族知識青年階層是最為活躍的一個群體，主要由各級軍政部
門職員、軍官、高校學生組成，他們撰寫文章、積極從事學術活動，或發起
組建各類社團組織。青年階層是近代回族文化運動的積極參與者與主要推動
者。

一、抗戰前後成立的幾個回族青年社團

　　1931 年由王曾善等人在南京發起成立「中國回教青年學會」，即屬於學術
社團，也是回族青年社團，上節已有敘述，會員多為受過中等以上教育的穆
斯林青年，會址設在南京太平路清真寺，其宗旨是「聯絡感情，研究學術，
促進教務，服務社會」。該會曾開設回民學術研討會，聘請著名阿訇和穆斯林
學者進行演講，編輯出版《中國回教青年學會會報》，活動持續到 1939 年。

　　1938 年 8 月 28 日中國回教救國協會青年服務團在在漢口民權路清真寺成
立，以武漢回民青年為主要成員，以宣傳、慰勞、救護及救濟回教難民、難
童為主要工作職責。在成立大會上孫繩武、陳經畬發表演說，後來又改組為
中國回民青年戰地服務團。該組織在宣傳抗日、慰勞抗日軍隊及家屬，救護
及救濟難民及難童方面做了大量工作，在漢口設立「回教難民招待所」。成立
「難民服務隊」，收容流亡教胞，在各難民收容所工作；聯繫當地賑濟委員會，
解決難民吃飯問題，為難民以最低折扣購買船票；創辦「回聲」壁報，及時

〔註30〕《回教學術會開第八次會》，《回教青年月報》1937 年第 1 卷第 10～11 期。
〔註31〕《中國回教青年學會會務（一）》，《中國回教青年學會會報》，1936 年創刊號。

報告戰況。1940 年 3 月中國回民青年戰地服務團會同河南省回教青年救國會前往河南項城,慰問從青海開往河南被稱為「抗戰中的回教鐵騎軍」的馬彪回民騎兵師,慰勞進擊淮陽日軍據點取得勝利的騎二旅全體官兵,並慰問在與日軍交戰中犧牲回族馬秉忠旅長之遺族及其部屬,舉行追悼會〔註 32〕。

據資料記載,1936 年在北京曾成立過中國回族青年會,發起人為薛錦章、馬孟擇、楊新民等人,曾起草會章,以聯絡感情、砥礪學行,發揚回族精神,以求民族自由平等為宗旨,也是民國時期為數不多以「回族」命名的社團組織,但成立後沒有看到這個社團活動情況〔註 33〕。

二、從伊斯蘭學友會到中國回族青年會

1929 年北京各大學學習的回族青年聯合成立「伊斯蘭學友會」,創立初期是從「振興宗教」開始,據《伊斯蘭學友會概況》記載:

> 我伊斯蘭教為世界三大宗教之一,又為世界最進步之宗教,其在民族歷史上之價值,及對世界文化之貢獻,至大且巨!凡我教民,莫不視此為最大之光榮,而思有以保存之、發揚之、光大之。惟時至今日,此偉大之宗教已處於停滯不前之狀態;而尤以吾中國之教民,萎靡衰頹達於極點;教義之湮沒,知識之簡陋,思想之痼弊,教育之缺乏,生計之迫蹙,實為世界所罕見!教中志士,睹此危亡情況,思欲振奮以挽回頹勢者,固代不乏人;然多以學識不足,昧於世界大勢,只知抱殘守缺,舍本逐末,遂使努力等於虛擲,收益愈不可期。其學識充足者則又鑒於教中之積習難返,不敢毅然負責,因而望望然去之,聽其自生自滅者有之;深惡痛覺,自暴自棄,不惜同化於外教者亦有之。於是本教遂每況愈下,言之殊覺痛心!同人等肄業各大學,悉為教中知識分子,既怵於真理之湮沒,及教義之不揚;復感環境之日非,兢兢然恐自墮於迷途;乃益覺自己地位之危險,及責任之重大,爰本青年純潔之志願,奮鬥之精神,而有伊斯蘭學友會之組織。將盡其能力之所及,以研究教義,侈譯經籍,發揚伊斯蘭文化,光大伊斯蘭之精神,使教內教外,對伊斯蘭得到正確之認識,一洗從前之誤解及輕蔑焉。至於其他諸大端,如對於

〔註 32〕丁明俊:《民國時期回族社團組織及功能研究》,《北方民族大學學報》2011 年第 3 期。

〔註 33〕《中國回族青年會二全大會》,《月華》第 8 卷第 8 期。

　　教民知識如何增進，思想如何啟發，教育如何普及，生活如何改善，

　　以及一切增進教民幸福諸問題，同人等不揣簡陋，莫不留意研究之、

　　設計之，以圖貢獻於本教同胞之前。非敢云誇，不過稍盡教民一份

　　子之天職耳。〔註34〕

　　這篇伊斯蘭學友會創立之緣起，說明了回族知識青年對當時本民族生存現狀、特別是宗教衰落的深切擔憂，他們欲從宗教入手，振興民族。

　　20 世紀 30 年代，隨著全國各地來北平求學的回族青年學生日漸增多，一些人慾建立一個相互聯繫，共同學習，探討回族社會的一個組織。1929 年成達師範由濟南遷至北平，校長將兩間閒置平房供各大學回族學生聚會用。1929 年 5 月唐柯三在成達師範所在地東四牌樓清真寺召開座談會，參加者有交通大學李廷弼，北京大學馬永楨、王耕田，朝陽大學薛文波、張智良，中國大學韓同彬等十餘位青年學生，商討成立青年組織問題，各位達成共識。會議結束後，他們各自聯絡本校回族同學，人數增加。之後召開過一次籌備會，擬定會名、宗旨。1929 年 6 月 2 日伊斯蘭學友會正式成立，到會有 30 餘人，10 月又召開全體會員大會，進行改組，參加者有朝陽大學、中國大學、北京大學、師範大學、交通大學、民國大學、輔仁大學、鐵路大學、女子師範大學、工業大學、政法大學、財商專門女子大學 13 校 60 多人，大會選出執行委員會常務委員劉柏石、馬永楨、王耕田三人，候補委員馬述堯，幹事馬汝鄰、丁在田，研究部正副部長黎靜修、楊新民，組織部長薛文波，宣傳部長李廷弼等。在《伊斯蘭學友會章程》中指出：「本會以聯絡感情，砥礪學行，研究伊斯蘭教義，發揚伊斯蘭精神為宗旨」。1930 年 3 月 23 日召開二屆三次會員大會，修改為「本會以研究伊斯蘭教義，發揚伊斯蘭文化，以期對於社會國家有所貢獻為宗旨」。入會資格擴大到初中畢業生〔註35〕。成立編輯委員會，創辦《回族青年》雜誌，吸收劉屹夫、丁正熙等一批回青年骨幹會員。1932 年 11 月 6 日召開第五屆會員大會，王農村、薛文波、單化普當選為常務委員。這一時期國內發生多起侮教案、甘肅臨潭楊土司屠回事件。伊斯蘭學友會與北平各回民團體聯合上書國民政府行政院及有關部門，要求妥善處理，保護回民利益，追究相關責任人。之後伊斯蘭學友會內部出現分歧，少數會員認為應該遵守伊斯蘭學友會宗旨，認真研究伊斯蘭教義，發揚伊斯蘭

〔註34〕劉東聲、劉盛林：《北京牛街》86 頁，北京出版社，1990 年。
〔註35〕劉東聲、劉盛林：《北京牛街》第 87 頁，北京出版社，1990 年。

文化。多數會員主張應該通過民族運動，爭取回民權利。由於意見分歧，劉屹夫等部分會員退出，大部分學友會會員另行組建「中國回族青年會」。

關於伊斯蘭學友會內部分裂的原因，據薛文波回憶，「伊斯蘭學友會因會員中有主張回回是民族者，亦有回回不能稱民族者。見解不同，不能合作下去，因而分為兩派。前者以薛文波、李廷弼、馬汝鄰、楊新民主張最為尖銳。後者則以劉屹夫、王之煜為中堅。前者成立了中國回族青年會，後者成立了追求學會，兩會宗旨迥然不同，回青會的宗旨，爭取回族自由平等，在西北地區回民（指維吾爾族）實行自決，內地回民聚居地區實行自治，在國際上聯絡被壓迫的穆斯林，反抗帝國主義。」〔註36〕

1933年10月1日伊斯蘭學友會第六次全體會員大會在西北公學大禮堂召開，由楊新民主持，薛文波記錄，到會者有51名會員。這次會議正式決定將伊斯蘭學友會更名為中國回族青年會。青年會宗旨為：「以聯絡感情、砥礪學行，發揚回族精神，以求民族自由平等。」〔註37〕劉東聲、劉盛林著《北京牛街》記載中國回族青年會成立於1930年，應該有誤。從《回族青年》報導來看，1933年10月1日伊斯蘭學友會第六屆全體會員代表大會通報，擬將本會名稱改為「中國回族青年會」，1933年底出刊的《回族青年》發布「伊斯蘭學友會更名啟事」，稱「本會第六屆全體會員大會決議：將『伊斯蘭學友會』更名為『中國回族青年會』，本會第六次大會，合即改為『中國回族青年會第一屆全體會員大會』，此啟」〔註38〕。1933年10月8日，更名後的中國回族青年會在西單清真寺召開第一屆聯席會議，在這其間是否還召開過中國回族青年會成立大會，還沒有見到記載。第一次聯席會議由王農村主持，楊新民記錄，參加者有薛文波、丁正熙、劉柏石等13人，選舉楊新民為主任委員，王農村、楊新民、陳志澄為常務委員，薛文波為出版委員會主任委員，劉柏石為宣傳主任委員、韓文質為組織主任委員，並決定編輯出版《回族青年》，之後發表《中國回族青年會第一屆執監委員就職宣言》，認為「唯有民族運動才能促進回民的進步，才能堅強回族的自信力，提高回族的文化和政治地位，也只有採取這樣的方式，才能取得真正的自由與平等。」要求會員「舉凡關於回教、文化、經濟、政治等等的變換趨勢，都要時刻地加以注意和研究——因

〔註36〕 薛文波：《雪嶺重澤》卷一，第20頁，2001年甘肅內部出版。
〔註37〕 《伊斯蘭學友會第六屆全體會員大會記錄》，《回族青年》1933年第1卷第10期。
〔註38〕 《伊斯蘭學友會更名啟事》，《回族青年》1933年第1卷第10期。

為這些都與我們有切膚的關係，也都是我們運動的對象。」〔註39〕在《回族青年》編輯方針中指出「本刊為站在中國回族的立場上，致力於中國回族自由與解放運動」。主要刊發本會之各種決議、宣言、文件，與本會有關之對內對外之文字，關於中國回族之社會調查、統計、報告等。《回族青年》成為中國回族青年會的主要輿論戰地，發表具有傾向性觀點的文章，主張回回是一個民族，這與國民政府一貫主張回回是「漢族信仰回教」或「生活習慣特殊之國民」之言論格格不入，並發表文章進行辯論或批駁，遂引起北平市政府注意，一方面不給中國回族青年會備案，企圖阻止《回族青年》出版。同時期還有一些回族人士創辦的雜誌如《突崛》也發表以「回族」命名的文論，對中國回族青年會主張及其所辦《回族青年》雜誌在輿論上給予支持。

　　由於中國回族青年會一開始就帶有濃厚的政治色彩，在回族與伊斯蘭教的關係上，他們一直主張回回是一個信仰伊斯蘭教的民族，有他自身產生、發展的歷史，不能以宗教代替民族，他們與那種認為回回是漢族信奉伊斯蘭教者進行長期激烈爭論。中國回族青年會還草擬一份《回族運動討論大綱》，希望引起本會會員思考與討論，內容如下：

　　　一、一般的理論之部

　　　　　1. 什麼是民族？

　　　　　　a. 民族之形成過程。

　　　　　　b. 民族的意義及其特徵。

　　　　　2. 什麼是民族問題？

　　　　　　a. 進步的民族國家的民族問題。

　　　　　　b. 殖民地半殖民地民族問題。

　　　　　　c. 國際的民族解放問題。

　　　　　3. 民族運動的意義：

　　　　　　a. 民族自決的意義。

　　　　　　b. 民族運動的目的。

　　　　　4. 民族運動的策略：

　　　　　　a. 民族運動與帝國主義。

　　　　　　b. 已經起了革命運動的民族，和已經推翻帝國主義的

〔註39〕《伊斯蘭學友會第六屆全體會員大會記錄》，《回族青年》1933 年第 1 卷第 10
　　　　期。

　　　　國家與民族運動。

　　　c. 民族運動與帝國主義國家中的被壓迫階級。

　　　d. 民族運動和民族中各社會階層的關係。

　二、回族之部

　　1. 什麼是回族？

　　　a. 形成的歷史。

　　　b. 宗教的派別。

　　　c. 語言。

　　　d. 地域的分布。

　　　e. 經濟狀況。

　　　f. 社會狀況。

　　　g. 文化

　　2. 回族問題：

　　　a. 回族與帝國主義。

　　　b. 回族與漢族。

　　　c. 回族自身。

　　3. 回族運動：

　　　a. 回族運動的目的。

　　　b. 回族自決？

　　4. 回族運動的策略：

　　　a. 回族運動的原動力。

　　　b. 政治運動（回族統一運動；反帝運動；回族運動與
　　　　全世界被壓迫民族的解放運動）。

　　　c. 文化運動（文字統一運動；宗教問題；其他）

　　　e. 青年運動。

　　　f. 中國回族青年會的任務。〔註40〕

　　中國回族青年會成立以後，開始關注邊疆民族問題，將反帝反封建作為主要工作任務，1933 年回族青年馬仲英率部入新疆，與軍閥盛世才發生混戰，地方人民生靈塗炭，一些老牌帝國主義隔岸觀火，隨時準備派兵入疆，新疆危機愈加嚴重。《中國回族青年會為新疆事件告西北回族民眾書》說：「現在

〔註40〕《回族運動討論大綱》，《回族青年》第 1 卷第 10 期。

帝國主義在全中國的勢力，已經很顯明地加強了。東北四省和灤東長城各口已經完全佔領，華北、內蒙古也處在帝國主義積極經營和控制之下，法帝國主義也佔領西沙群島和安南一帶，英帝國主義控制下的西藏，極力的想把中國瓜分；在西北的新疆，當然也沒有例外的，為了民族徹底的解放，你們更應該用心檢查自己的隊伍，不要使帝國主義得以乘機而入，分裂了整個民族的反帝戰線。」〔註41〕

三、中國伊斯蘭青年會

至1937年「七七事變」爆發，北平淪陷，中國回族青年會大部分會員逃離北平，會務活動無形中停止，中國回族青年會一共存在不到4年時間。1939年部分撤至重慶的中國回族青年會骨幹會員王農村、薛文波等提出恢復中國回族青年會，但由於蔣介石在中國回教救國協會成立大會上講話與國民政府已經明確提出回回不是一個民族，遂改名為「中國伊斯蘭青年會」，隸屬中國回教救國協會二級學會。1940年2月11日「中國伊斯蘭青年會」在重慶十八梯清真寺召開成立大會，到會者有男女回族青年 145 人，在恭誦《古蘭經》首章儀式結束後，由大會主席薛文波致辭並報告籌備經過，接下來中國回教救國協會副理事長唐柯三致辭，繼而討論會章及各項提案，選舉艾宜栽、王農村、薛文波、楊敬之、王曾善、馬子翔、白澤民等39人為幹事。中國回教救國協會副理事長唐柯三親臨指導，並發表訓話。中國伊斯蘭青年會成立後向蔣介石、白崇禧致電。

致蔣總裁電：

> 中華民族在鈞座領導之下，已臻於復興之路，際此抗戰期間，全民本同一目標，愈戰愈強，展望前途，彌深興奮。中國回胞為中國優秀成分，愛國愛教向不後人。茲在回教救國協會領導之下，團結全國之回教青年，誓本宗教之精神，以國家至上民族至上為主旨，服膺三民主義，暨鈞座一切訓示，忠勇以赴，完成抗戰建國之使命。肅電致敬。

中國伊斯蘭青年會

〔註41〕《中國回族青年會為新疆事件告西北回族民眾書》，《回族青年》第1卷第11、12期合刊。

電白理事長致敬：

　　桂林行營主任白鈞鑒：竊以本會組織成立，具主要目的在回協
總會領導下，團結全國之回教青年，促進救國興教之事業，服膺三
民主義與我教教義，並專從鈞鑒對回民歷次訓示，努力以赴，期達
回民天職耳，完成抗戰建國之使命。肅電致敬。

中國伊斯蘭青年會

　　中國伊斯蘭青年會是中國回教救國協會的附屬社團，其宗旨是「團結全
國回民，增進回民利益，融洽民族感情，共負建國任務，」各地設立分會。
在《中國伊斯蘭青年會成立大會宣言》中說「回民智識階級為回民活動之中
心，回民青年又為智識階級之中心。回民青年富有正義感、純潔性、熱心和
朝氣，如果把回民的支配原動力，放在回民青年身上，也許不是過言……回
民青年組織，在過去太貧弱了，不是無活動的理論，便是壽命不長，名目繁
多，組織各異，尋不出一個系統來。活動的結果，無若何成績可言。我們以
後在回教救國協會的領導下要組建起有理論、有系統和永久的回民組織，並
普遍的使回教大眾都具有國家的意識，」肩負起救國興教的神聖職責〔註42〕。

　　伊斯蘭青年會骨幹成員基本上1933年成立的中國回族青年會成員，同時
又是中國回教救國協會核心成員。伊斯蘭青年會成立後在行文中不提「回
族」，試圖與國民政府主張「保持一致」，但他們並沒有放棄自己的追求。同
時作為回教救國協會下級社團組織，面對國內形勢的變化，試圖將回族國家
認同、抗戰救國放在首位；其次，發展教育、振興宗教，以伊斯蘭教為紐帶
團結全體回民共同抗日。1941年前後，曾與中國回教救國協會聯合與國民政
府進行抗爭，反對國民政府的行政院通令「回人應稱回教徒，不得再稱回族」
（後文有詳細敘述）。伊斯蘭青年會成立後，各地回族青年積極響應，至1941
年登記會員發展到一千餘人，青年會內部設文書、總務、組織、宣傳、調查、
研究、社會服務七組，同時計劃在全國各地設立分會。

四、中國回民青年會成立及其主要活動

　　1945年抗戰勝利以後，中國伊斯蘭青年會更名為中國回民青年會。1945
年11月4日，中國伊斯蘭青年會在重慶召開臨時全國代表大會，到會者有全

〔註42〕《中國回教救國協會會刊》1940年第1卷第9期。

體理監事及各省市代表 40 餘人，馬煥文任會議主席，會議內容為：調整機構、加強組織，積極開展政治活動。通過議案如下：一、更名為中國回民青年會，旨在團結全國回民，增進回民利益。二、聲援印度尼西亞穆斯林兄弟之獨立運動。三、調查全國回民青年。四、建議政府根據地方自治原則及民權主義精神，和平解決新疆問題。五、要求政府准許回民代表參加政治協商會議。六、要求政府儘量增加國民大會回民代表、參政會回民參政員。七、呼籲和平，制止內戰。八、糾正一般錯誤社會心理，消除傳統狹隘偏見，於政治、經濟、文化上給予回民機會均等。九、國內各機關團體、部隊、學校應予回民以生活方便。十、根據回教教義，化除門宦派別，集中力量以求進步。這次會議主要內容為討論「際此實施憲政之前夕，藉以調整機構，加強組織，積極開展回民政治上的活動」〔註43〕，最後通過大會宣言。

改組後的中國回民青年會仍屬於中國回教協會二級分會，其骨幹人員還是以伊斯蘭青年會成員為主，並決定在全國組織分會，至 1947 年，甘肅平涼，安徽太和，湖南常德，山東濟南，雲南昆明、蒙自，湖北武漢，濟南仁豐紗廠也成立了回民青年會分會。

中國回民青年會於 1946 年 5 月創辦《回民青年》，其辦刊宗旨為「團結全國回民，爭取民族利益，融洽民族感情，共負建國任務」。主要報導回民青年會活動及刊載針對回民現實問題的一些研究文章，並發布伊斯蘭世界的最新消息，主要撰稿人有閃克行、沙蕾、薛文波、石覺民、謝松濤、龐士謙等。在《回民青年》創刊號發布《中國回民青年會臨時全國代表大會宣言》，指出「本會的前身為中國伊斯蘭青年會，於民國二十八年（1939 年）正式成立，到今年已有六年的歷史，此次舉行臨時全國代表大會，關於回民各種問題討論很多，茲根據此次大會決議案決定本會今後的任務方針。」該宣言首先回顧了元、明時期回族社會地位及對國家的貢獻，同時批判了清政府的民族壓迫政策，「以致回民不斷地發動革命」。該宣言還概括總結稱：民國以來，回民運動已進入一個新時代，回民組織統一，活動也有標準，回民大眾的宗教意識和民族意識逐漸加強，同時社會上對回民素來缺乏瞭解，因而懷疑，甚至於誤會，現在漸漸有了正確的認識。中國神聖的抗戰可以說是中國民族的解放戰爭，中國回民在這個階段表現的格外熱烈，我們對國家盡了應盡的

〔註43〕《中國伊斯蘭青年會臨時全國代表大會圓滿閉幕》，《清真鐸報》，1945 年第 19～20 期。

天職，因此回民應與其他民族一樣享受天賦的人權，不能再過著不平等的待遇〔註44〕。

　　1945 年 11 月 4 日通過《中國回民青年會章程》，1946～1947 年是回民青年會活動高峰期，主要表現在：一是回民青年會會員遍布國內外，包括青年學者、阿訇、公職人員、各中等以上學校在校學生。據 1946 年出版《回民青年》創刊號報導：「中國回民青年會自改組以後，主張、作風大為改進，各地回民青年加入本會者又達一千五百多人。凡同情本會主張的回民青年均歡迎加入，最近入會的一千五百人中……內有教員、學生、青年軍、職業青年、清真寺阿訇、經生等」；二是各地分會陸續建立，據《中國回民青年會組織通則》規定「本會於各省市設分會，各縣市重要鄉鎮及各機關學校、工廠設支會，但須有本會（總會）會員九人以上」。1946 年 2 月 24 日，甘肅省平涼市在王孟揚、安慶瀾主持下成立支會，總會代表馬汝鄰到會祝賀。1947 年 6 月 1 日雲南省分會在昆明正義路清真寺召開成立大會，雲南回教協會滇分會代表出席指導，選出理事、常務理事若干人，並擬在昆明設立「伊斯蘭青年勵志社」和「伊斯蘭服務社」。之後湖北、寧夏支會也相繼成立，上海、南京、天津、河南、山東、山西、四川、甘肅、青海等地分會也在積極籌建中。也有一些省在回民聚居區的縣市先成立支會，後成立分會者。

　　中國回民青年會成立後，主要做了以下幾項工作：

　　1. 向國民政府及國民大會通電，要求國民代表大會、立法監察委員會及各級民意機關應明確規定有適當回民代表名額，回民在教育上應享有均等機會，在生活上享有特殊便利。通電提出「一個真正的民主憲法，不應忽視各部分人的意見，一個真正民主的政治絕不應忽視任何一部分人民的要求。……姑拿此次國民大會來講，有三分之一人口的甘肅回民竟無一人膺選代表，雲南、河北等省回民亦有三四百萬，亦均無一回民代表，其他各省類多如此……為了團結和平，我們提供四項主張：一、憲法應明白規定回民有選舉國民大會代表的適當名額。二、憲法應明確規定回民有選舉立法監察委員的適當名額。三、憲法應明確規定回民有參加各級民意機關的定量名額。四、憲法應明確規定回民在教育上享有均等的機會，在生活上享有特殊的便利。國民代表大會中不乏進步開明人士，深望寄予同情。」〔註45〕抗戰勝利以後，國民

〔註44〕《中國回民青年會臨時全國代表大會宣言》，《回民青年》1946 年第 1 號。
〔註45〕《中國回民青年會通電》，《回協》1947 年創刊號。

政府仍然認為回族是「生活習慣特殊的國民」。而回民青年會成立，仍堅持「回族說」立場，認為「回民社會的特質，絕不是單純的宗教組織」。總會與各地分支會往來函電也時常使用「回族」稱謂，如《回民青年》1947 年 2 期刊發北平回民青年會分會致南京回民青年總會電文中稱「貴會向國民大會之要求，為回族大眾爭福利，此種偉大精神，感佩奚似，貴會所提供之四項主張，確為五千萬回族之共鳴，絕對擁護，今後必須再接再厲，努力奮鬥，不達目的不止，以免愧對祖宗，貽誤後人，北平之回族青年，誓作後盾。」

　　2. 加強與穆斯林國家聯繫，向巴基斯坦及印度尼西亞政府致電。1947年 8 月 15 日印度、巴基斯坦分治，正式成立巴基斯坦國，中國回民青年會向巴基斯坦穆斯林運動領導人真納發去賀電，電文如下：「真納總督閣下，光榮的巴基斯坦運動，終於在全世界穆斯林以及各國開明人士歡欣鼓舞中成立了，本會謹以兄弟之誼，電賀閣下所領導的回教同盟全體同志並全印的穆斯林，你們歷年來『為此一偉大運動的實現，成果輝煌，並預祝你們一本優良的伊斯蘭傳統，再接再厲，為清除帝國主義的殘餘勢力，獲得最後勝利。」對印度尼西亞電文如下：「印度尼西亞共和國蘇卡諾閣下：貴國在閣下領導下，為爭取解放與獨立，對荷蘭帝國主義採取神聖的自衛戰爭，我全國五千萬穆斯林莫不一致同情，並願盡一切可能予以幫助，謹電堅持到底並祝順利。」〔註 46〕

五、蔣介石在甘寧青抗敵救國宣傳團的抗戰動員講話

　　抗戰全面爆發以後，中華民族面臨嚴重危機，各地回民青年立即行動起來，組建各種抗戰社團組織，1937 年 7 月底北平回民青年組建「北平國民抗敵守土後援會」，並於 7 月 29 日發表《盧溝橋事變的通電》，表示「悻於國家興亡，匹夫有責之義，誓本犧牲到底精神，為我政府及二十九軍後盾。」深入大街小巷進行抗日宣傳。

　　1938 年初由王月波、楊敬之等人在武漢組建「甘寧青抗敵救國宣傳團」，該宣傳團由 13 名回族青年組成，王月波任團長，章澤群任副團長，團員有楊敬之、張明遠、楊同璞、馬裕甫、馬金鵬、李榮昌、金殿貴、金子厚、張文正、于龍詳等人，均為回族優秀青年。其中馬金鵬與金殿貴為愛資哈爾大學學成歸來的回族青年。許多人認為西北是回族聚居區，又為我國防生命線，

〔註 46〕《清真鐸報》1947 年 34 號。

有前往西北回民區做抗敵宣傳之必要。王月波與西北各回族將領也比較熟悉。他們計劃首先至西安，然後沿蘭西公路至甘肅蘭州、涼州、肅州及青海西寧及寧夏省一帶，向回民及西北回漢將領宣傳「暴露敵人摧殘回教之種種事實，激發回民之宗教熱情及愛國心，能使以愛宗教之精神愛國而起參加抗戰，保衛西北。」〔註47〕他們攜帶有《致全國回教同胞抗戰書》及漢文、阿拉伯文印刷的宣傳資料。國民政府也特別重視甘寧青抗敵救國宣傳團的工作，蔣介石親自給宣傳團授旗，白崇禧及國民政府各部長也授旗給宣傳團，因此該團「負有中央意旨，消除漢回隔閡及幫助回民組織之附帶任務。」宣傳團從武漢出發，跨越陝西、甘肅、青海、寧夏、阿拉善旗等40餘個市、縣，歷時一年，行程1.3萬里，期間乘火車、汽車，也有時騎馬、搭乘牛車、步行等方式，深入清真寺、軍隊駐地、回民聚居區等，以《古蘭經》、「聖訓」為依據，演講120多場，聽眾達60多萬人次。宣傳團動員西北回胞熱愛祖國，反抗外來侵略，號召西北回族軍政要員參加抗日民族統一戰線，一致對外，為抗日戰爭作貢獻。在《甘寧青救國宣傳團告全國回教同胞書》中指出：「現在日寇即將由五原進入回教腹心區域之甘寧青，三省的面積達五十餘萬方里，教胞有六百餘萬人……應注意以下四點：1.決不與日本人妥協！2.絕不向敵人投降！3.決心剷除一切偽組織！4.聯合回教同胞共同殺敵。如果有不肖的分子，出賣教胞利益，向敵人妥協或投降，我們即當認為係回教之絕大恥辱……作背叛國家的孟賊。」〔註48〕1938年4月24日出版的《新華日報》社論《鞏固國內民族的團結》指出：「回教抗敵宣傳團等組織的成立……說明了有成千上萬的少數民族的民眾，已參加到抗日民族統一戰線中來。」1938年10月宣傳團凱旋，10月15日《新華日報》在《回民一致表示堅決抗日》一文中稱讚：「他們帶回了我中華民族親密團結的福音，實為我抗戰勝利之一個重要保證。」1938年10月17日甘寧青抗敵救國宣傳團代表西北回族軍民向蔣介石舉行獻旗典禮，參會人員較多，既有國民政府軍政界要員，也有各界回民代表，蔣介石對宣傳團工作表示肯定，對西北軍民抗戰精神給予嘉獎，並發表針對全國回民的一次重要講話：

> 回教由唐時入中國，歷史悠久，人才輩出，歷代名宦武將對於國家的貢獻垂有顯著光榮的事蹟。但是朝代遞嬗，撫馭民眾的政治

〔註47〕《回教抗敵宣傳團西來》，《回教青年月報》1938年抗戰特刊第4期。
〔註48〕《甘寧青救國宣傳團告全國回教同胞書》，《邊疆》1937年第3卷第10～12期。

策略各有不同，到了前清時代，完全以滿人為國家的主體，對漢人、回人及其他民族一概視為奴隸，施行摧殘、壓制、分化的政策，往往利用機會有意控縱，使回漢互相殘殺。同治年間西征之役便是使回與回及回與漢相殘殺一個明顯的事例。辛亥革命首倡五族共和，國民政府成立更重申總理遺教，各民族一律平等。所以現在的中央政府對於各民族間的措施，不但盡反帝制時代之所為，較之民十五以前軍閥時代，顯然有不同的地方。在對於回民方面，例如提倡回民教育，培植回教人才，尊重回民信仰，擢用回教賢能等等的事實，全國回教同胞當能深切明瞭。

我們的國家既是由各民族各宗教組織而成，那麼一切權利當然是要共同享受，可是一切責任也要共同擔負，尤其在這抗戰期間，更要無分民族，無分信仰，大家竭盡精誠地團結起來，萬眾一心，共禦外侮。

現在就我們回教同胞來講，回胞的人口增值率甚大，逐漸占全國人數的重要部分，加之身體強健，勇敢善戰，在全國民眾中亦甚傑出，尤其是有堅定的信仰與團結精神，至為可以稱述的民族優點。有人說假使特別將全國回教同胞集合起來，就足以與日本對抗，以此可見中國回教力量的偉大。既有這樣偉大的力量，在每一個回胞方面應該要如何求力量的表現，在政府方面更應該要如何扶持這種力量與領導這種力量，就是說政府與回教要共同努力，上下一心，才能人盡其力，力得其用。

現在抗戰已經進入到第二期的階段，也就是國家存亡最緊急的關頭，我們大家一直深信最後勝利終屬於我。但如果只存有勝利的希望，而不求所以勝利的方法，那麼這「最後的勝利」還是不能在短期內實現。究竟怎樣才能輔助政府爭取最後的勝利呢？自然首先要人人堅定勝利信念，其次是要人人自動地有錢出錢，有力出力，最低限度也要不做漢奸，不做順民。回教同胞更要以對穆聖的信仰服膺三民主義，以愛護宗教的精神來捍衛國家。只要能夠照這樣切實地實行，無論經過任何困難，最後勝利終屬於我，是毫無疑義的。

自抗戰以來，全國回教軍民對於抗戰的表現特別顯著，並且特

別的普遍，這就是精誠團結、共禦外侮的好現象，也就是取得勝利的先聲，這是最值得欣慰的。在這欣慰之中，還有一種希望，就是我們中國的回教同胞除一部分來自西域外，其餘大多數還是內地固有的人民，實際上不過是信仰的不同，並沒有種族的分別。現在國內民族既是一律平等，在服膺同一主義之下，更不必再有種族的界限，希望各地教長及教中耆老向各地教胞隨時解釋，使每一個教胞都能徹底明瞭這種意義。我們中華民國四萬萬五千萬同胞，要像一個家庭內兄弟手足一樣，無種族、信仰畛域之分，共同負起抗戰的責任，爭取最後的勝利。〔註49〕

這是抗戰期間蔣介石針對回族的第一次講話（第二次講話是 1939 年 7 月 26 日在回教救國協會成立大會發表演講），他認為是清朝的壓制、分化政策造成回漢隔閡。回民在歷史上人才輩出，為國家做出過重要貢獻，現在民國建立，實行民族平等，回民也應該負起應有責任，與漢族精誠團結，共禦外侮。在這次講話中蔣介石希望能充分動員回族，參與到抗戰救國陣營中，最低不要做漢奸，這可能是蔣最擔心之處。1937 年 10 月 17 日日軍佔領包頭，西北門戶洞開，之後日軍向包頭集結兵力，準備從寧夏打開進攻西北的缺口，因此西北回族軍政將領馬鴻逵、馬鴻賓、馬步芳、馬步青的抗日決心是否堅定，是蔣介石最為擔心的。1938 年白崇禧到西北各省視察，「接見諸回教將領，召集阿訇紳士訓話，對軍政設施及教義發揚，皆多所指示」〔註50〕。同年國民黨中央又派孫繩武慰問西北，孫氏歸來彙報謂「西北民族無隔閡，皆願在中央領導之下，誓死抗戰到底」〔註51〕。所以國民政府及蔣介石對甘寧青抗敵救國宣傳團行動給予大力支持，除對西北回漢群眾進行抗日宣傳以外，蔣介石更想通過宣傳團瞭解西北回族將領的對日決心。1942 年馬鴻逵、馬鴻賓配屬第八戰區司令長官傅作義取得綏西抗戰階段性勝利以後，蔣介石再次前往西北視察。

第五節　近代地方性回族社團

近代回族地方性社團組織比較多，除中國回教救國協會、中國回教俱進會等在各地設有分、支、區會以外，還成立了許多不同類型的社團組織，其

〔註49〕《蔣委員長全國回民的訓示》，《回民言論》（重慶版）1939 年創刊號。
〔註50〕《抗戰中的回民動態》，《突崛》1938 年第 4 卷第 4 期。
〔註51〕俊榮：《抗戰中的西北回民動態》，《突崛》1938 年第 5 卷第 3 期。

中以教育社團、宗教社團、文化社團居多。

一、南京與上海回族社團

　　民國時期的回族社團主要分布在東部南京、上海、北京等經濟文化較發達的大城市，如南京 1918 年成立的南京清真董事會，該會以輔助回民教育事業、賑濟貧困教胞為宗旨，1927 年以後改稱「首都清真董事會」；1932年成立的南京回教青年會等。上海方面，除 1925 年在上海成立影響比較大的中國回教學會以外，1909 年成立的上海清真董事會，其宗旨以統一領導和管理上海各清真寺教務、興辦穆斯林學校、興建公共墓地、賑濟穆斯林貧困者為主，經費主要由工商界穆斯林捐助。該會成立以後為小桃園清真寺籌集修繕經費，興辦了公立清真兩等小學，幫助各清真寺整頓教務，健全清真寺管理機構，接濟貧困穆斯林、或免費送葬，1942 年改組為「上海福祐路回教堂納捐人代表會」，1944 年又改組為「上海回教堂理事會」〔註52〕。辛亥革命前夕的 1911 年 5 月，上海回族受中國同盟會會員底奇峰（回族）的宣傳鼓動，組建的上海清真商團，以穆斯林青年商人為主，還有部分醫生、教師、手工業者、職員參與。該團以維護地方社會治安為名，實係響應孫中山革命，以推翻清朝統治為目的。商團初建時有 48 人，逐步發展到 130 餘人，總部設在北城清真寺內，公推沙善餘、伍特公為正副團長，建有自衛武裝，聘請湖北武備學堂畢業的回民馬倫山為軍事教官，擔任清真商團教練員，指導練武。團員自備服裝，每日清晨操練，晚上聽課，提出回民與漢民休戚相關，患難與共，主張各民族聯合起來推翻封建帝制。武昌起義爆發以後，清真商團配合革命軍，擔任後勤供應、押運糧械、收繳清軍槍械等工作，在推翻封建帝制、光復上海方面發揮了重要作用。據該團團長沙善餘回憶：「上海回民青年，本著伊斯蘭教扶持正義、勇武精神，自籌商團，命謂『清真』」。從清真商團名稱來看，以為是一種商業組織，但事實上它一開始就與孫中山倡導的民主革命有著密切的聯繫，名為經商互助，實以推翻清政府為宗旨〔註53〕。1913 年清真商團被袁世凱黨羽強令解散。

〔註52〕《中國伊斯蘭百科全書》第 493 頁，四川辭書出版社，1994 年。
〔註53〕楊榮斌：《民國時期上海回族商人群體研究》第 152 頁，社會科學文獻出版社，2014 年。

二、北京的回族社團組織

　　北京作為民國時期政治、經濟、文化中心，一方面北京牛街為回民聚居區，同時分布北京四邊各地回族人口也不少，據 1936 年調查，北京有回民約 20 萬，清真寺 36 座，阿文學校 30 餘所。同時北京又匯聚了一批來自全國各地求學的回族青年。北京曾創辦的各類回族社團組織比較多，例如 1912 年王寬等人發起成立的中國回教俱進會、1917 年京師公立第一兩等小學堂的同學組織成立的「清真學社」。1923 年北京牛街回族大中學生發起成立的「穆友社」。1925 年「穆友社」部分成員又發起成立「追求學會」；1931 年西北公學學生成立「勵進學會」，校長孫繩武給予經費支持，並創辦《勵進》刊物。1929 年在北京各大學學習的回族青年發起成立「伊斯蘭學友會」，之後又改組為「中國回族青年會」，並創辦《回族青年》，提出「民族自治」的主張。以上社團組織，除中國回教俱進會具有全國社團組織性質，另闢章節論述外，其他幾個社團組織筆者歸類到回族青年社團組織中，也有專門介紹。「七七事變」北京淪陷以後，曾成立「北京回教會」以及在 1938 年 2 月在日軍操控下成立的偽「中國回教總聯合會」也有專章論述。

　　在此需要補充一下的是中國回教協會（中國回教救國協會前身）在北京設立分會的過程。1945 年日本投降以後，回教協會骨幹成員楊敬之回到北京，聯合牛街從事經營玉器的回族商人常子春等，接管了日偽中國回教總聯合會華北聯合總部。此時中國回教協會總部已經遷回南京，楊敬之、常子春等聯合部分回族各界人士組建「中國回教協會北平分會」，地址設在廣安門大街 100 號，選舉常子春為理事長，馬崇武為總幹事，設監事若干人〔註 54〕。另據記載「北平教胞自光復以來，咸認為有從速組織分會之必要，故經本會派員赴平積極協助進行，並規定凡曾任職偽中國回教總聯合會者一概不得當選。群力結果，該分會已於去歲（1945 年）十一月十七日，假廣安門大街一百號正式成立，當時計到各寺阿訇、各方鄉老、各團體負責代表七百餘人，社會部谷部長正剛並親臨指導，當地黨部主任委員許□束、社會局長溫崇信監選唱票，結果常子春當選理事長，孫冠宇、王連珏等當選理事」〔註 55〕。中國回教協會北平分會成立以後，曾成立信用合作社，設有「回民小本借貸處」，主

〔註 54〕劉東聲、劉盛林：《北京牛街》第 108 頁，北京出版社，1990 年。
〔註 55〕《北平分會組織成立》，《中國回教協會會報》第 7 卷第 1 期，1946 年 11 月出版。

要服務於北京回民小商小販。1945 年冬，在教子胡同清真寺後院和右安門外辦了兩處粥廠，救濟貧困民眾。

北平回民公會也是一個比較有影響的地方社團組織。1928 年國民革命軍第四集團軍北伐前敵總指揮白崇禧駐防北平，恰好西北回族軍人馬福祥也在北平。北平政界回族人士馬天英、張兆理、王夢揚等在馬松亭阿訇的引薦下，一起拜訪了白崇禧，商議成立北平回民公會，得到白崇禧、馬福祥等人的贊許。1928 年「北平回民公會」成立大會在教子胡同清真寺舉行，馬鄰翼任主席，成立組織機構，制定章程，發表宣言。其宗旨為爭取民族平等權利，興辦教育文化事業，維護回民合法權益。北平回民公會的許多活動是配合中國回教俱進會一起進行的，例如利用北平電臺公開介紹伊斯蘭教；舉辦婦女教義講習會；處理過幾次「侮教案」；1931 年日本侵佔東三省後，許多難民流入北平，其中有許多回民。1933 年成立「北平回教臨時難民救濟會」，救濟會分別在牛街禮拜寺、教子胡同清真寺、壽劉胡同禮拜寺、天橋禮拜寺、牛街西北公學等地設有 7 處收容所，收容難民 1300 餘人，救濟會收到北平各回民商號、居民送來的米麵、蔬菜、油鹽、藥品、茶葉、錢款等，幫助受難同胞渡過難關〔註56〕。1936 年北平回民公會下設「北平回民食品營業審查委員會」，對北平清真食品市場出現亂象進行整頓，對銷售假冒清真食品者進行勸解。

三、山西伊斯蘭佈道會與西北回民公會

伊斯蘭佈道會於 1934 年由馬君圖等發起，創建於山西太原，會址設在山西省太原市東米市街清真寺。馬駿（1882～1945），字君圖，以字行，山西晉城人，商人家庭出身。民間及學界習慣以馬君圖稱之。民國官員、教育家、抗日愛國志士，「博學多智，篤信回教」，明代回族政治家馬文升的後裔。1907 年 2 月，馬君圖通過官費留學英國考試，經過一段英文補習，進入英國國立專門理科大學冶金科學習，期間在英國參加同盟會，1911 年 7 月馬君圖畢業回國。曾任山西省文獻委員會委員長、國民大會代表等職。馬君圖平常生活極其簡樸，將積攢的錢財全部投入發展教育及社會公益事業。一件衣服穿多年，家庭建築及陳設，「均取簡單堅固而實用，不尚紛華，望之絕不似其他之官吏宅第者，其食事也極儉省，即宴客時，亦取豐實可口，而不故列珍奇，以博虛榮。凡與公接交者，無不欽贊其樸素誠懇為不易及。然一遇濟貧救濟

〔註56〕劉東聲、劉盛林：《北京牛街》第 95 頁，北京出版社，1990 年。

公益慈善及教育文化宗教諸事業，凡需要資財幫助者，無不鼎力捐獻，且施之毫無吝容。」〔註 57〕馬君圖關注回族文化事業發展，伊斯蘭佈道會是中國伊斯蘭教的文化團體，由馬君圖、尹光宇、馬子靜、馬淳夷等人 1933 年設立於山西太原，會址在山西省太原市東米市街清真寺。宗旨為：廣布回教教義，維護世界和平。具體工作是翻譯並印發《古蘭經》，在《太原日報》刊行伊斯蘭教教義廣告，整理出版一批山西省古今名著，並派人去耶路撒冷參加世界回教大會，去麥加朝覲等。馬君圖「提倡文化，推廣教育，畢生致力不倦。所立崇實中學及附屬小學，迄今歷二十六載，培植成才者無慮數千人。平生好學問，耽著述。公退之暇，未曾廢誦寫，所著有《歷代史詩詠》《清史詩》《大學新義》等書，窮盡義理，闡揚微妙，多發前人之所未發。又以世奉回教，以其教條精要，與儒家義理相發揮，著有《清真要義》《正教理論》二書行世」〔註 58〕。曾刊印經學大師王岱輿等人的《清真大學》《歸真要義》萬餘冊，對各地回民創辦的報刊在經濟上給與大力支持，定期對留埃的回族學生給與生活補貼。「先生在政治工作上，延攬了不少的回教同志，類皆抱有熱誠，於弘揚聖教，都是實事求是，有所表現」，對於積極宣傳回教尤為努力，組織「回教宣傳所」解說回教義理，出刊回教通訊稿，翻印漢譯經書《歸真要義》《教心經》〔註 59〕。先生對當時興起的「漢譯《古蘭經》」運動十分關注。1924年他與馬福祥等資助王靜齋朝覲，待他歸來後，他又聘請王靜齋為山西省教育廳諮議，月薪 30 元，支持王靜齋翻譯《古蘭經》；1933 年他又在山西提倡設置「譯經小組」，約請尹光宇、楊仲明等翻譯《古蘭經》，至抗戰前夕，譯出了 7 卷。後來，楊仲明堅持不懈，終於譯成《古蘭經大義》，由北平伊斯蘭出版公司於 1947 年刊印發行。〔註 60〕1936 年日本軍蠢蠢欲動，在綏東一帶製造事端，馬君圖捐款 5000 元，並電請全國教胞總動員，捐款「以助政府作保國衛民之運動」，倡議指出「現經山西太原中國伊斯蘭佈道會、中國回教俱進會晉支部，中華回教公會山西省分會，太原伊斯蘭學友會，山西全省清真寺，

〔註 57〕馬淳夷：《馬君圖先生懿行述略》，《中國回教協會會報》1946 年，第 7 卷第 2期。

〔註 58〕馬淳夷：《馬君圖先生懿行述略》，《中國回教協會會報》1946 年，第 7 卷第 2期。

〔註 59〕李巍、李豫：《伊斯蘭教愛國人士馬君圖先生》《山西社會主義學院學報》2006年第 3 期。

〔註 60〕王永亮：《馬君圖傳略》《回族研究》1991 年第 4 期。

山西全省各級清真小學，晉城清真崇實中學暨他伊斯蘭各公團，並山西全體教胞一致發起，乘此和平之月（齋月），用整個總動員辦法，向我教內普遍勸捐，……以表吾國教胞始終一致愛護我五千年文明最古之大中華民國之至誠的熱忱。……用作整個民族復興之資，以救國脈，而增國光。」〔註61〕1937年9月，太原陷落以後，停止活動。

據資料記載，1925年9月19日，西北回民公會成立大會在張家口西關清真寺召開，到會會員400餘人，各界來賓20餘人，其中有西北邊防會辦馬福祥、西北邊防督辦署顧問馬鄰翼，馮玉祥將軍也派代表與會。西北回民公會以提倡回民教育、實業為職責，發展社會公益事業，促進自治為職志，並擬在全國建立分會。馮玉祥代表及馬福祥、馬鄰翼等相繼致辭。最後公推馬福祥為名譽會長，馬鄰翼為會長。設有總務、學務、實業、交際、調查等科室，會址設在東關清真寺。關於西北回民公會成立後的主要活動，還沒有找到更詳實資料，只是1925年9月出版《回光》第2卷第5號有簡短報導。

第六節　全國性回族社團組織——中國回教俱進會

中國回教俱進會成立於民國元年（1912年），是我國內地回族成立最早的一個廣泛性的回族群眾社團組織。創辦人主要有牛街禮拜寺王寬阿訇、政界馬鄰翼等。本部設在北平西單清真寺內，各省區設立支會。

一、王寬與中國回教俱進會的創立

王寬（1848～1919），字浩然，回族，北京豐臺人。近代中國伊斯蘭教著名阿訇，新式回民教育的創始人，中國回教俱進會的創辦者。王寬阿訇出身於經學世家，具有深厚的伊斯蘭經學知識，青年時代被聘為各地清真寺教長，從事講學活動，1907年在牛街清真寺內創辦新式回文師範學堂，第二年與馬鄰翼創辦京師清真兩等小學堂。1912年他發起組織了中國穆斯林第一個全國性的回族社團——中國回教俱進會。

關於成立中國回教俱進會的動機與宗旨，從王寬授意陳鷺洲先生執筆撰寫的《中國回教俱進會本部通告‧序》中可以看出：

〔註61〕《山西回教同人電請全國教胞總動員從事救國》，《震宗報月刊》1936年第3卷第2期。

余遊土耳其歸國後，始知世界大勢非注重教育，不足以圖存，遂即提倡興學。未幾，而清真學堂以立。然每歎吾教之散漫，欲籌收束之方，而未由也。

天相中國，共和締造，集會結社載在條文。寬乃糾合同志，創設此會，慘淡經營，苦心孤詣。曩昔之希冀竟能如願以償。豈非真主之默祐也歟！

吾會開幕，轉瞬經年。際茲《通告》刊行，寬有數言。我最親愛之穆民，其聽之！回漢相處，千載有餘，而乃交哄時聞，感情惡劣，殊非五族一家之道。漢、滿、蒙、回、藏，譬如兄弟，操戈同室，貽笑外人。總宜相親相近，且勿疑忌疑猜。余各處演說，皆以此語反覆言之。實不願釀兄弟鬩牆之禍，而妨礙閭里之安寧也。

寬猶有言者：土耳其與吾，同種之國，該國人士對於中華物產，最為歡迎。果能中土結約，互通商旅，將見莊嚴民國稱霸亞洲，而雄飛世界矣。說者謂：吾子之言得毋理想之潭歟？不知事無難易，顧力行之如何耳。吾國商業方在萌芽，此時若不急圖國外之貿易，他日商務殷繁而無尾閭之泄，必受絕大之影響。未雨綢繆，此其時乎！

余不能文，爰囑陳君就余意而命筆書之。知我者當不以為河漢也。

三年一月副會長王浩然，寬謹白〔註62〕。

中國回教俱進會籌備活動最早始於 1912 年 5 月 7 日，王寬邀請當時北平回族上層人士包括軍警督察長馬龍彪、教育部次長馬鄰翼、偵緝處長侯松泉、消防處長楊開甲、內務部僉事楊子襄及知名人士蔡大愚、高鳳林、陳鷺洲、王仲猷、馬愉成、馬少泉、李慶麟等參加籌備工作〔註63〕，1912 年 7 月 7 日，中國回教俱進會正式成立，據當時新聞媒體報導：

回教俱進會在崇文門外清真寺開成立大會。舉定馬鄰翼（振五）為正會長，王寬（浩然）、王振益（又三）為副會長，張德純（子文）為評議部長，王丕謨為文書部長，安貞（靜軒）為調查部長，穆文

〔註62〕白壽彝：《中國伊斯蘭史存稿》第 383 頁，寧夏人民出版社，1983 年。
〔註63〕劉東聲、劉盛林：《北京牛街》第 91 頁，北京出版社，1990 年。

熙（子光）為庶務部長。其餘會員，均由會長指定。是日到會者六
百餘人，來賓百餘人。自午前十時開會，至午後三時閉會。外城總
廳廳長丞治格（鶴）率領軍樂隊蒞會。秩序極為整齊雲〔註64〕。

　　該會「以聯合國內回教人民協贊共和，堅持統一，偕同進化，以期鞏固
國基，闡發教義為宗旨。」總會下設「總務、交際、會計、調查、庶務、教
務、編譯、文牘等股。」成立大會到會者六百餘人，可見當時回族群眾參與
社團組織的積極性很高。而入會資格也相對寬鬆，章程規定「凡是 20 歲以上
的回民，有公民權，經會員介紹皆可入會」。關於俱進會的具體發展規劃，《中
國回教俱進會章程》第二章「會綱」第二條規定：（甲）組織適合本教之報社，
刊發日報或週報。章程另定；（乙）倡設男女小學校及藝徒學校，均照教育部
定章辦理；（丙）倡設男女工藝廠，並力謀生計改良之法；（丁）依會員之志
願及能力，組織假期講演；（戊）翻譯上乘經典附以說明，使教旨燦爛於世界；
（己）調查同教戶口及生活習慣各狀況，以為一切規劃之藉手；（庚）提倡儉
德，凡衣、食、居，及嫁娶、喪祭、歲時宴集，概崇節儉，以期力挽浮俗；（辛）
編輯白話論說，分送各處掌教，請其於禮拜聚集時，明白講演，以期輸入國
家思想、世界常識；（壬）提倡回文學堂內兼授漢文及其他必要之學科；（癸）
勸導剪除髮辮及阻止婦女纏足。〔註65〕

二、各地分會的成立

　　中國回教俱進會《章程》第四條規定「本會設本部於京都，設支部於各
省治，其府廳州縣及鄉鎮商埠，凡有同教百戶以上，禮拜寺一所以上者，亦
得組織支部。」中國回教俱進會成立一年多時間裏，各地紛紛成立分會。俱
進會骨幹成員王寬、張子文、陳鷺洲、孫繩武等親往各地指導成立分會，並
發表演說，「京北清河鎮清真教紳士組織回教會支部於（1913 年 7 月）六日開
成立大會，到會者約二三百人，由回教俱進會本部派代表馬龍標、李鶴翔、
李宗慶、安靜軒、孫繩武、童亞亮諸君相繼演說。」〔註66〕1913 年 2 月京西
藍靛廠回教俱進會支部已於日前開成立大會，有王浩然、張子文諸君到會演
說。「回教俱進會會員陳鷺洲君，親往山東組織俱進會事宜一節，已至前報……

〔註64〕《申報》1912 年 7 月 16 日報導。
〔註65〕《中國回教俱進會章程》，轉引自張巨齡先生《中國回教俱進會初創記評》，《回
　　　　族研究》1998 年第 1 期。
〔註66〕《正宗愛國報》1913 年 7 月 8 日。

此次出京，沿途頗受歡迎。」〔註67〕

俱進會對邊疆省份分會設立也非常關注，並收集全國各地清真寺阿訇、鄉老及政界、商界信息，將俱進會章程、宗旨以信函方式發往全國各地穆斯林聚居區，號召各地回族等穆斯林積極響應，創建支部。張巨齡先生文中給我們提供的信息表明，俱進會對新疆維吾爾族地區成立分會也很重視，大約在俱進會總部成立半年以後，俱進會一封《致回部各王公等處函》中寫道：

> 哈密親王沙木胡素特，庫車親王買買提，吐魯番郡王葉明和卓，拜城公司迪克，和闐公木沙，喀什葛爾回城而代愷兒大禮拜寺掌教二貴、大阿衡，葉爾羌、大理雜兒葉爾羌買而蘇木和哲，哈密陝西坊大禮拜寺常阿訇、社頭鄉老，阿克蘇漢口纏頭御史汗楊俊峰和哲，焉耆府阿兒里大阿衡轉交楊俊卿和哲。
>
> 敬啟者，自民國成立，五族共和，掃除專制，信仰自由，政體優美莫與比隆。顧我回教人民，處中華疆域之中，在五族一家之列。當茲國體改良，正宜本宗教之感情，結健全之團體，偕同進化，共謀幸福。同人等，有鑑於此，特於北京組織中國回教俱進會，以協贊共和，闡揚教義為宗旨，既設本部於京師，其各省支部亦多函電，紛來報告成立。惟尊處各大部尚未共同團結合成一致，殊形缺憾。仰惟臺端熱心宗教，贊助共和，對於本會諒表同情。爰修寸緘，並寄章程十份，即請鼎力提倡，設立中國回教俱進會支部，俾與京師本部互相聯絡，共策進行，趨大同之文明，贊統一之治化，以期振興宗教，鞏固國基，無任禱切之至。
>
> 順送時祺！祗候示覆！
>
> 中國回教俱進會

從這一份俱進會專門寫給新疆各地伊斯蘭教界、政界上層人士信函看，俱進會試圖在新疆各地建立分會或支會，但好像並沒有得到新疆各地穆斯林的積極響應，也沒有從民國各地穆斯林報刊雜誌看到新疆成立俱進會或活動消息。

中國回教俱進會後來由會長制改稱理事長制。繼馬鄰翼之後，王寬任理事長，1919 年王寬去世以後，侯松泉任理事長。總部設理事長 1 人，副理事

〔註67〕《申報》1912 年 9 月 22 日，轉引自張巨齡《中國回教俱進會初創記評（中）》，載《回族研究》1998 年第 1 期。

長 2 人，理事若干人。俱進會主要由上層回族人士所組成，其中多數是軍警界人士，其次是阿訇，再次是商界。該會成立後的主要工作有：主辦《穆聲月報》、《穆光半月刊》，主編陳鷺洲，成立「清真學理譯注社」，延聘王靜齋、王浩然、王振海、張子文、王瑞蘭等著名阿訇翻譯《古蘭經》和伊斯蘭教經典。設立清真中小學及阿拉伯文專科學校；倡設男女工藝廠並力謀改進回民之生計，發展慈善事業；調解回民內部意見衝突及教條之爭議，維護回民信教自由等。中國回教俱進會在各省、市、縣有不少支會、分會機構，至 1936 年俱進會各地分會達 200 多個，但由於 1915 年俱進會曾一度被人利用，支持袁世凱稱帝，以致各省分會紛紛宣布脫離本部，大大削弱了總會的力量。

三、俱進會滇支部主要活動

　　1912 年 10 月中國回教俱進會滇支部成立，會址設在昆明市南城清真寺，選舉回族商人馬啟祥為第一屆支部長，省內各縣成立分部 50 個左右，但由於滇支部領導人多年無所作為，引起一些回民不滿，1915 年決計進行改組，並發布《中國回教俱進會雲南支部改組公告》稱：「民國肇興，五族共和，信教結社為人民之自由。故自中央發起俱進會，各省均聞而提倡，吾滇亦於民國元年組織成立。然組織之初，未盡妥善。今三稔於茲，各屬報告成立者，已四五十處，而原動機關，僅能粗具規模，同人等抱愧良多。」〔註68〕1915 年 1 月 19 日召開會員大會，經投票選舉王廷治為會長，賽復初、孫國璽為副會長。改組後的滇支部，於 1915 年 2 月正式創刊《清真月報》，加強對各縣分會領導，成立「天足會」，禁止婦女纏足，制定《雲南回教俱進會推廣小學詳志》，號召各地清真寺積極倡設小學校，指出「回人讀書之少，由來久矣。究其原因，厥有二端：一曰貧不能自給；……又往者回人知識痼弊，凡有子弟，不肖使之攻書，必使之學習阿拉比耶文，意以為回族必習回文，若讀詩書，則變為漢人矣，其原因二也。」「回教經典中莫非孝、悌、忠、信、禮、義、廉、恥，孔子之書如是而已，所謂東海西海，心同理同也，其所不同者，不過飲食而已。金陵劉介廉非回族之嬌嬌者乎？於回教經典無所不究其微，而於孔子之書以及諸子百家無所不窺其奧，在回族為大賢，在漢族為大儒，其著《天方性理》《天方典禮》諸書回教經典，莫不賴漢文以闡發於是，回教之節文在中國始增一份價值，放一大異彩。惜乎，繼起無人，回教之教旨又復

〔註68〕《中國回教俱進會雲南支部改組公告》，《清真月報》第 1 期，1915 年 2 月出版。

蒙蔽至於今日。」〔註69〕

　　這篇通告以明末清初著名回儒學者劉智為例，勸導回民子弟學習漢文化，其目的在於闡揚伊斯蘭文化，促進文化溝通。此文為改組後中國回教俱進會滇支部書記長偰吉康所撰寫，在同一期《清真月報》還發表《論立俱進會之原因》一文中講到：「因為五族共和，我們回族居五份中的一份。這個民國，我們回族也有一份。我們應份要保護他，我們應份要鞏固他的根基。」

　　1915 年 4 月雲南回族歷史上第一個文化教育團體振學社成立，創辦人為沙平安、馬熙堂、白耀明等，社址在昆明南城清真寺。其宗旨為振興回民文化，發展民族教育。1921 年振學社高等經書並授學校創辦於南城清真寺，這是回教俱進會滇支部與振學社改革經堂教育的重大舉措。1923 年正式招生。1927 年起振學社併入中國回教俱進會滇支部。該社《章程》規定：「振學社司學校之設置管理及推廣教育、研究教義、翻譯經典、發行經書等事，因事務較繁，得分教育、教務、翻譯、出版四股辦理之」，沙平安、馬觀政先後任社長。在各方經費協助下，該社曾校印木刻版《古蘭經》，印製、發行各類經書報刊，經銷有關回民歷史資料，舉辦經堂教育及經書並授的新式學校，創辦了含普通中小學教育和阿拉伯語專科的明德學校（後發展為明德中學），培養造就了不少人才，並選派學生多人赴埃及愛資哈爾大學留學深造，還支持雲南全省回族教育的發展和回民青少年的培養教育工作。在辛亥革命後至抗日戰爭前這一歷史階段，辦了大量實事，對繼承與發揚雲南回族文化傳統起了承先啟後的重要作用，對促進雲南回族穆斯林文化教育事業頗有貢獻。1929 年中國回教俱進會滇支部和振學社在昆明創辦明德中學。它是在高等經書並授學校基礎上創建的新型學校。包括普通中、小學和阿文專修部。1932 年，雲南明德中學阿拉伯文專科學生納忠、張有成、林仲明與上海伊斯蘭師範學校畢業的馬堅一同考取埃及愛資哈爾大學留學，明德中學修學部主任沙儒誠願自籌經費，護送 4 位留學生前往埃及。4 名留埃學生中，納忠費用由俱進會滇支部籌劃，經明德中學請示俱進會滇支部，「蒙支部長批准，交總務處核辦，所需旅費由總務處會商儲蓄會由儲蓄款內酌撥。總務處爰就儲蓄會董事常會特別召集支部聯席會議決議，由儲蓄款內撥給留埃學生一名旅費四千元，考取後照撥。」〔註70〕

〔註69〕《敬告各清真寺積極倡設小學校》，《清真月報》第 1 期，1915 年 2 月出版。
〔註70〕《考送留埃學生之經過》，《鐸報·留埃學生專號》，第 27、28 合刊，1932 年
　　　　2 月出版。

滇支部提倡各地回族在婚、喪、嫁、娶等方面本著力行節儉原則，改變以前大操大辦、鋪張浪費等陋習。設天足會，勸阻婦女纏足。民國18年滇支部向國民政府提交公函，對一些地方官員在行文中仍沿用清朝侮辱回族，在「回」旁加「犬」提出抗議，指出「前清無知官吏謬將回教回字加『犬』旁，民國十年經請雲南當局通令禁止沿用在案。今四川安縣王維新等於禁止屠宰呈內指回為『猢』，特懇令飭懲辦，並通令各省一律禁用，以昭平等一案，奉諭交行政院查禁等。」〔註71〕

四、俱進會的解散與其歷史貢獻

中國回教俱進會總部與各省分會雖然沒有嚴密的領導與被領導的組織關係，但總部與分會互通信息、相互響應支持，影響遍及全國。1934 年，中國回教俱進會奉令向北平政府社會局重新申報備案，1935 年 12 月得到批准。

回教俱進會係民元由內務部及巡警廳立案，北京社會局認為有重行立案之必要，昨已正式批准，改本部為總會，支分部為支分會，四月二日開全體職員會議，研討整理方案，以謀會務之發展，今將公安、社會兩局批文列左：

北平市政府公安局二六五一號批云：二十四年十二月十三日呈一件繼續組織中國回教俱進會總會附呈簡章名單請核准由呈悉，飭查所報各節，尚屬相符，應準繼續組織。除行區外，仰仍遵照人民團體組織方案，另呈社會局查核立案，以符手續，此批。

中華民國二十四年十二月三十一日　代理局長　張維□

北平市社會局第二九七號批云：批中國回教俱進會總會二十五年一月七日呈一件，呈送章程、表冊及公安局原批請□核立案由。呈件均悉，查該會呈送章程表冊，大致尚無不合，既據呈准公安局許可，應準立案。除呈請市政府轉部備案外，仰即查照。此批附發還公安局原批一件。

中華民國二十五年三月二十日社會局局長　雷嗣尚〔註72〕

〔註71〕《雲南清真鐸報》第 3 期，1929 年 4 月 18 日出版。
〔註72〕《回教俱進會重行立案》，《月華》第 8 卷第 10 期，1936 年 4 月 10 日出版。

重新申報獲批後的中國回教俱進會制定總會簡章，「本會以聯合國內回民，發揚回教教義、提高回民知識、增進回民福利為宗旨」，主要工作為翻譯上乘經典；籌設各級學校及回文專校，設立講演社，調解回民意見、衝突及教條之爭議，維護回民信教之自由。同時制定《中國回教俱進會支分會組織通則》。

俱進會的重新立案使人們對這個社團組織寄予厚望，《月華》雜誌編輯趙振武說：「可賀的很，今日的『中國回教俱進會』的重新振作，實在是本社的主張的實現，因為它是『原有的』、『有力的』、『統一的』，有二百多處之分會的極大社團，如果從今以後，認真的、切實的整頓一下，使它按照會章實現它的工作——就是說一樣樣的把它的經常工作按部就班的、循規蹈矩的作起來，使歷來不健全的中國回教社團的組織臻於健全，使微弱的中國回教社團的能力不在微弱，那確實比新立一個什麼會方便而簡易。」〔註73〕

然而在此期間，馬良組織之中華回教公會也正在籌備之中，1936 年 5 月，北平市政府以「查回教團體，中央已批准中華回教公會之組織，並發給證書在案。依照民運法令規定，同一性質的人民團體，以一個為限」為由，試圖強迫取締中國回教俱進會，但各地分支會依然繼續活動，直至 1939 年中國回教救國協會正式成立，為維護其權威性，救國協會，勸導俱進會自動取消，各省、市、縣分會改組為中國回教救國協會分、支、區會，自此中國回教俱進會完成了歷史使命。俱進會的發展與活動，為中國回教救國協會的誕生與順利推進打下了堅實的基礎。特別是中國回教救國協會各地分、支、區會大多是在分布全國各地的俱進會 200 多個分支會基礎上改組建立起來的。

〔註73〕振武：《中國回教俱進會總會重行立案》，《月華》第 8 卷第 10 期，1936 年 4月 10 日出版。

第四章 近代回族新式教育的興起

　　近代回族文化運動最大的成就之一就是對回族教育工作的大力推進與對傳統經堂教育的改革。在回族清真寺內部盛行的經堂教育發軔於明末清初，在一定歷史時期，特別對明末以後伊斯蘭教在中國的延續與發展及伊斯蘭教中國化發揮了作用，同時為回族社會培養了一批宗教知識的傳播者和通曉中阿文的學者。但隨著社會發展，經堂教育的侷限性也逐漸表現出來。經堂教育只注重宗教文化和語言的學習，輕自然科學知識、社會知識學習，馬松亭阿訇曾說：「這種保守的教育，中國回教也憑著它延續千餘年的生命。不過課程方面以文法科居多，對於義理典籍比較少些。至於社會常識、公民常識、自然以及國學各方面，差不多付之闕如。所以這種教育談不到什麼時代精神、民族意識，無形地與中國社會隔絕，造成獨善其身的局面。這種弊端，是很顯然的。」〔註 1〕因此發展新式回族教育，成為許多人的共識。

第一節　經堂教育歷史貢獻與存在問題

　　所謂經堂教育，又稱「寺院教育」或「回文大學」，這種教育在清真寺內進行，由開學阿訇招收若干名學員，這些學員通常稱「滿拉」或「海里凡」，學習阿拉伯語和伊斯蘭教經典。中國經堂教育始於明中葉，創始人是陝西咸陽人胡登洲（1522～1597）。歷史上經堂教育為全國各地回族社區培養了大批宗教人才，為伊斯蘭教在中國發展與傳承起了重要作用。

〔註 1〕馬松亭：《中國回教與成達師範學校》，《禹貢半月刊》1936 年第 5 卷第 11 期。

一、經堂教育的歷史貢獻

經堂教育有小學、大學之設。小學,也稱經文小學,相當於經堂教育的初級階段或啟蒙教育。凡是回民 20 戶左右的村莊,基本都有一座清真寺,該寺不但成為全村居民延聘阿訇主持教務的宗教活動中心,也是全村男女兒童學習阿拉伯字母及宗教禮儀之所在。學生年齡一般在 5～12 歲,有些清真寺設有經堂教室,大部分規模較小清真寺無教室之設,男女學生一般分坐在清真寺大殿廊簷下的長條凳學習,北方地區到了冬天因寒冷,教學就無法進行。學生剛入學時先從阿拉伯字母學起。那時阿訇大多將阿拉伯字母寫在羊肩胛骨或木製的「甲」字形「經板」上,教學生認讀,同時學習一些宗教常識,教師多由寺內「二阿訇」擔任,也有現任開學阿訇擔任。

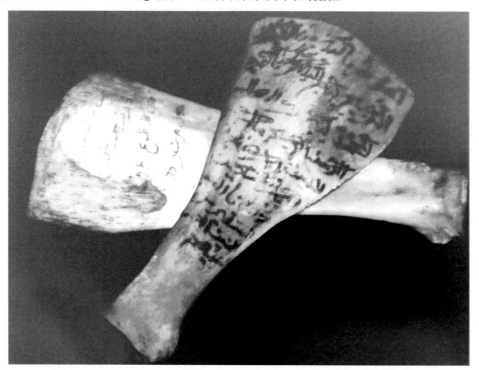

經堂教育小學部學生使用的寫有阿拉伯字母的羊肩胛骨

除此之外還要學習以下課程:

　　1.「凱里邁」,即基本宗教信條,要求反覆拼讀原文,領會老師口譯意思,係對各種拼音方法的綜合運用與對學童進行宗教信條的基本訓練。

2.「赫廳」，即《古蘭經》選讀本，要求熟練背誦，為以後禮拜誦念和誦讀整本《古蘭經》打下基礎。

3.「凱赫甫」，即《古蘭經》第 18 章，共 110 節經文，學會帶韻誦讀，供以後參加有關宗教活動時誦念。

4.「雜學」，係阿拉伯語、波斯語的各種拜中念詞和禱詞，為初級宗教知識的普及讀物。

小學部只進行宗教知識和啟蒙教育，沒有嚴格的管理制度，入學、退學自由，不分班次與級別，也不規定年限，一般需 3～4 年時間。學習期間年齡大的學生可參加禮拜、封齋，但不參加對外的宗教活動。學完上述課程後，自願深造且具備條件者，可升入大學部深造。

大學部，亦稱經文大學，即進行系統的宗教專業教育和道德陶冶，入學手續較簡便，一般在主麻日的聚禮後，由小學老師及主管鄉老領學生到開學阿訇面前去「接經」，舉行拜師和開課儀式後即為入學。學生被稱為「海里凡」或「滿拉」，可以取得禮拜纏頭（即戴斯塔爾）資格，享受「供養」（即助學金），參加對外宗教活動，接受穆斯林邀請料理宗教事務，成為未來開學阿訇主要培養對象。一些經學老師擅長教法學，也有擅長語法、修辭學者，他們分布在不同地區清真寺當開學阿訇，所以滿拉到各地自由擇師「投學」，以選攻某門專業課者居多。經文大學的主要課程有：阿拉伯和波斯兩種語文的經典，學波斯語經典稱為「過法爾西」。在全部課程中，波斯語經典課程因地區不同所佔比重多少不一。開設課程分為基礎課與專業課兩大類，基礎課有阿拉伯語、波斯語語法學、修辭學、邏輯學 3 門，基本上沒有宗教內容。在此期間，學員的宗教知識獲得與修養提升，主要通過日常的宗教生活實踐及阿訇的言傳身教。專業課包括《古蘭經》及經注學、聖訓及聖訓學、凱拉姆學、教法學、蘇菲哲學和古典宗教訓諭性文學等課程，一般經堂教育採用的課本有 13 種，通稱為「13 本經」，如下所列：

1.《連五本》，共 5 卷，為阿拉伯語詞法、語法的基礎課本。

2.《遭五·米斯巴哈》，為阿拉伯語中級語法課本，係《連五本》的詮釋。

3.《滿倆》，又名《舍萊哈·卡非耶》，為阿拉伯語法的理論課本。

4.《白亞尼》，係阿拉伯語修辭學課本。

5.《阿戛伊德》，又名《阿戛伊德·奈賽菲》，為認主學課本，有楊仲明的《教心經注》和馬堅的《教典詮釋》漢譯本。

6.《舍萊哈·偉戛業》，係哈乃斐學派的教法學著作（共 4 卷），有王靜齋阿訇的《偉戛業》漢譯本（節選）。

7.《海瓦依·米諾哈吉》，波斯語語法學名著，中國學者常志美著。

8.《虎託布》，係對 40 段聖訓的波斯文注釋，側重於宗教道德修養，有李虞宸阿訇的《聖諭詳解》漢譯本。

9.《艾爾白歐》：波斯文本，係對另外 40 段聖訓的注釋，側重於人生哲理。

10.《古洛司湯》，波斯語文學著作。中國流傳頗廣，有王靜齋楊萬寶的《真境花園》漢譯本。

11.《米爾薩德》：波斯文本，著重講解蘇菲派修身養性，認主、近主之道的哲學著作。有伍遵契的《歸真要道》漢譯本。

12.《艾什阿·萊麥阿特》，為波斯文的蘇菲主義理論著作，有舍起靈的《昭元秘訣》漢譯本。

13.《古蘭經》，參照各種經注通講全經。

目前有些城鎮的大寺經堂教育還設有漢語和普通文化課程。大學部的修業年限也不固定，一般需要 6～7 年時間，在學完上述課程後，經講學阿訇鑒定認可、管事鄉老同意，方可「穿衣掛幛」畢業，才有資格應聘到各地清真寺擔任開學阿訇或任教〔註2〕。

經堂教育每一個階段所學課程不同，也是經過嚴格考核循序漸進。在清真寺求學者也大多為貧寒家庭子弟，學習刻苦。有學者總結，第一，經堂教育創建了回族良好家庭教育的基礎，從清真寺回到家「則上至祖父母，下至姐嫂以及雇工，都會隨時教導我們讀小學功課」；第二，形成良好的社會風氣，「因為每個教友對宗教信仰之堅決，所以影響社會風俗者頗大。如由教友的不吃酒、不吸煙、不嫖娼、不賭竊、不爭奪、不苟且偷安、酷愛清潔，結果

〔註 2〕《中國伊斯蘭教百科全書》759 頁，四川辭書出版社，1994 年。

不但造成了明禮儀、知廉恥、負責任、守紀律的社會風氣，而且養成了生性剛直，心身壯健的英武體魄」。第三，養成了青年埋頭潛研學問的精神及對事達觀的心胸。王靜齋阿訇認為，經堂教育是講求「知」「行」並進的，隨著知識的積累而品行愈加進步。因經堂所學的，多偏重於正心修身一類的學科，受過相當教育以後，無不束身自愛〔註3〕。

阿拉伯文是經堂教育必修課程，伊斯蘭教是隨阿拉伯文傳到世界各地，因為穆斯林認為《古蘭經》是真主以阿拉伯文頒降給世人，教職人員在講解《古蘭經》時可以用其他文字或語言，然在禮拜與誦讀之時，必須用阿拉伯語，此為全世界穆斯林普遍遵守的規定，所以中國阿訇或教職人員必須學習阿拉伯文。

二、對經堂教育與社會不適應性的反思

經堂教育無疑在回族發展歷史上起過重要作用。隨著社會發展，民國時期人們逐漸認識到其侷限性與社會發展不相適應的一面，一些回族知識階層開始反思，有學者指出，「聖訓」講「求學在穆民男女上是天命！」這裡所講求學者應學習一切學問而言，並非僅僅限於學習宗教知識，身為中國國民，而不學習中國文化，已違聖訓之旨〔註4〕。1940 年馬堅先生在《清真鐸報》發表《改良中國回教教育芻議》一文分析指出：

> 中國回教的寺院教育，只注重宗教教育，而不注重普通教育，又宗教學校的學生只學阿拉伯文，而不學國文，這種寺院教育有種種缺陷。……回教社會不但需要宗教師，同時還需要教員、醫生、法官、裁縫、木匠等……從前中國回教學校的學生，只學阿拉伯文、波斯文，而不學國文，所以國家觀念非常薄弱，對於國民的權利義務，毫無認識，即使對回教教義與教律略有心得，也不能用國文發揮出來，供教內和教外的同胞參考〔註5〕。

1930 年留學土耳其的回族青年馬宏道給《雲南清真鐸報》的一封信中講到自己到國外求學原因時說：「因宏道對於科學上之研究，雖有中學畢業資

〔註3〕王靜齋：《中國經堂教育的檢討》，《回民言論》1939 年第 1 卷第 2 期。

〔註4〕唐柯三：《成達師範學校之緣起即遷桂之經過與意義》，《月華》1938 年第 10 卷第 1 期。

〔註5〕德爾基彭措、郭嵩明主編：《中國南方回族文化教育資料選編》152 頁，四川民族出版社，2001 年。

格,而對經學亦將有授幛的可能。無如在國內之經學,與現代科學,兩不相謀,且國內所讀之經學,多半系數百年以前的著作,並非應時代之需要者,且感到太少,不但對於回教新文化一無所有,而且對於舊的已不完全,此使宏道出國之一大原因也。」〔註6〕馬松亭阿訇曾說:「這種保守的教育,中國回教也憑著它延續千餘年的生命。不過課程方面以文法科居多,對於義理典籍比較少些。至於社會常識、公民常識、自然以及國學各方面,差不多付之闕如。所以這種教育談不到什麼時代精神、民族意識,無形地與中國社會隔絕,造成獨善其身的局面。這種弊端,是很顯然的。」〔註7〕「所謂回民教育,惟知攻讀阿文,專重教義,僉以一受普通教育,即將趨於反教。詎意此種病態的錯誤觀念,實為回教文化落後之重要原因,抑亦回民教育進行途中之最大障礙。」〔註8〕

隨著社會發展,經堂教育與社會不相適應的矛盾日益突出,如經堂教育組織結構鬆散,重宗教知識,輕社會科學及自然科學知識學習,教學效果不是很理想,課程設置與社會需求相脫節,培養出來的人很難適應社會發展需求。經堂教育在教學制度和內容方面也存在著不合理的因素,如無系統、完整的升留級制度,培養的學生水平參差不齊,良莠摻雜,所學科目知識面窄,只能用在回族內部的宗教傳承,無法走向社會。因此在民國初年,回族文化界對經堂教育產生不同看法,一部分人認為「經堂教育所生產出來的人物大都無甚作用,『並且無意中製造出一批一批的社會寄生蟲——只有吃宗教飯的本領』。又有的,則相反地反對,竭力主張仍令其存在發展。其理由是:經堂教育是我國歷代回教人培植實際負起宗教存續任務的宗教人才,若一旦予以根本取消,則不論對宗教本身的存續與教民的習慣,無疑義的都要發生莫大的影響。」〔註9〕也有人認為「中國這種教育衰落的主要原因,在於過重保守,不能隨時代而改進,教學方法固為守舊,即教材課本亦為數百年前的著述。現在一般熱心宗教人士,都感覺到復興這種教育的重要。」〔註10〕經堂教育的實際現狀令一些人擔憂,但是大部分學者對經堂教育在一定歷史時期的功

〔註6〕《土耳其馬宏道來函》,《雲南清真鐸報》第13期,1930年2月出版。
〔註7〕馬松亭:《中國回教與成達師範》,《禹貢半月刊》1936年第5卷第11期。
〔註8〕青光:《回民教育展望》,《禹貢半月刊》第7卷第4期。
〔註9〕悟生:《關於「經堂教育」的管見》,《中國回教救國協會會刊》1940年第2卷第10~11期。
〔註10〕龐士謙:《回民教育與留埃學生》,《回協》創刊號,1947年。

績和所起的作用給予肯定。

　　陳克禮在一篇文章中描述自己青年時代的經堂教育求學生涯，他總結說作為一個滿拉或海里凡，一是求師難，「中國的阿訇複雜得很，有的有學問無遵守，有的有遵守，而無爾林學問，還有品學兼乏，身插幌子濫竽充數者……我們為著訪求理想中的老師，常含辛茹苦的東奔西鶩，把大好的時光，奢耗在無味的路途中，這是有志之士的詢師精神，不論如何後來總可如願以償。至於那些意志薄弱的，就跟著一般所謂油香阿訇糊塗過春秋。」二是經堂教育教學方法陳舊、課程設置不合理，認為是有課無程，經堂教育不像普通學校，列出班級、制定課程標準，按時上課，按時休息。而經堂教育給「海里凡」「滿拉」留的時間太多，有些阿訇視教經為應差，時講時輟，所謂天陰不講、下雨颱風不講，有疾不講。所授的經典，自古至今，出不了十四種的範圍。三是經生待遇低，經堂教育的學生多數家境貧寒，經生進入經堂以後，需由教長通知清真寺董事負責解決經生的食宿問題，一般由熱心教門的鄉老供給飯食，經生獲得人家資助以後，除努力學習外，每逢主麻要去鄉老家念「赫聽」，搭救亡者，滿拉吃不飽或挨餓也是常有的事。寺中學員名額，視其「教坊」大小及寺產收入多寡而定。四是雜事太多，影響滿拉學習。除平時學習、做禮拜以外，滿拉還要為本坊教民服務，如宰雞、遊墳、婆親、送「埋體」，或受邀請隨開學阿訇一起參與其他教坊活動〔註11〕。同時教學條件簡陋，沒有固定教室，北方冬天因天氣寒冷，無取暖設施，一般停課。而教師只有一兩名，滿拉在一座清真寺無法學完所有課程。

　　在經堂教育教學實踐中，滿拉一項主要必修課是抄經工作，一般經生因「請」不起《古蘭經》（回族內部，一般不稱「買」《古蘭經》，而稱請，以示對經典的尊重），往往跑數十公里，向他們熟悉的老師借經抄寫，他們親手製作寫經紙。因為當時市面銷售的毛邊紙即薄且帶有毛性，不利於用竹片或木板書寫，他們將兩或三張毛邊紙用漿糊裱妥，然後用鵝卵石軋壓成光滑平整的寫經紙。滿拉們在寫經這門課用功最多、費盡心機，除抄寫工整、不能出現錯誤以外，不同字體的阿拉伯文書法藝術、經文周圍各種色彩搭配形成的裝飾花邊圖案，成為他們互相競爭鬥勝的主要法寶。

　　王靜齋阿訇在一篇文章中介紹經堂教育學員抄經及製作裝訂過程：「學員用書無處購買，且無財力購買，得親自製紙張謄寫。紙用毛頭或粉連製厚，

〔註11〕克禮：《素描我的經堂生涯》，《回聲月刊》，1946 年第 1 卷第 7～8 期。

先用麥麵作粉漿，將紙表成後，加白蠟，用光石搓平，其質較今之厚洋宣堅固，而且耐久。書寫用竹筆，形式與現下的鋼筆相等。書成，有時二寸厚，用木製的夾板與鋒刃切齊，自行裝訂，其形不異現在的洋裝」〔註12〕。

也有人從經堂教育教學方法、阿訇待遇方面進行探討時指出：「唯是印刷書籍無由多得，研究教理，全賴抄本，輾轉謄錄校讎，不知耗費多少光陰，幾許精力。加以教授不改良，文法無善本，常有埋頭苦讀數十年，而猶未能貫通阿、波文字者。至於兼能淹貫漢文之士，則麟角鳳毛，更不可多得矣。中國回教堂不似耶教教會之富有資產，中國回教師不似耶教士之領有優俸，全恃信徒延請諷經，酬以微資，以資生活」〔註13〕。以上資料說明經堂學生求學之不易，教師教經之不易，也反映出經堂教育在回民舊式教育中的地位。

王靜齋阿訇對新式教育中存在的一些問題也提出自己觀點，認為成達師範、上海伊斯蘭師範在課程設置方面僅重視阿拉伯語與國語學習，而忽視了波斯語，「至於先達相傳的波斯文，亦在被淘汰之列」〔註14〕。王靜齋進而認為，伊斯蘭教早期在中國傳播與發展，波斯文起了重要作用，許多伊斯蘭教法、文學著作、《古蘭經》注都是波斯文，至今北方經堂教育開設波斯文語法課及教法經，如《歐姆代》、《伊爾沙代》，波斯文法列入經堂教育始於清初山東濟寧常志美。也有人認為，「中國的阿訇，治波文常較治阿文為勤，治波文為瞭解經義計。治阿文則僅為諷誦《古蘭經》計也」〔註15〕。王靜齋認為，改良經堂教育教育，應恢復舊的與提倡新的要同時並進，不應該有重此輕彼現象。

馬金鵬教授早年留學愛資哈爾大學，回國後曾在成達師範任教，擔任過《月華》雜誌主編，新中國成立以後任教北京大學東語系，曾翻譯《古蘭經譯注》與《伊本·白圖泰遊記》，是著名回族學者，他在評價經堂教育時說：

> 中國清真寺內的教育，是以學習《古蘭經》等「十三本經」為教材的，對《古蘭經》的教學，只是讓學生們懂其大意，不求對其誦讀，所以當時流行這樣的傳說：「南京到北京，沙目（即昏禮拜）下來看經」。這種教學的結果是，搞一輩子阿拉伯文，竟不會用阿拉伯語口語表達。所以我到開羅後，雖說在國內學習過六年阿拉伯語，

〔註12〕王靜齋：《發揚伊斯蘭文化之必要》，《回民言論》（重慶版）1939年創刊號。
〔註13〕守愚：《發刊詞》，《中國回教學會月刊》1926年第1卷第1號。
〔註14〕王靜齋：《回教文化應自動往前進》，《伊光》1938年第96期。
〔註15〕守愚：《發刊詞》，《中國回教學會月刊》1926年第1卷第1號。

卻是不會用阿拉伯語說話的。說明了經堂教育雖然起到維持信仰、
民俗的作用，但卻沒有改進穆斯林的阿拉伯語文化水平，尤其是阿
訇們的文化水平。這種情況，今天依然存在，是應該改進的。〔註16〕

　　經堂教育本身存在一定缺陷，無法適應近代回族社會發展需求，因此改
良傳統經堂教育，大力發展現代教育，創辦一種適合社會發展的回族學校顯
得特別重要。

第二節　社團組織對近代回族教育的推動作用

　　發展新式回族教育成為近代回族社會各階層人士的共識，也是近代回族
文化運動取得成績最大的一個方面。民國期間在一些回族政界、文化界、宗
教界人士共同努力下，創辦了成達師範學校、上海伊斯蘭師範學校、西北中
學這樣一批有重要影響的近代新式回族學校，也受到社會各界的普遍關注。
同時還創辦了一批以發展回族教育為主旨的社團組織，一些全國性或地方性
回族社團組織也將發展教育列為重點工作之一，許多近代回族報刊設有教育
專欄、各抒己見，發表大量討論回族教育的文章，極大推動了近代回族教育
的發展。

一、社會各界對發展新式回民教育的重視

　　20 世紀初教育救國的思想甚為流行，對回族社會也產生重要影響，回族
知識階層討論最多的是教育問題，並認為促進回民教育是當時一項重要工
作。其次是籌措教育經費問題、師資問題、具體實施問題。有人認為應將發
展回族教育與復興伊斯蘭放在一起考慮，「教何以興，由教育之興而興也，教
何以衰，由教育之衰而衰也。故外國回教之興也無不以學、無不以教育之得
法、教育之普及也，我國之回文學校，向來不究良規，不籌善策，降及今日
仍多沿舊習，不知改進，故教務因而不振，人才於焉缺乏。」〔註 17〕也有人
探討回族教育的方式、方法問題，認為回民教育是在一般教育原理上的一種
特殊教育，與普通教育有一定區別，因為西北回民對宗教信仰堅定，且受伊
斯蘭教教育理念的影響，堅持禮拜，對伊斯蘭教教義有進一步學習的渴望，
如果完全實施普通教育，一般回民會有牴觸情緒，因此在回民中應該實行宗

〔註16〕馬金鵬：《譯者的話》，見《古蘭經譯注》，寧夏人民出版社，2005 年。
〔註17〕玉龍：《回文學校當改良之處》，《天方學理月刊》1938 年第 18 期。

教教育與普通教育兼顧的雙軌制教育制度。「所謂回民教育者，即是以回民之風俗、習慣、宗教而定教育之目標，以回民之環境與需求，來改善其生活」。同時強調回民教育也是中國國民教育的一部分；1929 年成達師範代校長馬松亭提出「三長教育之說」，即成達師範學校主要職責為全國回民中小學培養校長、為清真寺培養開明阿訇即教長、各種學會或分會培養會長。這一提法得到部分人士的響應，在當時產生一定響應。1940 年中國回教救國協會理事長白崇禧提出每一座清真寺，須設立一所小學，以清真寺為中心普及全國回民小學教育；當然也有人提出不同看法，認為「與其提倡回民教育，不如改進回民生計；與其請求教育當局為回民多辦幾個學校，不如為回民多設幾個工廠。」「生計問題解決了，教育問題自然隨之解決。」〔註 18〕也有人對發展回民新式教育提出質疑，認為「不念書固然不足以競爭於社會，不念經又如何以對祖教。」〔註 19〕

但民國時期討論最多的還是對傳統經堂教育的反思及發展回族新式教育問題。回教俱進會、回教救國協會及一些回族教育社團在發展回族小學、中學及高等教育方面發揮了重要作用，為回族社會培養了一大批近代知識人才。

近代回族社團組織初創時期，將發展回族教育放在十分重要的位置，如《中國回教俱進會章程》提出：「倡設男女小學校及藝徒學校。均照教育部定章辦理。」〔註 20〕

1912 年中國回教俱進會成立之後，各省積極籌備設立分會，當時成都有私立男女小學各一所，有學生近 300 人，其中回族學生占 1/3 以上，並開設阿拉伯文選修課，四川省教育廳每年資助 1000 元，其餘之數「係俱進會在牛捐附加項下支持」。1927 年俱進會四川分會在成都「辦平民讀書處，以惠失學青年，並辦女子初級小學校，以提倡其知識，創設無息貸款局，以利平民，開設經書流通處，以借外教之研究，使其有深切地瞭解，設公共閱書報室，以灌輸其常識，此外擬辦清真大學及通俗演講等等」〔註 21〕。為提高「海里凡」的文化水平，俱進會在成都設立三處平民夜校，來補習者大多為各清真寺經學學生。授課教師均由俱進會聯繫，每晚上兩小時課，主要開設語文、算術

〔註 18〕馬子翔：《今後中國回民的教育與生計》《中國回教救國協會會刊》1940 年第 1 卷第 6 期。

〔註 19〕奚利福：《回民應該接受什麼教育》《回協》，1947 年 4 月號。

〔註 20〕張巨齡：《中國回教俱進會初創記評（中）》，《回族研究》1998 年第 1 期。

〔註 21〕者佩含：《俱進會改組後之建設》，《清真導報》1928 年第 1 期。

等。早在 1915 年俱進會成立不久，雲南支會就提出各地清真寺積極倡設小學校，據《雲南回教俱進會推廣小學詳志》記載，第一所小學設在昆明南城外永寧清真寺內，俱進會代為聘請師範畢業生李仲、陳君為教員，報名學生有 130 餘人，分兩班授課，學生所需書籍、課本、筆硯等項，皆由俱進會發給，要求學生家長在入學誌願書及保證書簽字，以防半途輟學。1929 年在雲南回教俱進會和振學社的組織籌劃下在昆明創辦明德中學，教學質量逐漸改觀。

二、回族大眾文化設施的改善

俱進會、救國協會、回教促進會、回教學會等社團組織在全國各地設立許多閱覽室，稱「清真書報室」「回民閱報室」「伊斯蘭書報閱覽室」「平民讀書處」等，宗旨在開啟民智和文化交流，瞭解各地回民動態。閱覽室報刊來源大部分為各地回民贈送。如《月華》1936 年 8 卷 17 期刊載《桂林蘇橋清真書報閱覽室鳴謝》記載各地熱心教胞贈送的書報有：「山西馬君圖先生惠十餘種，天津王靜齋阿訇惠十種，北平馬星泉先生惠五種，長沙劉達三阿訇惠教律摘要一本，四川馬仰之先生惠月刊全期一份，上海馬天英先生惠穆民教訓上冊一本、可蘭經併合一本、德育寶鑒一本，上海薛智明先生惠六種，漢口陳經奮先生惠天方典禮一本，廣東陳煥文先生惠四種，廣東古蘭經堂惠四種，廣東何波溪先生惠清真三字經二十本，上海買俊三阿訇惠四種，山西尹光宇先生惠十餘種、李虞晨阿訇惠五種，太原佈道會惠四種、王善曾先生惠三種。廣東塔光報、天津伊光報、北平正道雜志、陝西回教公會月刊、雲南清真鐸報、香港穆士林刊、廣西回教刊、桂林醒矇月刊、奉天醒時月刊、上海伊斯蘭學生雜誌、北平回族青年、上海回教青年月刊、北平醒民月刊、上海人道月刊、北平震宗報、常德穆音月刊、南京突崛月刊、常德回民月刊、南京晨熹旬刊、桂林傅懷芝先生雜誌、廣東學理月刊、廣東穆民月刊、北平月華報、北平成師月刊、北平穆光報。統此鳴謝，以後仍懇各地教胞源源賜寄，是所切盼。」

從這則鳴謝啟事可以看出，作為一個清真寺閱覽室，創辦以後得到全國各地回族文化界、宗教界、報刊雜誌社、個人的大力支持，其圖書還是相當豐富。同時也反映了當時回族報刊出版情況及發行服務對象，說明民國時期回族民間文化與信息交流活動還是非常活躍。

1933 年《月華》雜誌社在西安設置的分銷處主任馬宗祺在大學習巷開設

「西京伊斯蘭閱覽室」，並於室內附設民眾常識訓練班。同年，陝西回教公會在辦公附近設立圖書閱報室。1935 年四川成都幾位回族青年發起成立「成都益智書報室」，「規模宏大，設計周祥，為川中回教唯一之宣傳機關」，該書報室負責人在給《月華》雜誌記者一份函中談到：「報室開幕不及一月，讀者異常踴躍，而教友之捐贈各種書報，亦非常之多，為我們始料所不及。」〔註22〕同一時期山西太原、河南桑坡、甘肅、青海、寧夏等地也紛紛設立書報室，或附設在清真寺，或在回民中小學。

救國協會成立以後也非常重視各地清真寺或回族社區文化建設，「本會為收集有關教義及抗戰之參考書，以便教內外人士研究參考起見，特成立圖書室，廣搜各種書籍，惟以限於經費，故書籍尚不甚多，經擬定借閱規則，本會工作同志及外人士來會借閱者甚多。同時本會於二十九年通函督促各分、支會購買書籍雜誌，成立清真書報閱覽室。分、支會成立閱覽室者甚多，亦有將閱覽室設於城內通衢，以供教內外人士共同閱覽者。」

民國時期正因為有一大批熱心回族伊斯蘭文化人士的大力支持，才使得回族文化事業有一定發展，他們在注重發展伊斯蘭文化的同時，也鼓勵穆斯林學習中國傳統文化，如上海伊斯蘭回文師範學校教務主任宗棣棠先生購置《四部備要》捐贈該校，購置《回教哲學》近百部分贈全國各地回民學校圖書館，贈送成都益智書報社《資治通鑒》一套，贈成達師範二十四史一套。漢口回族企業家陳經畬辦南京孤兒院，又複印《天方典禮》數千部，分贈各地「軍民長官、各大圖書館及教外名流，俾使明瞭回教真諦。」〔註23〕

20 世紀三四十年代回族民間出版業也很活躍，曾組織影印或出版大批伊斯蘭教書籍及通俗讀物，極大豐富了各地圖書館藏書及清真寺閱覽室報刊資料。其中上海協興公司曾從印度、埃及、敘利亞、土耳其等國輸進大批阿拉伯文經典，上海中國回教書局則影印大量阿拉伯文教法經典，如《教律經》《嘎最經注》以及《門志德字典》等大部頭書籍，僅 1935 年北平成達師範學校出版部組織出版的書目如下：

> 阿拉伯文類：《古蘭經》《古蘭與宗教》《阿拉伯文讀本》《蘇
> 尼雅講座》《阿拉伯文文法》《阿文教典課本》《聖諭四十段》《阿
> 文新文法》《爾娃米來》《米素巴哈》《給斯木乃哈五》《給斯木蘇

〔註22〕記者：《介紹一種新興的書報室》，《月華》1935 年第 7 卷第 3 期。
〔註23〕《宗棣棠之熱心文化，陳經畬廣贈〈天方典禮〉》，《月華》第 7 卷第 7 期。

—88—

倫夫》《地努伊斯蘭》《經文雜學》《經文赫廳》《經文克赫飛》《阿文讀本》。

　　漢文類：《漢譯古蘭經》《成達文薈》《齋月演詞》《清真教典速成課本》《西行日記》《穆民教訓》（1～2 冊）《穆士塔格》《伊斯蘭教的認識》《回教與人生》《教義課本》（小學適用）《正教幼學》《伊斯蘭教》《詳解伊瑪尼》《漢譯偉嘎業》《清真大學》《歸真要道》《性理課本》《穆民勸善歌》《古蘭讀法說明》《現行公文呈式》《天方典禮》《天方性理》《正教一日醒》《天方三字經》《天方四字經》《至聖實錄》《清真指南》《四篇要道》《歸真總義》《大化總歸》《齋戒》《喪葬》《開齋節》。

　　中阿合璧類：《歷源真本》《小學經文課本》《中阿雙解新字典》《中阿字典》《中阿初婚》《中阿要語合璧》《回語讀本》（初級八冊，高級四冊）《注解雜學》《注解赫廳》《真功發微》。另外還有字畫類《伊斯蘭名勝》一二冊，經字掛片等回民家標誌性裝飾字畫等。〔註24〕

　　從以上書目可以看出，成達師範出版部組織出版的主要以經堂教育課本為主，還有伊斯蘭教知識普及讀本、明清之際回族學者王岱輿、劉智等「漢文譯著」著作、中阿字典等工具書，還有遊記公文寫作等書籍。同時民國期間成都寶真堂，成都經書流通處，雲南振學社，北平清真書報社，中國回教經書局，上海穆民經書局，上海伊斯蘭文化供應社等出版發行機構，他們購置在當時較為先進的印刷設備，組織出版伊斯蘭教教義、教法、哲學、歷史、文學、倫理、常識、修辭等各類經書刊物數十萬冊，行銷全國各地，尤其以明清以來漢文譯著所佔比重較大，為傳播伊斯蘭文化，交流學術思想起了重要作用。1932 年 9 月 19 日成達師範出版部阿拉伯文鉛字鑄造成功，結束了數百年來中國穆斯林阿拉伯文經典手抄的歷史，解決了阿拉伯文書籍、課本印刷出版問題，滿足各地穆斯林對學習伊斯蘭教知識的需求。

　　另外成達師範經常組織學生進行各種辯論賽、演講團、徵文競賽會、書法競賽、書畫展、籃球比賽等活動，對開闊學生視野、拓寬知識面大有益處。同時在回族社區普遍開展衛生防疫、科學知識普及等活動。

〔註24〕《北平成達師範學校出版部書目表》，《月華》第 7 卷第 34、35、36 期合刊。

三、王寬、馬鄰翼對發展回族教育的貢獻

　　清末一批出國留學或考察的回族知識界、宗教界人士帶頭對經堂教育實施改革，並將想法付諸實踐。創辦回族新式教育第一人應該是回族教育家馬鄰翼。馬鄰翼（1874～1938），字振武，湖南邵陽人，自幼受中國傳統文化與伊斯蘭文化影響，1902 年中舉人，也是清朝推行新政的受益者，1904 年公費留學日本弘文學院速成師範科，接受西方民主思想，1905 年回國，曾任清政府學部主事，中華民國成立後又歷任北洋政府教育部參事，1917 年以後任甘肅省教育廳廳長、安徽省教育廳廳長，1921 年任北洋政府教育部次長。一生致力於發展教育，據記載他一生創辦的各類學校 270 餘所、清真小學校數十所。1906 年他自捐田產，作為辦學基金，在家鄉邵陽西郊清真寺創辦偕進小學，同時又創辦清真女學院。馬鄰翼主要著作有《學部奏諮輯要》《談史觀感錄》《新教育學》《明窗雜記》《伊斯蘭教概論》等。其中《伊斯蘭教概論》於1934 年後曾 3 次由商務書館出版發行，並列入《萬有文庫》。

回族教育家馬鄰翼先生　　　　　　王寬阿訇

　　另一位開創回族新式教育的主要人物是北京的王寬阿訇。王寬（1848～1919），字浩然，回族，北京豐臺人，為經學世家，與後來在牛街清真寺開學的王瑞蘭為族兄弟，其先輩世代皆是北京牛街禮拜寺「付冠帶主持」，近代中國伊斯蘭教著名阿訇，曾創辦中國回教俱進會。王寬一生從事宗教教育，特別在改革經堂教育，發展回族新式教育方面成績斐然，是近代回族新式教育的開創者。清光緒年間，受維新運動影響，回族中的一批先進分子亦有感於

民族文化之萎靡，同時認為要對國家、社會有所貢獻，必須從振興本身的文化做起。為了達到此目的必須加強與近東阿拉伯國家聯繫，於是大家公推 19 代連任教長的王寬阿訇赴近東考察。王寬阿訇也有到麥加朝覲的打算，於是他愉快接受這一任務。1905 年王寬攜學生馬善亭赴麥加朝覲，並順道到土耳其考察，到當時土耳其首都君士坦丁堡，王寬用阿拉伯文準備一份土耳其國王覲見表，概述中國伊斯蘭教現狀及存在的問題，指出，「我國回教徒所涉獵者，都是極陳舊的，對於新興的學說，完全隔膜。因此對教皇提出兩項請求：一則選派回教學者赴華講學，以宏造就；在則以各種阿拉伯文化的古今主要著述全部一份贈與我國，以利研究」。土耳其國王對王寬請求一一應允，並接見了王寬阿訇，對中國穆斯林情形垂詢甚詳，包括人口總數。國王問中國穆斯林有無擔負國家重任的？王氏答稱沒有，又問社會中堅分子多否？亦云不多。又問中國國文為何種文字？穆斯林讀書多否，王氏一一據實相告。國王對王氏道：「漢文即為中國國文，而中國回教徒又是中國人，卻不讀中國書，無怪乎他們貧而又愚，在社會上所據的地位，是無足輕重了。你回國以後，要多多提倡教胞讀書，才是愛教愛國」〔註 25〕。國王選派了阿里與哈桑兩位教授來華講學，並搜集一批阿拉伯伊斯蘭文化著述交王寬帶回。

王寬回到北京以後，創辦回教改良大學於牛街清真寺，以學習現代阿拉伯文為主。聘請阿里擔任阿拉伯文化高級講座教授，哈桑擔任初級講座教授，各地來北京牛街清真寺求學的回族青年漸多。王寬在創辦改良大學的同時，於 1907 年多方奔走呼籲，聯合在北京回族知名人士馬鄰翼及牛街鄉紳孫芝山、馮餘軒、馬少薌、古亮臣、王友三等人，利用牛街清真寺後院七間平房，創建清真第一兩等小學堂。據 1907 年 7 月 7 日《正宗愛國報》報導：「昨日清真教各阿衡，在牛街禮拜寺舉行團拜，回民到會者約有數百人。清真宦途人，也皆前往參觀。由王浩然君演說遊歷外洋之情形，並勸各回民上進自強，心里長勁，與各教結團體，共擔國民的責任，設立學堂，開辦工廠，安插窮人，聽之令人落淚。」

學校正式開學以後，呈准京師督學局備案，並修建校舍 17 間。教材選定、教學計劃制定由馬鄰翼籌劃，並任小學堂監督。組建董事會，孫芝山、馮少軒、馬少薌、古亮臣等人為董事，王寬擔任校長，聘請一批各學科的教師。

〔註25〕孫繩武：《三十年來中阿文化關係》，《回民言論》（重慶版），1939 年第 1 卷第 3 期。

　　兩等小學堂設置學制七年,其中初小四年,高小三年。初小課程有修身、國文、格致、體育、圖畫、手工、音樂等,高小設有歷史、地理、幾何、代數等,每週加授阿拉伯語五節課。為方便回民子弟參加聚禮,星期五下午放假半天,成為北京回民中小學的一個慣例,一直沿襲到新中國成立。清真兩等小學堂的創立,開啟了回民自己創辦新式教育的先河。王寬以國內著名教長身份創辦回民新式教育,使回族社會風氣為之一變,得到北京回民的支持與信賴,紛紛送子女入學就讀。另外王寬的行動得到當時服官學部的馬鄰翼及回民開明紳士的支持。當時牛街回民有三千餘戶,牛街禮拜寺為北京各寺之冠,該校在牛街禮拜寺設立,「使該校具有為全國回民學校模範的意義。」〔註 26〕王寬試圖以牛街禮拜寺為示範點,推廣到北京城郊內外,進而在全國施行。據《正宗愛國報》1910 年 6 月 13 日報導:「初六日下午兩點鐘,牛街禮拜寺教育總會開會,到會者甚多。其辦法,應由北京三十處寺長,各調查本郡教民戶口人數,詳細造冊……,凡回教孩童到七八歲,就應入學堂讀書學經。否則,罰其家長。」〔註 27〕受王寬影響,當時北京幾座清真寺,如三里河清真寺、花市清真寺、教子胡同清真寺及北郊馬甸清真寺也先後辦起了清真小學堂。這些學校大多依附清真寺,利用清真寺房產,稍加修葺,學堂很快就辦起來了。辦學經費最初依靠發行彩票募集,不久遭到地方當局干涉,勒令停止發行彩票,辦學經費陷入困境。董事會與北京城郊所有經營牛羊肉店的回民店主商議,每宰羊一隻,繳納教育捐銀一分,以北京回民每年最多宰羊 80 餘萬隻計,可籌到 8000 兩,不但可支付 5 校經費,還可再辦 10 所小學,對這些商鋪來說負擔輕微,而收入則相對固定。在各清真寺教長的勸說下,這些羊肉經營個體戶接受了這一提議。但地方政府將宰羊捐收入並沒有專款專用,竟補貼到其他學校,每月只給回民所辦學校每校 10 兩。北京回民在辦學過程中遭受兩次打擊,但他們並沒有氣餒,王寬與董事會成員以典質的方法,籌措一點經費勉強維持。

　　中華民國成立以後,京師學務局擴充學校,派人與王寬商洽,擬接收清真第一兩等小學堂改為公立。鑒於過去的艱難及辦學經費不足,王寬與各董事商議,同意改為官辦,但提出三項條件:一、學校校長須由回民擔任,教

〔註 26〕孫繩武:《三十年來回民中小學教育》,《回教論壇》(重慶版)1939 年第 1 卷第 2 期。

〔註 27〕轉自張巨齡:《20 世紀初中國回族伊斯蘭研究述補及評(下)》,《回族研究》2000 年第 2 期。

師不限民族；二、每逢星期五，學校放假半天，方便學生參加主麻聚禮；三、每星期授阿文課兩節，阿文課教員的授課費在學校經費內開支。以上條件學務局全部接受。該校於 1912 年 9 月 15 日改為公立，「七七事變」以後改為北平市牛街小學。學校有學生 300 人左右，回民學生占到 95%，每年都有畢業生。1935 年 3 月 15 日，在王寬歸真 16 週年之際，北京清真兩等小學堂校董及同學等百餘人，在牛街西北公學大禮堂內誦經，舉行隆重紀念活動，決定在王寬創辦的學校牛街小學樹立紀念碑一座，「並就市立牛街小學兒童圖書館擴充為『浩然圖書館』，以為永久紀念云」〔註28〕。

　　王寬不僅是近代回族新式教育的開創者，也是一位著名的回族教育家、政治活動家，他一手創辦的中國回教俱進會成為早期組織程度最高、影響最大的一個回族社團組織，其分、支會遍布全國各地。他還培養了一大批經、漢兼通的回族人材，其中就有達浦生、馬德寶、丁寶臣、馬松亭、趙振武、楊明遠、孫繩武、楊兆鈞等。這些人物成為近代回族文化運動的積極倡導者與實踐者。王寬去世後，時人評述紛至沓來。民國著名大阿訇王靜齋說：「王寬，乃是阿訇中劃時代的人物。」回族教育家趙振武說：「近代中國回教文化之倡興，教勢之復振，阿訇之力也。故敘述近代中國回教文化教育變遷史蹟，必須自王氏興學始。」著名史學家白壽彝說：「他是近代回族文化運動的泰斗式人物。」著名史學家、教育家顧頡剛說：「（王寬辦學是）近代中國回教徒第一次自覺發動的新文化運動。」〔註29〕據王寬阿訇墓誌銘記載：

　　　　公鑒於西方諸回教國多受制於「歐羅巴」人，心焉痛之，以為居今之世，非智慧超越，不足與歐人抗衡，乃銳意興學。糾合同教紳矜，於牛街寺中，組織「回文師範學堂」，習經之外，兼授漢文及各種科學，經學中增益課程，此其嚆矢。又設清真兩等小學堂於寺後，募款建屋，擘畫經營，心力俱瘁。工竣開學，舉寶慶馬振武先生任堂長，公副之，教師多知名士，成績漸著，城鄉各寺，相繼設立清真小學，「經」「書」並課，回民教育，大有蒸蒸日上之勢。公每說教嘗反覆申論，竭力倡導。學中經費，胥仰捐助，每月初發薪，款恒不集，公輒典質衣物以足之，不令愆期也。壬子春，京師罹變

〔註28〕《紀念王浩然阿衡》，《月華》第 7 卷第 9 期，1935 年 3 月 30 日出版。
〔註29〕樊前鋒：《王寬：阿訇中劃時代的人物》，《回族文學》2014 年第 1 期。

兵劫掠，元氣大傷，籌集維艱猶力為支持，經營數載，屢遭坎坷，

公處之泰然。馬君以部曹出在甘肅學使，離校去，會京師學務局，

擴充學校，以成績優良改為公立，即今市立牛街小學也。〔註30〕

　　在王寬創辦回民新式教育的影響下，全國各地也紛紛行動起來，清末宣統年間，天津回民在北大寺附近創辦清真學堂一處，1928 年之後，時任天津市立師範學校校長的時子周在回民子弟升學、獎掖方面給予關懷。

四、一些省會城市回族教育的發展

　　上海回民於民國初年在穿心街北寺辦有清真兩等學堂一處，1928 年移至西倉橋西寺，1930 年再次移至青蓮街，馬晉卿、哈少夫二位先生捐資購地，馬福祥、馬鴻逵父子及熱心同胞捐款，修建校舍，1930 年 2 月校舍建成，更名為敦化小學，上海中國回教學會也在此辦公。校董事會由哈少夫、楊叔平、馬晉卿、沙善餘、伍特公等 9 人組成，哈少夫任校董會主任，沙善餘任校長。該校為完全小學，回漢兼收，學生 400 餘人，最高時達 600 人，其中回族學生占三分之一以上。

　　南京回民在陳經畬、楊子淵諸先生倡議下，大家紛紛捐資，希望能辦成一所回民中學，清真寺也提供一部分閒置房屋，但入學的回族學生太少，最後沒能辦成功。有人認為南京作為國民政府首都，沒能辦起一所回民中學，成為一大憾事。

　　杭州鳳凰寺在孫吉士先生運作下，開辦穆興小學，後擴充為中學。

　　成都回教俱進會在馬德齋先生主持期間，致力於回族教育，在皇城壩設立男女兩所完全清真小學，成績頗佳，有部分學生升入中學乃至大學。

　　西安回坊原設有省立回民小學一所，但後來由於回族學生輟學率太高，漢族學生佔了大多數。

　　雲南明德中學是在雲南回教俱進會與振學社的共同努力下於 1929 年創辦的，它是雲南省第一所包括普通中、小學和阿文專修部三個部分的回民學校，其建立標誌著雲南回族教育史上的一個重大轉折，對雲南回族教育的發展做出過重要貢獻。1931 年明德中學選派納忠、林仲明、張有成以及上海伊斯蘭師範學校選送的雲南沙甸籍學生馬堅組成第一批中國留埃學生團，由明德中學教師沙國珍帶領，前往埃及愛資哈爾大學深造，1934 年又選送納訓、林興

〔註30〕《王浩然阿衡軼事》，《回教》1938 年第 1 卷第 8 期。

華、馬俊武三名同學到埃及留學。這批學生學成回國以後翻譯大量阿拉伯文學、史學、哲學等領域著作，在溝通中阿文化交流方面發揮了重要作用，並且為國內伊斯蘭文化研究做出了卓越貢獻。

五、西北回民教育的快速發展

民國初期，西北甘、寧、青回族初等教育成績頗佳，主要得益於回族軍、政界人士親力所為及回族教育社團的大力推進。民國元年馬鄰翼任甘肅提學使，極力提倡回民教育。馬福祥、馬麒執政寧夏、青海期間，大力發展回民學校。馬福祥宦跡西北，先後在寧夏及家鄉甘肅臨夏創辦 60 餘所回民中小學。1912 年 9 月 21 日，馬鄰翼任甘肅提學使，即同甘肅提督馬安良、甘州提督馬璘、甘肅省印花局局長喇世俊，法政專門學堂校長蔡大愚等籌辦甘肅回族新式教育，成績頗佳。1913 年 5 月 12 日，在蘭州孝友街清真寺創辦了「蘭州回教勸學所」，馬璘為第一任所長，達浦生為第二任所長，蔡大愚為第三任所長，並請回族學者達祥典（達浦生之弟）為回族新式學校講授語文課。為籌措勸學所和學校開辦經費，馬鄰翼帶頭捐俸銀 50 兩以為倡導，使甘肅回民新式教育有了良好的開端。隨後，創辦了 5 所回民學校，即在今蘭州市酒泉路設高等小學和第四初等小學，新華巷創辦第一初等小學，臨夏路創辦第二初等小學，金城關設第三初等小學。1917 年 11 月，馬鄰翼任甘肅省教育廳廳長，其好友蔡大愚與狄道（今臨洮）一些革命黨人，在甘肅策動護法，密謀推翻甘肅督軍張廣建。失敗後，馬鄰翼被免去教育廳長職務，調任甘涼道尹兼教育所長。馬鄰翼在武威又創辦了「涼州清真學校」。1919 年，馬鄰翼調任河北省教育廳廳長。1928 年，馬鄰翼在北京與孫繩武、白崇禧、馬松亭、馬福祥等回族著名人士聯合創辦了清真中學，1930 年改名為西北中學，抗日戰爭爆發後，該校遷到蘭州仍稱西北中學，中華人民共和國成立後更名為蘭州回民中學。

1929 年甘肅省主席劉郁芬試圖對甘肅省回族教育進行整頓，並草擬一份計劃書，委託馬福祥從東南各省挑選一些阿訇來西北講學，「甘肅回教阿衡，多屬缺乏學識。尤易堅執己見，以致回族之弟知識薄弱，稍一不慎，即成遺憾。客歲導寧亂事，可為證明。主席劉郁芬，以馬委員福祥為西北先覺，穆教完人，卓識鴻謨，素所欽佩，請其就東南各省回教人士，擇學術明達，智識高尚者數人，延其來甘訓練阿訇，以期闡揚教義，提高民智，昨已得馬電

覆，將與東南穴透阿衡，接洽商酌訓練辦法，崔請來甘擔任工作」〔註31〕。

1913 年袁世凱任命馬福祥為寧夏鎮總兵，之後又改為寧夏護軍使、鎮守使，自民國四年以後，馬福祥在當時寧夏境內創辦中等師範學校一所，清真小學 60 餘所。據《朔方道志》記載，民國 7 年馬福祥在鎮守署前創辦蒙回師範學校；同年在寧夏縣（包括今永寧、賀蘭）納家戶創建高級清真小學一所、縣屬初級清真小學 4 所，寧朔縣創辦初級清真小學 5 所，中衛縣初級清真小學 2 所，平羅縣高級清真小學 2 所、初級清真小學 14 所，靈武縣設高級清真小學 2 所、初級清真小學 4 所，金積縣設高級清真小學一所，初級清真小學 8 所，鎮戎縣設高級清真小學 3 所、初級清真小學 6 所。〔註32〕馬福祥對家鄉河州的回族教育也很關心，民國 4 年，馬福祥於河州八方、顧家堡等處創設清真小學 5 所。1918 年馬福祥回韓家集探親，當時韓家集有一所小學，名為導河縣西區國民小學，設備簡陋，校舍破爛不堪，僅有教師 2 人勉強維持，馬福祥鑒於「吾邑文化落後，子女多失學」，乃捐資 1500 元現大洋，將該校修葺一新。1928 年「河湟亂起，校舍半數被焚，居民遠逃，學校因以停頓。」1930 年底，馬福祥調任蒙藏委員會委員長，政務繁忙，當他聽說家鄉學校被毀，許多學生陷於失學中，乃囑咐馬鴻逵回鄉探親之際，帶去現洋 4000 餘元，將該校重新擴建。1932 年 2 月正式開學，馬鴻逵自兼校長，同年 10 月成達師範學校派遣首屆畢業生馬毓貴、王國華、李恩華、哈福貴 5 位學生前往臨夏支教，王國華代理西區國民小學校長。初到臨夏，他們看到這些學校經民國十七年河湟事變影響，學校破爛不堪，僅有 20 餘名學生就讀，特別是辦學經費不足。鑒於此，幾位同學公推王國華前往寧夏，尋求馬鴻逵支持。馬鴻逵聽取王國華彙報以後，致函甘肅地方當局，要求給予解決辦學經費問題，最後學校經費由原來每月 200 元增加到 440 元，至 1936 年學校擴大到 7 所，學生也增加到 600 餘名〔註33〕。大約 1934 年底，哈富貴受西安伊斯蘭小學創辦人谷夢安邀請，前往西安回民小學支教。1935 年「省主席馬鴻逵以本省教育落後，小學教育更欠完善，特捐一萬元，充分各小學設備」〔註34〕。

〔註31〕《甘肅省主席整頓回教教育計劃——請馬福祥延請東南之回教名人前往西北》，《雲南清真鐸報》第 4 期，1929 年 5 月 10 日出版。
〔註32〕丁明俊：《馬福祥傳》139 頁，寧夏人民出版社，2001 年。
〔註33〕馬毓貴：《成達師範學校畢業生甘肅臨夏小學服務報告書》，《成師月刊》1934 年第 1 卷第 7 期；李恩華：《談談服務的感想》，《成師月刊》1936 年第 3 卷第 6 期。
〔註34〕《馬鴻逵捐萬元充實小學設備》，《人道》1935 年第 1 卷第 11、12 合刊。

　　青海第一所新式回族學校是 1917 年馬麒在西寧東關設立的同仁小學。辦學之初馬麒率先送自己家族適齡兒童入學，聘請阿拉伯文教員，使回族送子女上學風氣漸開。1922 年 5 月在寧海鎮守使馬麒的倡議下成立「寧海回教教育促進會」，馬麒兼任會長，西寧東關大寺教長馬駿為副會長，會址設在東關大寺。寧海回教教育促進會宗旨為「促進回教青年子弟教育並闡發回教真諦」。該會先後在西寧、循化、化隆等地設立清真小學 7 所，所需經費概由寧海鎮守使署撥給。1929 年青海建省，國民軍將領孫連仲任青海省主席，孫為了排擠馬麒，安排自己部屬回族軍人安樹德師長代替馬麒，任促進會會長，並將「寧海回教教育促進會」更名為「青海省回教教育促進會」。1929 年下半年，孫連仲率軍參加中原大戰，省主席由馬麒胞弟馬麟暫代。中原大戰馮玉祥部失利，蔣介石復任命馬麒為青海省主席，馬麒委任冶生錄為青海回教教育促進會會長，劉善為副會長。1931 年 8 月馬麒病逝，國民黨政府以馬麟代理省政府主席，馬麒次子馬步芳以國民黨新編第九師師長身份回到西寧料理後事，之後馬步芳兼任西寧城防司令，並任促進會會長，接著馬步芳對促進會進行改組，更名為「青海省回教促進會」，省去「教育」二字，在青海各地設立分會 13 處。至 1932 年，馬步芳撥款在西寧設立中學一所，在原來各縣清真小學的基礎上，成立小學 97 所，在校學生近 6000 名。1935 年，在西寧東關設立青海回教促進會高級中學。1938 年國民黨中央正式任命馬步芳為青海省主席，又恢復到原來名稱「青海省回教教育促進會」，劃全省為 12 個學區，將馬步青在涼州（今甘肅武威）創辦的青雲中學、馬全欽在河州大河家創辦的魁峰中學也都納入到青海回教教育促進會的管轄系統。1936 年青海省回教教育促進會會立高級中學更名為西寧中學，1942 年又更名為崑崙中學，擴建校舍，增加班次，有初中 15 班，高中 4 班，在校學生 2000 餘人。至 1945 年，青海省回教教育促進會 15 個分會設立高級小學 85 處、初級小學 245 所，在校生達 11000 餘名。〔註35〕

　　甘、寧、青回族教育在民國時期能得到長足發展，與地方當局對發展教育的重視與支持分不開，當然他們熱心回族教育一方面他們本身為回族，如馬福祥、馬鴻逵、馬步青、馬步芳等，也想為本民族培養一批人才，在社會上有所作為；另方面也是最重要的，就是為他們長期統治寧、青做人才儲備。例如 1940 年青海省一次性保送至國內各大中學、軍校繼續深造的學生達 110

〔註35〕喇秉德：《赭墨集：喇秉德學術論文選》146 頁，民族出版社，2005 年。

名,其中有 40 名回族學生被選派到軍校深造〔註36〕,經短期培訓後,即奔赴抗日前線。一些學生大學畢業後在青海、寧夏各部門任職。

經顧頡剛先生介紹,1937 年 1 月 25 日的天津與上海《大公報》「明日之教育版」刊登《中國回民教育與中華民族之復興》《回民教育與中國》《成達師範學校述略》三篇文章,特編成「回民教育專號」,並附編者按語稱:「本期為回民教育專號。這三篇文章,是本刊編者與顧頡剛先生商酌,由他介紹來的。刊發理由,讀者可以從這三篇文章的內容看出來,用不著再作介紹語。滿蒙回藏之教育,是今日整個中華民族復興與國家統一,也是目前極其重要的問題。關心國家前途,不可不加以注意。」〔註37〕實際上這三篇文章是從中華民族復興角度談加強回民教育的重要性與特殊性。

六、中國回教救國協會發展回民教育計劃

1938 年中國回民救國協會成立後,擬定教育工作綱要,將發展回民教育作為協會中心任務之一,制定了《回民教育發展計劃》,並著手對各地回民教育進行調查。1939 年 10 月成立了以唐柯三為主任的教育基金保管委員會,12 月又制定《中國回教救國協會教育工作綱要》,開宗明義提出「本會教育工作之最高目的,在求回教同胞教育之普及」。

1937 年國民黨三中全會召開前期,時任國民黨中央委員的回族時子周聯合多位委員提交「回民教育中央宜特定辦法派員指導案」與「促進回民教育以扶植其能力案」,這是第一次將回族教育問題提交國民黨中央大會討論,具體內容包括:

1. 由國民黨中央劃撥專款資助回民教育。

2. 特定回民實施教育辦法。

3. 選派回民忠實同志分赴各地指導回民籌設小學及短期職業學校,以期提高回民知識。

4. 獎掖資助回教青年求學升學。

5. 西北各省義務教育之設施,以吸收回教同胞為對象。

6. 促進回民多以回教公產設立學校。

〔註36〕《青海馬主席對出省學生訓詞》,《突崛》1940 年 6 卷第 12 期。
〔註37〕王正儒、雷曉靜:《回族歷史報刊文選·教育》(上),98 頁,寧夏人民出版社,2012 年。

7. 遴選各地阿訇授以短期教育時代知識，並鼓勵其做精深之宗教研究。

8. 回教團體或個人創辦事業之有成效者予以獎掖〔註38〕。

該提案最後辦理效果如何，不得而知，也沒見到後續報導。1938年初，白崇禧以中國回民救國協會理事長身份致電國民政府教育部部長陳立夫，希望教育部對發展回民教育給予重視：

一、白理事長致陳部長電

（銜略）密，孫燕翼（孫繩武，字燕翼）兄來，藉悉弟以回民救國協會理事長名義，函送貴部之發展回民教育計劃，或已蒙後准，或正在核辦，嘉惠回民，曷深感佩。吾國回胞，不下四千餘萬，素質堅強，頗多可取；所惜教育落後，文盲比比，而曾入中上學校者，為尤鮮見。此不僅回民之不幸，抑亦國家之損失。今賴我兄熱心教育，特予提倡，將見回民文化逐漸提高，裨益民族團結，至深且巨。專電申謝，尚希教益時賜為荷！弟白崇禧篠。

二、陳部長覆白理事長電

（銜略）篠電敬悉，回民教育，至關重要，本部對於邊疆教育，特組委員會，從事商討整個計劃及實施方法。關於回民教育方面，擬將尊示各項辦法，全部採納，以副雅囑，謹覆。陳立夫魚。〔註39〕

1938年中國回民救國協會改組以後，白崇禧當選為理事長，並於11月向國民政府教育部提交「發展回民大學教育」「發展回民中小學教育暨職業教育、社會教育計劃」，在「發展回民大學教育計劃」中指出：

徑啟者。本會在非常時期，在中央指導下，組織成立最高目的惟在團結回教民眾，協力救國。一切工作之推進，胥以此為準則。查我國回教同胞，總數在四千萬以上，約居全國人口十分之一，其對抗戰建國所負責任重大，自不待言，其教育程度素稱落後，文盲比比，中學生已屬稀少，至於曾受高等教育者，全國僅二百餘人而已。若任其自然而不亟謀補救，則不但對於社會難期有貢獻，抑恐

〔註38〕 《中央委員時子周先生向三中全會關於回民教育之提案——回民教育中央宜特定辦法派員指導案（提案二十四號）》，《中國回教青年學會會報》，1937年第3號。

〔註39〕 《中國回民救國協會發展回民教育計劃附白理事長與陳部長往來電文》，《回民言論半月刊》第1卷第2期，1939年1月31日出版。

貽國家以負累。本會有鑑於此，爰於會章第三條內列舉「促進回民教育」為主要會務之一。至於實際促進方針，擬對回民各級教育並重，不使偏廢，誠以普及初級教育為掃除文盲，增進回民一般教育之唯一途徑；推廣中等教育，為造就普通師資及服務人材之主要辦法；至於培養專門人材派往西北各省，建設地方，啟迪民眾，使邊疆文化水準逐漸提高，進而訓練同胞俾為國之干城，開發富源以增國之實力，是有賴於高等教育之推進。本會對於發展回民各級教育均擬有具體計劃。關於中小學部分擬另案向大部商陳。關於高等教育部分，根本辦法固在設立回教大學，使回教青年有普遍深造之機會。然一大學之創辦，事至艱巨，非倉促所可幾，抑亦非抗戰時期適宜之籌劃，然發展回民高等教育，實屬不容緩圖；為目前計，亦應予回教高中畢業生以較多之升入國立大學深造之機會，對於此點，本會謹擬具兩項辦法如下：

一、本會於每年開始之際，就回教高中畢業會考及格學生中保送相當名額，除邊省仍照向例辦理外最多不超過二十人，請援照准許甘肅學生經保送入學試讀成例，指定中央大學、西北聯合大學、西南聯合大學及雲南大學四校為該生等試讀學校。凡於試讀一年完畢，全年成績平均及格者，應請改為正式生，未能及格者，准予繼續試讀一年，成績及格時再改為正式生。如仍未能及格，即令退學，不得再繼續試讀。

二、回教學生之家境，大率貧寒。高中畢業生往往有堪資深造而無升學能力者。亦有於升學後感受經濟困難而中途輟學者。此不僅為回教學生之不幸，抑亦國家社會之損失也。擬請能大部除對回教試讀生暫不予補助外，對回教正式生之家境經調查或證明確係貧寒者，援照待遇邊境學生成例，於入學第一年予以均等補助；以後則按其前一年之學業平均成績，依甲、乙、丙之等次，分別予以補助，用示政府嘉惠回民、獎掖後學之德意。

此致教育部

中國回民救國協會理事長　白崇禧〔註40〕

〔註40〕《中國回民救國協會發展回民教育計劃》，《回民言論》第 1 卷第 2 期。

在《發展回民中小學教育暨職業教育、社會教育計劃》函中，白崇禧提出，一、懇請教育部籌設回民短期小學 100 處，或就原來阿文小學改設，或在回民聚居區添設。二、各清真寺原設初級小學或完全小學者，應切實加以整頓，請教育部督促進行，並對經費不足之學校，給與補助。於二十八年（1939）補助 50 所，下年度增補為 100 所。各小學之課程設置，除遵守部頒標準外，宜添設阿文一科，為回教學生所必修。請教育部對成達師範學校、西北公學及伊斯蘭師範學校給予經費上的補助，委託造就回民小學師資。以上共計經費總額為 28.5 萬元。

關於中等教育，白崇禧認為，國內回民中學，為數寥寥，欲謀根本之補救，應增設回民中學，但此項工作絕非短期內能夠完成，現提出兩項建議：一是對自費辦理的回民中學，如湖南邵陽偕進中學，每年補助經費 4800 元，使擴充班級，增加招生名額；二是對回民貧寒優秀中學生，給予獎金支持，不致因家境貧寒而輟學。甲等者，每年補助 15 元，數額限 60 人，乙等者每年補助 12 元，限 140 人。

職業教育方面，請教育部先於西北設立回民職業學校一處，地點以在甘肅平涼為宜，在課程設置方面，力求與西北之實際需要相適應。其他回民眾多的地方，以後再請教育部次第設立回民職業學校。

社會教育方面建議：一、廣設民眾學校，以推廣識字運動；二、興辦業餘補習學校，以增加與生產有關聯的學識；三、設立圖書館及閱報室；四、放映教育影片；五、裝置播音機，使回民對於國家有普遍之認識。以上以各地清真寺為實施地點，前三項由地方教育當局補助進行為宜，後兩項請教育部給予解決。

時任教育部部長的陳立夫回函稱：「筱電敬悉，回民教育，至關重要，本部對於邊疆教育，特組委員會，從事商討整個計劃及實施方案。關於回民教育方面，擬將尊示各項辦法，全部採納，以副雅囑，謹覆。陳立夫魚。」〔註41〕

白崇禧利用自己的身份、地位向國民政府教育部提出的發展回民教育計劃事項得到重視，但後來並沒有逐項落實，孫繩武在一篇文章中稱「回教救國協會的教育計劃雖未能實現，但是兩年來回教教育也不斷地有相當進步。」

〔註41〕《中國回民救國協會發展回民教育計劃》，《回民言論》第 1 卷第 2 期。

〔註42〕在各界共同努力下，1941 年成達師範學校與上海伊斯蘭師範學校改為國立。

1939 年 12 月 28 日中國回教救國協會召開第十五次常委會，通過了「中國回教救國協會教育工作綱要」，指出「本會教育工作的最高目的，在求回教同胞教育之普及，以作全國教育普及之一助。」1939 年協會向國民政府教育部提交「發展回民教育計劃」，1940 年 5 月 4 日又向教育部致函「為回民教育向教部呼籲」：

> 竊查全國回教人民為數達五千餘萬，占全國人口九分之一，但大多生活窮苦，知識低落，尚不亟謀救濟，實為國家整個民族之損失。十五年革命之後，中央始注意及此，歷經回教團體及私人與中央主管機關共同研討，咸以提倡回民教育為救濟回民之根本辦法，尤以普遍發展回民小學為提倡回民教育之起點。近十餘年來賴各地回教人士之努力，或因公產或出私財儘量創設回民小學，並力求推廣，以其普遍，究因財力有限，進展極為滯後。抗戰軍興，本會承中央之囑託，負協助政府領導全國教胞齊起參加抗戰工作之重大使命，益感發展回民教育為目前最迫切之需要，經擬具發展回民教育計劃承蒙大部分別採納，並蒙核定以優先設置小學為原則，由各省教育廳督促各縣清真寺附設小學，其所需經費由義務教育費補助之。通飭各省教育廳遵照辦理。仰見大部重視回民教育之至意，惟各省縣政府及教育局人員，或未能仰照大部之意旨，或囿於以往回漢之畛域，對於回民學校遵照規定請求補助，大多藉辭推卻，甚至更繩以立案條件從而取締之者。大部雖提倡於上，而地方漠視於下，撥助本旨，相去懸殊。近據本會各地分支會以小學之補助無著及立案手續困難請示辦法者紛至沓來，本會殊乏有效指示之法，竊以現當全國教胞咸知大部極力提倡回民教育之始，倘規定之補助辦法不能見諸實行，實將無以慰全國回民之望，設更因立案條件之未盡相符而予以取締，則無異於對現有萌芽之回民教育加以摧殘。茲擬懇請大部通令各省教育廳轉令各縣政府及教育局：（一）務尊重規定對於回教小學實際補助；（二）對於回教小學之立案准予特別通融，或

〔註42〕孫繩武：《發展回教教育與研討回教文化》《回教論壇》（重慶版）1941 年第 5 卷第 1 期。

暫緩立案不予取締;(三)各地主管教育人員務瞭解精誠團結之義,
化除回漢畛域。

以上三項關係國家整個民族之復興者甚巨,非敢藉為回教人民
求特殊地位也,是否有當,理合具文呈請大部鑒核施行,並祈示遵
實為公便謹呈。〔註43〕

這份發展回民教育呼籲書呈送教育部不久,就得到回覆:「呈悉。除第二
項『或暫緩立案不予取締』一點應暫緩議外,其餘尚屬切要,已通令各省教
育行政主管機關遵照辦理矣。此批。」中國回教救國協會接到教育部批件後,
立即轉至各省、縣支、區會及回民學校。

隨著抗日戰爭相持階段的到來,國民政府提出了「抗戰建國同時並進」
的口號,決定對縣級基層組織機構加以調整,一方面為便利政府各項戰時財
經政策的推行和籌糧籌款,同時亦欲乘機強化中央對地方的控制。於是在 1939
年 9 月頒布《縣各級組織綱要》,正式在國統區實施「新縣制」建設。新縣制
與以前相比有幾個不同點:一是按土地面積、人口、經濟、文化及交通等情
況,將縣劃分為 1 至 6 等;二是縣以下為鄉(鎮),鄉(鎮)以下為保、甲,
在面積較大或特殊情況的縣還設區,作為縣的派出機構;三是將縣政府所屬
機構改為民政、財政、教育、軍事等科。國民政府希望以此來進一步發揮縣
政權的作用,加強國家對地方的控制。各地縣政府在推行新縣制的過程中,
許多剛剛建立的回民小學被取締,回民教育再次受到衝擊,1940 年 7 月 11 日,
中國回教救國協會接到教育部蒙藏教育司張梓銘司長函件,就各地回民小學
在新縣制實行後如何存在與發展,希望救國協會拿出具體意見,救國協會回
覆稱:

本會自成立以來即以提倡回民教育為重要工作之一,前經擬定
「發展回民教育計劃」呈蒙大部採納,其中關於中小學部分並承規
定「以盡先設置小學為原則,准令飭各省教育廳督促各縣清真寺附
設小學,其所需經費由義務教育補助費酌量補助之」。貴司前於二十
八年四月十五日曾以此意函知本會,本會於接獲通知後,即通函各
地分支會從速在清真寺內附設小學,並根據部令向當地政府呈請撥
給教育經費,幸各分支會均能善體此意,積極籌設小學,二年以來,

〔註43〕《(中國回教救國協會)會務消息(十五)》,《中國回教救國協會會刊》1940
年第 2 卷 4 期。

總計成立不下四百餘處，誠回胞前途之幸。惟各地縣政府多不能仰體，大部扶植回民教育之德意發給補助費，致各地小學雖已成立，因經費無著又多歸停辦。本會近接湖北、安徽、河南、西寧各地分支會紛紛來函，稱奉到政府訓令，因實施新縣制，境內各私立小學應限令一律停辦，其中亦有將各回民小學歸併中心小學或國民學校而加以取締者。本會聞之殊為駭異，查回民小學教育經大部之扶植及本會之提倡始有萌芽，今因經費之困難及受實施新縣制之影響，遂使此勉力成立之四百餘小學瀕於停辦，殊失大部扶植回民教育之本意。茲謹擬具意見三項，附函寄達即請，俯賜鑒察，先與有關各方商洽，若能使各地小學繼續存在，並使其充分發展，不獨本會感激，即全國五千萬回教同胞亦均感謝鈞部大德於無既矣。

關於維持各地回民小學之意見錄後：

（一）請由教育部通令各省於新縣制實行後，對於回民小學取締停辦及歸併於各中心小學或加以取締之規定，特予維護仍使其充分發展。

（二）回民因生活習慣關係，多不肯令其子弟入外教人所辦之小學校，故以清真寺辦理小學為最適宜之地點，各地清真寺附設小學前會由教育部通令各省、縣准由各地義教經費項下撥款補助，而各地政府多玩視部令，未能照辦，有之也為數極微，以致各地回民小學成立後，因短於經費，又多陷於停頓，請教育部重申前令，使各地政府切實撥款補助救濟。

（三）各地政府亦有無義教經費，或因實行新縣制後將義教經費取消者，請教育部令無義教經費之各縣特撥教育款補助各地回民小學。〔註44〕

很快，回教協會受到教育部張司長回覆稱：「查國民教育推行期內，對於各地原有私立小學，仍得維持原狀，近准湖北省政府諮略以該省各縣原有私立小學，或因經費困難，設備簡陋，或因師資缺乏，教育廢弛，不徒無補實益，抑且流弊滋多，爰經本府委員會第三百四十三次會議決議，所有各縣私

〔註44〕《新縣制應不影響回民小學》，《中國回教救國協會會報》第 3 卷第 11～12 期，1941 年 10 月出版。

立學校，限令一律停辦等由，頃已函部代電覆，以辦理優良之私立小學，仍有保留必要，不能予以停辦，至安徽、西康、河南等省處理私立學校情形如何，尚未據報到部。」

回教救國協會接到這一模稜兩可的回覆，立即通函各省分支會，如遇該地政府歸併或取締回民小學時，應據理力爭，暫勿接受，本會仍將繼續與教育部商洽，等得到確實保障後，再行通知。至 1942 年底，全國各地有回民小學 400 餘所，對於回民小學之補助，還是難於落實，各地方教育部門藉詞推諉。各地分支會以學校之補助無著，難以為繼，紛紛來函，請求回教協會支持，回教協會再次呈請教育部申明原委，請求通令各省教育廳，傳令各縣政府教育局，切實實行以下三項：

一、務須遵照規定，對於回民小學實行補助。

二、回民小學立案，准予特別通融，或暫緩立案，不予取締。

三、各地主管人員，務須瞭解精誠團結之義，化除回、漢畛域〔註45〕。

當時回民小學發展，一方面受經費之影響，另一方面受實行新縣制之影響，瀕於停頓。經回教協會與教育部商洽，對困難回民小學進行統計，共計163 所。

七、戰火中艱難維持的回民學校

抗戰之前回民創辦的中等師範、中學有北平成達師範、上海伊斯蘭師範、北平西北中學、湖南邵陽偕進中學、臨夏雲亭中學、青海西寧回民高中、昆明明德中學、山西晉城崇實中學等。這些學校成立時間較長，培養一批回族人才，在社會有一定影響。抗戰爆發以後，成達師範、上海伊斯蘭師範及西北中學負責人迫於環境，冒險率領全校教職員工及學生來之後方，分設於廣西桂林，四川成都，甘肅蘭州及平涼等處，辦學經費極度困難，救國協會力所能及給予補助，以資維持。「北平成達師範及西北公學，與上海伊斯蘭師範學校，於平滬淪陷以後，為貫徹教育回教青年之本旨，陸續移設後方。成達師範現遷現遷桂林，校址在西門外清真寺，唐柯三校長及馬松亭阿訇均在校主持，學生一百四十餘人；西北公學現設分校二所於蘭、蓉，蘭州西北中學由馬煥文先生主持，校址在黃河右岸小西湖，兩山環峙，校景絕佳，校舍除舊有房屋均經修葺外，並新建四十四間，學生一百三十餘人。成都西北中學由

〔註45〕《中國回教救國協會工作報告》，1939 年 8 月～1942 年 2 月。

金鼎銘先生主持，暫賃皇城壩民房為校舍，因不敷用，現擬購地三十畝建築新房，學生二百四十餘人；上海伊斯蘭師範學校，自達浦生校長於近東宣創工作完畢返國，即呈准軍事委員會補助，移設甘肅平涼，學生額數暫定一百五十名，達校長現在西安計劃一切，不日赴平涼主持該校開學及校務進行。」〔註46〕

抗戰爆發後，上海回族文化事業受到嚴重衝擊，中國回教經書局、上海伊斯蘭文化供應社等文化機構被迫關閉。創辦於 1930 年的上海私立敦化小學，是由上海回教學會發起，哈少夫、馬晉卿、楊叔平、伍特公、沙善餘、伍卿元、伍詠霞、蔣蘇戡、楊稼山等九名回族人士組成校董會，學校初期招生 200 餘名，至抗戰爆發前增至 400 名，其中回族學生約占 35%，因教學成績優良，受到上海教育局嘉獎，抗戰爆發以後，學校遷入法租界繼續維持，上海淪陷以後，更名墩化小學。抗戰之前，南京先後開辦回民小學 10 所，如1912 年創辦，設在漢西門清真寺的崇穆小學、草橋清真寺的敦穆小學，1917 年創辦設在小王府巷的本務小學，1929 年創辦設在吉兆營清真寺的吉清小學，1930 年創辦的清源小學、下關小學等，隨著上海淪陷，也先後被毀或停辦，在戰火中勉強維持的有西城小學與和平門清真小學。創建於 1906 年的鎮江穆源小學是全國成立最早的一所回民小學，在近代回族教育史上具有重要的地位，1937 年 11 月遭日軍轟炸，第二年鎮江局勢稍穩定以後，經校董商議，在西大寺與一處民宅內復課，西大寺提供校舍，並劃出兩處出租房屋歸學校收支，維持學校正常運轉。

日本侵華，使我國華北、華東地區經營幾十年的回族教育事業遭到嚴重破壞，許多學校被日軍飛機炸毀，一些學校搬遷到西南或西北地區勉強維持。中國回教救國協會成立以後，將發展回族教育列為中心工作之一，使許多回民學校在戰火中重生。回協會要求各省、地分會積極籌辦小學，「辦理回民教育為本會中心工作之一，前曾遵照教育部盡先設立回民小學之指示，通飭各分會竭力提倡小學。年餘以來各地分支區會紛紛成立回民小學，業達數百處」〔註47〕，協會理事長白崇禧「主張每一清真寺須設立一所小學，作培養回教兒童的場所，這就是要以每個地方的清真寺為中心，來實施回民小學教育。」這項倡議得到各省部分清真寺響應，1940 年 1 月中國回教救國協會寧夏分會

〔註46〕《回民教育消息》，《中國回民救國協會通告》第 14 號，1938 年 11 月 18 日出版。

〔註47〕《回教救國協會部分分支區會成立回民小學》，《中國回教救國協會會報第》3 卷 7 期，1941 年。

成立後，「各縣也先後成立中阿初級師範學校 20 餘所，都設在各縣較大的清真寺內，吳忠中阿師範學校校長為虎嵩山，該校就設在吳忠中大寺」〔註48〕。《成都清真寺附設基礎學校創辦記》記載，1941 年曾將清真寺義學改為完全小學，成立董事會，所有經費，由十坊清真寺共同負擔，兩年來學校進行尚稱順利，計有學生 130 餘名，共分八班教授〔註49〕。一些回族教育界學者撰文探索在清真寺設立回民小學的新模式，從可行性、經費籌措、組織管理、教長與校長的關係、課程設置等方面進行詳細論證，並起草《回民小學教義課程標準》，指出「為適應宗教之習慣，及免除阿訇（教長）梗阻教育發展計，各小學之課程設施，除恪遵部頒標準外，宜加添阿文一科，為回教學生所必修，非回教學生可自由選修。」許多地方提出創辦回民女學，選派回民女學生到國外留學，創辦回民夜校、婦女識字班，創辦伊斯蘭教經學院，對中等學校回族清寒學生給予生活補助，並制定具體補助辦法。這些提議在中國回教救國協會的堅強領導下大多一一實現。1937 年「七七事變」以後，成達師範遷至桂林，長期以來成達師範的辦學經費由回族軍政要員及民間捐款艱難維持，在中國回教救國協會的努力下，1941 年改為國立，所需經費由國庫撥付。同時還幫助北平西北公學遷至成都復課，在蘭州設立分校。日本軍佔領上海後，將上海伊斯蘭師範遷至甘肅平涼，更名為平涼伊斯蘭師範學校，並建校復課。委託重慶復旦大學設立墾殖專修班，招收回族學生 28 名。鼓勵回族知識青年投筆從戎，報效國家。自 1938 年至 1945 年，計先後考取軍校的回族青年 2000 餘人。由各地分支會建立的回民小學 146 所〔註50〕。

民國時期回族教育的發展與當時各界的共同努力分不開，一方面他們通過各種組織向國民政府提出發展回族教育計劃，同時回族中一批先知先覺的知識階層已經開始改革回族教育的實踐探索。1904 年隨著清政府「新政」的推行，全國省、府、州、縣將原有書院改為中心小學堂。清政府推行新政的目的，雖然是為了鞏固其封建政權，但客觀上為全國教育的發展起了一定積極作用。近代學校教育的創辦，不僅開通了社會風氣，打破了四書五經一統

〔註48〕馬萬均：《昔日寧夏回族教育》，載銀川文史資料第十九集《銀川回族》161頁，2009 年。

〔註49〕德爾基彭錯，郭松明主編：《中國南方回族文化教育資料選編》32 頁，四川民族出版社，2001 年。

〔註50〕白崇禧：《中國回教協會八年來會務檢討》，《清真鐸報》第 19、20 期合刊，1946 年 12 月 31 日出版。

天下的局面，也為近代科學知識及民主思想的傳播提供了有利條件。

第三節　馬君圖與山西崇實中學

　　山西崇實學校為回族實業家、政治家馬君圖先生一手創辦。馬君圖名駿，字君圖，早年留學英國，後參加同盟會，辛亥年奉孫中山令回國，領導山東起義。民國元年回山西，協助閻錫山推行新政，曾任山西政務、實業廳長，河東鹽運使，河東道尹，山西省府委員。關於馬君圖生平事蹟，在前文「伊斯蘭佈道會」部分已有介紹，在這裡重點討論馬君圖創辦崇實中學及該校被日軍摧毀、馬君圖組建奮起組建「山西回民抗日義勇隊」，與日軍在太行山周旋，直至為國捐軀。

一、創建山西崇實中學

　　馬君圖家鄉山西晉城教育向不發達，許多回漢兒童失學，或無學可上，馬君圖於 1920 年獨自捐資創辦崇實兩級小學校，回漢兒童兼收。1927 年，馬君圖鑒於社會工業不振，學生升學者多集中在文法各科，技術人才缺乏，產生辦中等職業學校想法，「乃出其歷年積餘之俸資，捐作基金，一次不足，又益以房產售價捐入，先生之太夫人亦巾幗中之明達聞人，並出其一生之儲金及所有妝奩各物，悉數捐助，以襄善舉，於是鳩工庀材，建築校舍及大禮堂，開辦織布與造胰兩部」〔註 51〕。此年北伐成功，學校定名為山西晉城清真職業學校，兩級小學部仍附設其內。1931 年根據國民黨教育部令，改為初級中等學校，前兩級小學部改為附屬小學。之後，馬君圖鑒於貧寒學生初中畢業後，多無力赴外升學，1937 年 5 月呈准添設高中部，定名為山西私立清真崇實中學校。據資料記載「本校經費由馬先生迭次捐廉發商生息，作為基金，約共七萬四千餘元」〔註 52〕。截止 1937 年 8 月，「歷年建築校舍，如禮堂、辦公室、圖書館、實驗室、陳列室、教室、學生宿舍、教職員宿舍、浴室、消費合作社、及其他房屋，計有三百餘間，先後所需建築費不下十餘萬元，歷年購置機器、儀器、實驗藥品、圖書、教具及其他用具等，所需購置設備

〔註51〕　《山西私立清真崇實中學校被敵焚毀錄》《中國回教救國協會會刊》，第 1 卷　第 4 期，1939 年 11 月出版。

〔註52〕　《山西私立清真崇實中學校被敵焚毀錄》《中國回教救國協會會刊》，第 1 卷　第 4 期，1939 年 11 月出版。

費，亦愈十萬餘元，均係馬先生獨立捐助。尤其圖書館內所珍藏圖書，如四部備要、前四史、二十四史、十通、太平御覽、歷代名家詩文集，及陳列室內古物、字畫三百八十餘件，俱為先生罄其所有，慨然捐增」〔註53〕。

　　1935 年 8 月，《突崛》第 2 卷 8 期為「中國回民教育專號」，首篇為馬駿撰寫的《中國回民教育之必要》一文，集中反映了馬君圖教育救國主張，力主學習西方現代科學知識，馬君圖指出：「強國之要素在人才，人才之根本在教育。」「處此二十世紀競爭之秋，非具世界眼光，不足以自立，非有新學知識，不足以圖存」，「為今之計，急宜廣設學校，培植人才，本我回民固有之精神，眾力共舉，急起直追，選聘良好師資，實行強迫教育，以造就青年後進。」馬君圖早年留學英國，對世界局勢有所瞭解，並準確預計二次世界大戰即將爆發，「更就今日世界情勢論之，戰後十年來歐洲之意德、亞洲之日俄，近洶洶不可一世，時磈磈於兵戈之再弄，日汲汲於戰爭之重演，風雲日繫，二次大戰之降臨，決難幸免。」「教育之普通理論，已為古今中外學者言之詳矣，然對回民之教育，尤其為中國回民教育，專著既乏，論述尤微，則本刊專號之編梓，謂曰新工作亦無不可，因是而喚起舉國上下之關注，形成回民教育運動，斯遠大之圖，願全國教胞及賢人達士，其起而共應之也」。

　　1938 年春，日軍侵犯晉城，抗日戰爭期間，崇實中學被日軍炸毀，馬君圖帶領教師和學生逃往太行山南部深山內繼續上課。日軍進佔晉城前後達四次之多，馬君圖 20 多年心血創辦的崇實小學、中學，被日軍劫掠、搗毀，就連事先運出去的一小部分藏在山中的圖書也未能幸免，被日軍焚燒一空。據《山西私立清真崇實中學校被敵焚毀錄》一文記載，「民國二十七年二月二十六日，日寇由博愛縣分其步、騎、炮、機械化各部隊，約八千餘人，直犯晉城，以六千餘人西上，其餘留晉佔據……，其西上軍隊及其侵犯長治軍隊萬餘人，均由晉敗退狼狽竄去，瀕行將本校各處門窗器具書籍，焚毀無算。」「本年七月一日又復二次犯晉，仍佔據本校各部，兇惡殘酷，較前尤烈……架設大炮，支搭帳篷，日肆攻擊，入校之日，首將我守門校役郝岐山、蔡文生、趙天禎等三人刺殺，後尋至清真寺門首將申阿衡、李寺師傅一併刺殺，又見我校壁滿貼本校及回民抗日救國會，並義勇隊抗日救國標語，憤氣填胸，遂於月之六日下午五時各處縱火焚燒，濃煙彌漫，火光燭天，數里外尤能望見，

〔註53〕泰國桐：《馬君圖先生與崇實中學》《中國回教協會會報》1946 年，第 7 卷第 2 期。

舉我校十九年之建築設備，付之一炬，可謂慘矣！」〔註 54〕當時教師和學生無不痛哭流涕，馬君圖撫慰他們，說道：「不要太悲傷！敵人所能摧毀的，只不過是我們的物質，但終不能摧毀我們的精神！重要我在，諸位在，更有社會熱心人士在，崇中總有恢復發展的一天！」。〔註 55〕日軍撤退以後，馬君圖「於灰燼瓦礫之中，召集三年級及附小學生依舊開學，其餘各級學生併入回民義勇隊幹部，同受軍政訓練，誓必抗戰到底，百折不撓。」〔註 56〕

二、組建山西回民抗日義勇隊

1938 年 2 月，山西失陷。日寇佔領長治後，積極策動其政治上的陰謀，以達到分化離間的效果，組織偽回教聯合會，削弱我國抗戰力量，到處製造「不殺回教徒」的謠言。馬君圖知道之後，曾派員至太原及晉南各縣，秘密活動，瓦解敵偽組織；同時派員至河南將新莊一帶，進行宣傳工作。「馬公親臨訓話，在叢山曠野，北風怒號之嚴冬，訓話常歷兩三小時之久，屹立不動，令人敬佩，每次敵寇出動，萬分緊急之際，馬公鎮靜如常，沉著應付，敵來我走，敵走我來，以游擊式之流動辦法，與敵搏鬥。」〔註 57〕馬君圖將其在崇實中學積累的 10 萬元辦學經費拿出來，成立了山西省回民抗日救國協會，號召全省的回民同胞參加抗日活動。不久，他又不惜傾家蕩產，組織了回民抗日義勇隊，從十幾人發展到近千人，活躍在晉城、陽城、壺關等地和敵人打游擊戰。1939 年中國回教救國協會收到一份馬君圖的報告稱：「以敵寇先後佔領晉城三次，姦淫擄掠，無所不為，殘殺同胞五千餘眾，內有教胞二十餘人，清真總寺及南寺被炸已成瓦礫，其他三寺竟作為馬廄廁所，該城回民憤恨入骨，乃由該分會之領導，組織回民抗日義勇隊，與敵搏戰數次，斬獲頗眾云」〔註 58〕。「山西為晉城的回民抗日義勇隊，在馬君圖先生領導之下，艱

〔註 54〕《山西私立清真崇實中學小被敵焚毀錄》《中國回教救國協會會刊》1939 年，第 1 卷第 4 期。

〔註 55〕秦國桐《馬君圖先生與崇實中學》《中國回教協會會報》1946 年，第 7 卷第 2 期。

〔註 56〕《山西私立清真崇實中學小被敵焚毀錄》《中國回教救國協會會刊》1939 年，第 1 卷第 4 期。

〔註 57〕楊懷義：《盡瘁救國之馬君圖先生》，《中國回教協會會報》1941 年，第 3 卷第 7 期。

〔註 58〕《晉分會組織回民抗日義勇隊》，《中國回教救國協會會刊》1939 年，第 1 卷第 4 期。

苦奮鬥，數年於此，敵每次犯晉，隊員無不奮勇當先，協助□軍作戰，予敵人以最大之打擊，敵四次犯晉，義勇隊又協助新二十四師襲擊宮嶺駐敵，炮毀漢奸高得海住房，斃敵三名，傷四名，博得當地人士無限好評」〔註59〕。馬君圖帶領義勇隊在太行山與敵人周旋，得到當地回漢民眾大力支持，義勇隊隊員以崇實中學高年級學生為主，經費來源純繫馬君圖個人資產支持，後來因經費原因，裁員至60餘人，多數隊員遣散回家。

　　馬君圖為了進一步動員全國回民共同抗日，以個人名義委託駐軍向全國回教團體發出通電，號召各地回民組織抗日救國會、義勇軍、自衛軍，積極參加抗日救國工作，通電云：「上海、漢口、成都、長沙、九江、安慶、開封、西安、廣州、泉州、昆明、桂林、蘭州、青海、寧夏、迪化、香港各回教公會及各回教促進會鑒：日寇強暴，侵我祖國，凡我中華民國人民，不分種族、宗教，應一致同仇抗敵。況我回教人民，素稱忠義，甲午之戰，左寶貴戰亡，榆關之役，安得馨殉國，這我教大增光榮！當此戰事吃緊之際，凡我回教，務宜本天經抗戰之旨，起而報國：或組織義勇隊，或成立自衛團，附屬國軍，隨時隨地效力。抗日勝利之後，尤是發揚我教之精神，願與諸君共勉之！山西省回教公會分會兼回教促進會會長馬駿世叩。」通電發出後，得到寧夏、青海軍政界、各地回民青年戰地服務團、以及各地回民團體立即覆電響應。〔註60〕

　　1940年，第二戰區司令長官閻錫山任命馬君圖為戰區上將顧問，同年，國民政府軍事委員會任命其為中將參議，辦理晉東南地區抗戰宣慰事宜，馬君圖在晉東南多次對民眾發表演講，用傳統文化「禮義廉恥」批駁日軍的侵略行徑。1942年7月，馬君圖被任命為第三屆國民參政會參政員。自1940年4月24日，日寇第四次侵犯晉城，隊伍被打散，馬君圖和他的警衛人員及家人跑到玨山黑虎洞居住了幾個月，後又轉移到郭壁、南掌村、北石甕，聽到日寇到了谷亂石嶺時又轉移到賢芳村。1942年7月5日下午9點，敵人密派200餘名日兵，繞道將賢芳村重重包圍，馬君圖率義勇隊在槍林彈雨中，用手榴彈與敵人搏鬥，敵勢稍弱的時候便趁機逃走。不幸的是馬君圖年已八旬的

〔註59〕楊懷義：《晉城的回民抗日義勇隊》，《中國回教救國協會會刊》1940年，第2卷第12期。

〔註60〕轉引自李巍、李豫：《伊斯蘭教愛國人士馬君圖先生》《山西社會主義學院學報》2006年第3期。

母親和他的夫人張氏被敵人擄去，工作員馬驊、馬識榮、秦發全、郭永泰、藍福田等六人也同時被俘，總務股長劉受福曾任山西文獻委員會會計，與工作人員王毓才被敵人槍殺。馬太夫人被俘後，敵人用汽車接至官帶，派人歡迎慰問，贈金錢、供美食，馬太夫人嚴加拒絕，「罵敵求一死」〔註61〕。據馬君圖三個兒子馬松年、馬鶴年、馬熙年撰寫的《馬君圖先生行狀》一文記載，「敵勸先祖具函，詔先考降為敵用，先祖母終峻拒嗣。恐先考篤於孝思而墮其抗敵之氣也，乃斷然絕食，以堅其志，遂於三十二年三月殉難。」〔註62〕馬太夫為了堅定兒子馬君圖抗日決心，絕食而亡；馬君圖妻張氏也被敵人折磨慘死。

馬君圖得知母親絕食而亡的消息後悲痛萬分。數月後敵人大舉向太行山義勇隊根據地掃蕩，馬君圖帶領義勇隊員與敵人周旋，之後敵人「以巨金收買潰四十七支隊為嚮導，間道直驅大東掌村寓所，先考於深夜中被俘，當場即欲自戕，經敵阻止未遂。敵乃以死生利害勸說冀為利用，先考厲聲曰：『使吾畏一死，背國家以求榮利者，早知有以自處矣，庸待爾輩之殺吾母乎』。敵知非威脅利誘所能動也，乃派人嚴守幽禁，迄今年二年。敵軍此知大勢已去，於急退撤之際，載先考至潞安注射毒劑，於今年（1945 年）七月二日又繼先祖母而殉國矣。」〔註63〕

三、馬君圖為國捐軀，贏得社會各界好評

1943 年馬君圖被俘，被軟禁在山西花胡同內兩年，敵人百般利誘馬君圖出任偽職，被馬君圖嚴詞拒絕。期間馬君圖曾多次寫信給其次子、當時任國民黨中央賑濟委員會專員及中共地下黨黨員的馬鶴年及其他的兒女們，要他們堅決抗戰到底，一定要把日本侵略者趕出中國去。由於長期思念戰友、思念同胞、思念被殘害致死的母親、妻子和抗日前線的戰友，馬君圖經常徹夜不眠。1945 年 7 月 2 日，日軍退出山西之前，對馬君圖注射了毒劑，馬君圖為國捐軀。1946 年 7 月 31 日出版的《清真鐸報》報導馬君圖為國捐軀消息指出：「抗戰軍興，氏率領崇實中學員生千人，編為回民義勇隊，堅守太行山隘，

〔註61〕《馬駿氏受敵包圍脫險》，《中國回教協會會報》第 5 卷第 1 期。
〔註62〕馬松年、馬鶴年、馬熙年：《馬君圖先生行狀》《中國回教協會會報》，1946 年，第 7 卷第 2 期。
〔註63〕馬松年、馬鶴年、馬熙年：《馬君圖先生行狀》《中國回教協會會報》，1946 年，第 7 卷第 2 期。

策動民眾協助民軍，並組織晉省回協分會從事救亡工作，艱險備嘗，勳勞特多。敵偽以氏夙孚民望，威脅利誘，終不獲逞，因而銜恨益深，旋派大兵遍山搜捉。氏輒率隊力與周旋，互六七年。……敵寇掃蕩太行，氏以寡不敵眾，猝被俘虜，百般勸誘毅然不屈，寇乃怒而置鴆，氏遂從容就義。總會以氏衛土忠國，力持正義，晚節凜然，允克發揚穆聖大無畏之精神，除籲請中央優予褒邺以彰忠貞外，茲擬印行紀念專刊藉期崇功報德，俾發德之幽光」〔註64〕。

馬君圖在抗戰勝利之前被日軍毒害，馬君圖一門忠烈、堅貞不屈的愛國抗戰精神得到社會各界的高度評價，經中國回教協會向國民政府請示，在馬君圖犧牲一週年之際，對馬君圖通令嘉獎，1946 年 12 月出版的《中國回教協會會報》7 卷 2 期為「紀念馬君圖先生專號」，發表數篇馬君圖先生紀念文章，其中包括馬松亭、尹廣源《馬君圖先生與回教》、張兆理《哭吾師馬公君圖》、王孟揚《挽馬君圖先生》，還有社會各界，包括白崇禧、孔祥熙、閻錫山、胡宗南、陳立夫的挽唁及國民政府及行政院對馬君圖的嘉獎令。1945 年 10 月 15 日，國民黨政府行政院也發文稱：

> 前山西省府委員馬駿，獻身黨國三十餘年，服務晉省卓著政績，抗戰軍興後因侍母蟄居故里，敵偽威脅利誘，堅貞不屈，卒因積憤抱疾以終，應予特令褒揚，以彰忠義。此令，院長 宋子文。

1946 年 10 月 19 日「國民政府令」指出：

> 前國民參政會參政員馬駿，秉性剛烈，守正不阿，早歲留學英倫，加入同盟會，努力革命，返國後膺選國會議員，歷任晉省軍政要職，從言任事，俱著賢聲。抗戰軍興，號召地方青年，協助抗敵，屢奏膚功，及被執不屈，並母妻相繼以殉，一門忠烈，洵堪矜式，應予明令褒揚，並將生平事蹟，存備宣付國史，以彰忠義，此令。

中國回教協會也給馬君圖次子馬鶴年發去唁電：「馬理事鶴年禮鑒：訃悉令尊君翁歸真，至深哀悼，尚祈節哀，特電致囑」。馬君圖去世以後，得到回漢各界人士的高度評價，紛紛送來輓聯，悼念這位堅貞不屈的愛國抗日誌士。

艾宜栽、艾沛雨敬挽馬君圖先生：

> 惟我君老，剛毅忠貞，立人立己，取精用宏，提倡實業，楷模後生。保疆抗敵，擊楫雞鳴，國家砥柱，民族豪英，慷慨赴義，共

〔註64〕《回民重大損失，馬君圖先生抗敵殉國，回協總會發起印行紀念專刊》，《清真鐸報》新 27 期，1946 年 9 月 16 日出版。

仰高行，歸真反璞，香遠益清，週年紀念，遙見牆羹。

王孟揚挽馬君圖：

　　　　噩耗忽傳殞巨星，涇河雪夜夢魂驚；共悲風木增新淚，同感滄桑憶舊情；三晉早霑雨露惠，九洲齊怵雷霆聲；成仁取義千秋業，青史長留萬古名。

唐柯三挽言：

　　　　少負奇氣，壯有盛名，是吾教一代偉人，捍國衛邦，三晉河山皆生色；文可安邦，武能殺敵，與倭奴七年苦戰，殉身就義，千秋忠義永垂型。

傅作義挽言：

　　　　報國具丹心，威武難屈壯志；英明垂青簡，古今同仰忠魂。

白崇禧挽言：

　　　　剛正不屈，長存浩氣，永式儀型，以身殉國，良深敬悼。

閻錫山挽言：

　　　　誓志守土，被俘不屈，為國犧牲，大義凜然。〔註65〕

　　馬君圖早年留學國外，之後勵志教育救國，捐出全部家資於 1920 年創辦回民崇實小學，之後又創辦中學、職業學校、高中部，成績卓著，辦學規模不斷擴大，教學設施日趨完善之際，日本發動侵華戰爭，學校被日軍燒毀，26 年的心血付之東流。在國家危難之際，馬君圖組織抗日義勇隊，帶領學生一邊上課，一邊在太行山與日偽軍長期進行游擊作戰。日軍四次佔領晉城，馬君圖攜家人東奔西走，最終被打散，母親和妻子被俘，寧死不屈。馬君圖被俘以後堅貞不屈，不為敵人利誘所動，在抗戰即將勝利之際為國捐軀。

第四節　成達師範：近代新式回民教育的楷模

　　民國時期回族知識分子與宗教界人士達成共識，即在大力發展新式回民教育的同時，傳統經堂教育不能廢止，還有保留的必要。民國建立以後，創辦的新式回民學校較多，本節以成達師範學校為例，通過成達師範學校的教育目標、課程設置、教學方式的改革、圖書館的建立看近代回族新式教育的發展歷程。

〔註65〕《挽言摘要》《中國回教協會會報》1946 年，第 7 卷第 2 期。

一、成達師範學校的創建

　　成達師範學校於 1925 年 4 月由唐柯三等人在山東濟南創建，1929 年在馬福祥的資助下遷至北平。成達師範提倡「三長」教育制度，即主要以為回民社會培養教長、校長、會長為一體的教育目標，以「發展伊斯蘭文化，造就健全師資，提高穆民知識，培養興教建國的基幹人才」為宗旨，「他的唯一目的是要使每個中國人，都知道伊斯蘭教的內容，並且打破舊日穆民念經不讀書的舊習慣，更要使每個穆民都要認識中國文化是什麼」。「因為過去二三百年以來，我國回漢間衝突殘殺的事，到處可以聽到，尤其在西北各省。大家都說，這是滿清政府的陰謀，他挑撥離間的使兩個民族互相殘殺，永遠不會合作，以達到他容易統治的目的。但是我們要知道，根本的原因還是因為生活習慣的不同，弄的彼此不瞭解。同時回民不念漢書，而漢人不明白伊斯蘭教的內容是什麼，所以雙方無形中有個不能合作鴻溝，往往為了一點小事，就發生天大的風波，這是多麼不幸的事。」〔註66〕

　　我們在瞭解成達師範學校辦學宗旨同時，再看看他的學制與課程設置。成達師範設有小學部、師範部與研究部，其中師範部修業四二制或三三制，分前後兩期，前期定位三年或四年，其目的在於培養具有宗教知識的小學教師。後期兩年側重於阿拉伯文、經學知識的學習，其目的在於為小學培養合格教師或清真寺開學阿訇；研究部學制三年，以招收青年教長或具有一定中文與阿拉伯文基礎的「滿拉」為主，相當於教長培訓部，除學習宗教知識外，並設有自然、教育、社會等領域課程，目的在為經堂教育向近代教育的過渡培養專門人才。師範部課程設置均按照國民黨教育部頒布師範學校課程之規定。但作為一所民族學校的實際情況，在課程設置方面既有與國立師範相一致的地方，又有作為一所回族學校的特點。普通學科有：國文、數學、歷史、地理、理科；宗教學科：古蘭經、聖訓學、認主學、教義學、阿拉伯文、伊斯蘭教史、穆聖史等；社會學科：黨義、公民學、社會學、法律學、經濟學、地方自治學；教育學科：教育學、教育史、心理學、教法學、管理學、倫理學。同時制定較為詳細的課程教學標準，如設置課程及教學要達到的目標，時間安排等，教師必須編寫教學大綱、教學實施方案等，其課程設置及教學方法與現代師範學校基本接軌。

〔註66〕馬宣道：《十六年來北平成達師範學校》，《突崛》1942 年，第 8 卷第 5〜6 期。

成達師範學校校徽

　　成達師範為「增進學生學業」，開闊視野，自 1936 年第一學期起，邀請一批漢族著名文化學者、社會賢達到校做學術報告，達到相互交流目的。這一舉動，在回族教育史上具有里程碑式意義，標誌著回族教育從封閉式經堂教育向開放的現代教育轉折。據記載先後在成達師範做過學術報告的漢族學者及演講主題如下：

1. 顧頡剛：「發揚回教文化和精神」
2. 徐炳昶：「宗教與科學」
3. 韓儒林：「福德圖書館之於回教文化及中國文化」
4. 陶希聖：「中國儒釋道三教關係變遷的概略」
5. 姚從吾：「從歷史上看回教文明對中西文化的關係」
6. 梅貽寶：「西北四省概況與回漢問題」
7. 馮友蘭：「青年的修養」
8. 張星烺：「中國歷史上兩位回教名人的事蹟」

　　1938 年 12 月 14 日著名教育家陶行知先生在遷至桂林的成達師範學校發表《民族團結與全民抗戰》演講，並講述了自己從歐美回國途徑埃及，在埃及住了三天，與留埃回族學生交往的經過：

　　　　主席，諸位同學，今天借這個機會和大家見面，很是高興。我

從歐美回來，經過埃及，住了三天，見到我們留埃的同學，在開羅
共有三十位中國回族同學，他們都努力抗戰的宣傳。最使我感動的，
就是在金字塔前，尼羅河畔，偉大的沙漠中聽到中國抗戰的歌曲，
我非常的驚訝。

陶行知對中國回族留埃學生團在國民外交方面所取得的成績大加讚賞，
同時從經濟、軍事方面分析了中國抗戰必勝的有利條件，認為「最後勝利的
保證，就是國內各民族的團結」〔註67〕。

二、「東方回教第一圖書館」──福德圖書館

成達師範在與阿拉伯國家特別與埃及開展國際交流方面起到示範引領作
用。1932 年成達師範學校校長馬松亭阿訇護送第一批留埃學生團到達埃及開
羅，即展開國民外交活動，曾晉謁埃及國王福德一世，拜訪該國文化界名流
及宗教部門，並轉赴中東各穆斯林國家考察教育及教務實施情況，受到各國
各界人士的歡迎，收穫頗豐。埃及國王福德一世應馬松亭之請，派遣賽義德‧
穆罕默德‧達理及穆罕默德‧易卜拉欣‧福力非樂二位博士來華，常駐成達
師範學校任教，並為成達師範贈送圖書 441 部。1936 年 10 月馬松亭第二次赴
埃訪問，在埃及停留 40 餘日，晉謁埃及新王法魯克一世、國務總理、攝政委
員會，遍訪埃及文化界名流。埃及國王法魯克一世同意繼續接受中國回族留
學生 20 名，「一切費用概由新王法魯克一世私人負責供給」。第一次訪埃歸國
以後，馬松亭就產生在成達師範建一座圖書館的想法，並於 1934 年向社會各
界發起捐款啟事，但收效甚微，「兩年以來，收款不過二千八百餘元，殊難興
工」，其中包括成達校董余立之老人首捐一千元。1936 年 4 月福德一世逝世，
「成師因念故王對中國回教之關切」，於是在福德一世紀念日，開工修建樓房
22 間，至 8 月竣工。恰在此時顧頡剛、徐炳昶二位先生在白壽彝引薦下來成
達師範參觀，顧、徐二位學者對發展回教文化教育極表支持，並認為建設一
座較大規模的回教圖書館的確是當務之急，於是在二位漢族文化學者的建議
下組建福德圖書館籌備委員會，由二位先生邀請全國學術界名宿為籌備委
員，於 1936 年 9 月 22 日在新建館址正式開會成立，推請蔡元培、陳垣、翁
文灝、朱家驊、李書華、李麟玉、白鵬飛、黎錦熙、梅貽寶、馮友蘭、姚從

〔註67〕馬永孚、彭林蓂記：《民族團結與全面抗戰──陶行知先生在成師講》，《月華》
1938 年，第 10 卷第 25、26、27 期合刊。

吾、張星烺、陶希聖、徐炳昶、顧頡剛、馬鄰翼、唐柯三、馬松亭（壽齡）、劉尊五、趙玉相、孫曜、白壽彝、陳樹人、常子萱、艾宜栽、趙振武、王夢揚 27 位回、漢學術界人士擔任籌備委員會委員，其中漢族學者占大半，並推顧頡剛、唐柯三、白壽彝三人為常務委員。計到會委員 16 人（見下圖），會議由徐炳昶主持，王夢揚記錄，徐炳昶首先發言，他說：

> 兄弟對於成達師範學校的認識，是最近顧先生的介紹，以前曾同李院長來參觀，認為辦理得很好。其後顧先生及白壽彝先生又介紹馬松亭阿衡，經馬阿衡把創立的經過情形詳為告知，始知道唐校長、馬阿衡慘談經營，曾受過種種的痛苦。教外人固然漠不關心，而教內人也不徹底認識，直到現在才有相當的基礎。前幾年馬阿衡和趙振武先生往遊埃及，以謀溝通中阿文化，復興回教，並派送學生五名到愛資哈爾大學肄業，並蒙埃王派遣二位博士來華教授，已經三年之久了。現在馬阿衡二次遊埃，想要把留學生帶回本國，以充教授，並探訪埃及教育先進的哲學家、歷史家來華講學，使回教學術復興，確是很重要的事情。我們對於唐校長、馬阿衡的熱心欽佩得很，知道前途一定是光明的，而且在現在極端困難之下，又建築起宏敞的圖書館，不過內容還極簡單，希望各位先生幫忙，把它成立起來。
>
> 回教文化對我國學術方面有極大的關係，歷史記述回教人對於文化貢獻的地方很多，一般人多不知道，將來對回教文化能努力發揮，其所貢獻必更偉大，很希望大家幫忙，我個人願意追隨大家之後來辦理，所以簡單地說幾句。〔註68〕

福德圖書館籌委會的成立，的確是近代回族文化運動史上最有價值而值得書寫的一件大事，也是回漢文化界著名學者聯手推動回族文化發展的典型事例，這批漢族名流均係中國文化界的權威，在文化上有卓著的建樹，他們的加入對溝通回漢民族關係，推動回族文化發展將起到重要作用，1937 年顧頡剛先生在他主辦的《禹貢半月刊》開設「回教專號」，並發表回、漢學者研究成果，如韓儒林教授《近五十年西人之回教研究》，特別是顧頡剛先生發表的《回教的文化運動》《回漢問題和目前應有的工作》兩篇文章在當時回、漢文化界引起很大反響。

〔註68〕《成立福德圖書館籌備委員會》，《成師校刊》1936 年第 3 卷第 29 期。

部分福德圖書館籌備委員會委員合影（李書華、徐炳昶、顧頡剛、姚從吾、陶希聖、馮友蘭、張星烺、唐柯三、馬松亭、艾宜栽、常子萱、白壽彝、趙璞華（玉相）、陳樹人、趙振武、王夢揚（馬保全提供照片）

　　國民黨權威理論家、著名歷史學家陶希聖曾就成達師範及福德圖書館的創辦及其意義給予較高評價，並向海內呼籲，為圖書館捐贈圖書。他說：

　　　　回漢兩族的文化溝通，是從來沒有人努力，也沒有多少成績的事情，不料在國人無知無聞之中，以最苦最勞不斷的奮鬥，創立回民最高教育中心的成達師範學校。由於顧頡剛先生的介紹，我兩度訪問，一度演說。校址本是明朝敕建的清真寺。

　　　　成達現正在力求圖書的充實。我們敬向海內呼籲，捐贈圖書。成達新建好的圖書館，正在等候國人的扶植。現存不多的圖書裏，最可貴的有明代寫本《古蘭經》。豈至最近馬阿訇（松亭）從埃及帶回回文字模，能印阿拉伯文字書籍為止，從來經卷是阿訇們手寫的。最可令人驚服的是埃及國王贈送的書籍。〔註69〕

────────────

〔註69〕陶希聖：《成達師範學校及其圖書館》，《北晨畫報》10 卷第 2 期，1936 年 10 月 3 日出版。

　　經福德圖書館常委會研究，回漢學者決定聯名向社會發布徵書啟事，爭取社會各界的支持，分別向國內國外徵集漢文、阿拉伯文書籍，現將這份特定歷史時期的徵書啟事發布如下：

　　　　成達師範學校是許多回教同志辦的學校，它的重要使命固在培植宗教上領導人材，但它在這種人材的培植上，除了宗教的修養外，同時並注重回教在中國之史的研究、國族意識之養成和科學知識之灌輸。成達師範學校底整個底目的，就是企圖把二三百年來的沉默的局面作實際上的打開。一個學校的力量當然有限，但成達師範學校對於這種確切是具有極大的熱忱，並且可以說是國內開始這種工作的第一個團體。

　　　　成達師範學校於民國十四年在濟南設立，中經五三之變，由濟南遷來北平，在沒有固定的經費，沒有相當充分的設備，同時並在一大部分人所漠視或嘲笑之環境中，校務時時在艱苦掙扎中繼續發展。短短的是一年內，學生由十餘人增至二百餘人，教職員由六人增至 20 餘人；學生畢業者，或派赴埃及繼續深造，或派至西北各省作邊疆回民教育的工作。這和一般學校之發展情形來比，原沒有什麼可以驚人的成份在內。但之特別是如這個學校之特別的目的及特別的環境來說，這不能不說是中國回教的一線曙光，同時也不能不說是在中國的學術研究和國家民族的命運之開拓上，具有一種不可忽視的意義。為了這一線曙光和這一種意義，全中國的回教徒，都應該來輔助這個學校，全中國的非回教徒，也都應該來輔助這個學校，讓它繼續的發展，充實的發展，迅速的發展。……因就該校的使命來說，無疑是要做成東方回教最高的學府，在這回教文化已為一般學者認為有興趣的問題而加以探討的期間，該校不但要滿足本校的學生的求知欲，就是對於校外的回教及非回教的學者，都有供給他們研究資料的義務。因此籌設大規模的圖書館，東方回教唯一圖書館，就成了他們重要工作之一。三年前，埃及前王福德一世答應該校的請求曾贈與一批重要而有價值的回教典籍，初步的圖書館才成立起來；為了紀念埃王的功德，便喚做福德圖書館。此後經國內各方的援助，才建築起了一個初具規模的館舍。但埃王的贈書，僅限於阿拉伯文一方面，數目也不很多，而中國新舊書籍及東西洋

書籍更嫌缺少。該校本年又派員赴埃及徵求各種回教書籍，或能增加一些館藏的數量。我們謹代表成達師範學校向各界人士、公私機關，介紹該校的立場及述明其重要性，希望各界惠予捐助各種書籍或購書專款。我們希望在短時期內，因各界的幫助，能把這個圖書館充分地充實起來，同時並希望由此進向大規模的回教圖書館之建設。這是為中國回民教育——邊政教育增加力量，也就是為中國學術開創一條新路，為中華民族製造活氣。我們謹以十分的熱忱，渴望各界的厚賜。

北平成達師範學校福德圖書館籌備委員會委員李麟玉、李書華、翁文灝、蔡元培、朱家驊、陳垣、白鵬飛、陶希聖、姚從吾、梅貽寶、黎錦熙、馮友蘭、張星烺、徐炳昶、趙玉相、馬松亭（壽齡）、馬鄰翼、顧頡剛、唐柯三、劉尊五、孫曜、趙振武、常松椿（子萱）、白壽彝、陳樹人、艾宜栽、王夢揚謹啟。〔註70〕

這份徵書啟事是 1936 年 12 月初在中、埃兩國用中文、阿拉伯文同時發布，從行文語氣及使用「他們」一詞來看，應該出自漢族學者之手。這份啟事分布以後，經過三個多月的努力，收效甚大。

位於北京東四清真寺內福德圖書館正門

〔註70〕《北平成達師範學校福德圖書館徵書啟》，《月華》1936 年第 8 卷第 29 期。

　　埃及方面，國王法魯克一世因為福德圖書館為紀念其先父所設立，特捐埃金三百鎊，列出書目，指派愛資哈爾大學專人負責購買，愛資哈爾大學校長也捐助埃金百鎊圖書，國務總理以個人名義捐贈《古蘭經》500 部，並通令所屬機關將所有出版物一律贈送全份，埃及攝政委員會、埃及大學、世界回教大會、各報刊雜誌社、出版社或捐贈圖書，或代為徵集。

　　國內方面分捐款與捐書兩種，國民政府政要及社會各界，包括蔣介石、朱家驊、何應欽等積極響應，共收到捐款貨幣 7400 元。圖書方面，收到國立北平研究院、禹貢學會、燕京大學、蒙藏委員會、東方書社及個人捐書 1240 種 3157 冊。

　　成達師範學校的創辦是順應了時代發展潮流，成為改革傳統經堂教育、發展新式回族教育的成功典範，引起社會各界的普遍關注。1932 年 7 月 15 日成達師範舉行第一屆畢業生典禮，雖然畢業學生只有 17 人，但受到社會各界的廣泛關注，許多來賓發表熱情洋溢的講話，對畢業生寄予厚望，學校收到各地回族社團及個人捐款 800 餘元，贈送給畢業生的紀念品、賀詞、賀信數百幅〔註71〕，《月華》雜誌專門開闢專刊，對成達師範第一屆畢業典禮盛況及各界祝詞、講話進行報導。

　　近代以來中國高校引進西方教學理念，將畢業生撰寫學位論文，成為檢驗學生學習成效的一個重要方法。1932 年成達師範第一屆有 17 位學生畢業，從他們的畢業論文來看，大多數選擇對中世紀穆斯林學者關於教法、教義、倫理方面的著作進行翻譯，最多有 30 萬字，最少也有 2 萬字，其中有三人選擇翻譯安薩里著作，有一人製作「伊斯蘭古代王朝及伊斯蘭近代形勢一覽圖」，有三人選擇穆斯林信仰、伊斯蘭教教育問題進行討論。我們對這些學生畢業論文原件無法找到，也對其完成質量無從評說，但就其培養方式及細節方面還是規範的，基本與現代教育對接。

　　民國時期回族知識分子與宗教界人士達成共識，即在大力發展新式回民教育的同時，傳統經堂教育不能廢止，還有保留的必要。在發展新式回族教育實踐中，一批留學或出國考察的回族知識階層發揮了重要作用，如馬鄰翼、王寬等，他們是新式回族教育的積極倡導者與最早實踐者；部分漢族知識階層對近代回族教育給予大力支持，如蔡元培、陳垣、翁文灝、朱家驊、李書華、李麟玉、白鵬飛、黎錦熙、梅貽寶、馮友蘭、姚從吾、張星烺、陶希聖、

〔註71〕《成達師範第一班畢業專號》，《月華》1932 年第 4 卷第 19～21 期合刊。

徐炳昶、顧頡剛等，他們或到成達師範給學生授課，或發起組建福德圖書館
籌備委員，或撰寫文章，呼籲社會各界關注回族文化教育，對改善自清以來
回、漢關係起了重要作用。

回族中等學校一覽表（1946 年 12 月）〔註 72〕

校名	校長	校址	備註
國立成達師範	薛文波	北平西郊萬壽路	
國立隴東師範	馬汝鄰	甘肅平涼	
國立西北師範	吳正桂	甘肅臨夏	
北平西北中學	金鼎銘	北平廣安門大街	
蘭州西北中學	拜偉	蘭州小西湖	
成都西北中學	韓貽民	成都	
明德中學	沙儒誠	昆明正義路	
崑崙中學	馬步芳兼	青海西寧	
健生中學	丁珍亭	西康西昌	
成達中學	哈富貴	安徽阜陽	
偕進中學	馬鼎	湖南邵陽	
雲亭中學	李恩華	甘肅臨夏韓家集	
魁峰中學	馬全欽、馬介欽創辦	甘肅臨夏大河家	
養正中學	陳冉坪	河南開封	
青雲中學	馬步青創辦	甘肅武威	
立達中學	王農村、馬全仁代	安徽鳳臺縣太平集	
伊斯蘭工業學校	何平等主持	北平	
陝西省立第一中學分校	馮耀軒	西安	
伊斯蘭中學	沙儒誠	雲南元謀張二村	
崇實中學	秦國桐	山西晉城	
新民中學	馬恒武	甘肅清水張家川	正在籌備中
伊斯蘭中正學校	回族人士創辦	新疆迪化	正在籌備中
樹人中學	馬次卿	安徽阜陽中村集	正在籌備中

〔註 72〕《中國回教協會會報》第 7 卷第 3、4 期合刊，1947 年 2 月。

第五章　近代回族留學與翻譯活動

　　辛亥革命前後，哈德成、王靜齋、馬宏道、王寬、馬鄰翼等知名阿訇、學者曾到埃及、土耳其、日本等國求學、遊覽、訪學，他們深受這些國家改良思想的影響，回國後大力發展回族教育，提出改良回族社會，成為近代中國回族經堂教育的改革者和實踐者，為近代回族文化運動及回族教育事業發展做出了重要貢獻。但這些人的留學或訪學活動都是個人行為，而有計劃、大規模的回族留學活動是始於向埃及愛資哈爾大學派遣的 33 名留學生。這批回族留學人員學成歸國以後，畢生致力於伊斯蘭教經典、典籍、學術成果的翻譯與引進工作，為中阿文化交流做出了重大貢獻。可以說近代回族文化運動推動了回族教育改革，回族留學活動成就了近代回族穆斯林翻譯運動。

第一節　日本回族留學生與「留東清真教育會」

　　我國回族正式有組織地派遣留學生到海外求學始於清末，大致在 1905年清政府實施新政、廢除科舉以後。1907 年來自全國 14 省留學於日本不同學校的 36 位回族青年，在欽差駐日大臣、回族外交官楊樞的支持和資助下，於 1907 年 11 月在日本江戶開會，成立留東請真教育會。據《留東清真教育會紀事》記載「吾教人，留學於日京者，先後接踵，而同時往往覿面不相識。丙午（1906）秋，始得十一人，會於上野之精養軒。丁末（1907）六月，乃發起斯會。經前欽差駐日大臣楊星垣（楊樞，字星垣）先生助金以資會費……。十一月，開第一次全體大會於江戶川亭，以定會長若干條，以提倡

教育普及、宗教改良兩事為本旨。」〔註1〕1908 年春召開第二次全體會員大會，會長保廷良提議編輯雜誌，「輸入內地，以規同教」。雜誌初定名為《勸告清真同胞書》，後又改為《醒回篇》，刊登稿件 20 餘篇，有留東清真教育會會員所撰文稿 10 篇，內地來搞 5 篇，其中有蔡大愚所作《留東清真教育會序》、童琮談回教團體兩篇文章。留東清真教育會宗旨及所創辦的《醒回篇》體現了近代回族知識階層的愛國思想與救國主張，也反映了他們探索民族振興的一些思考。

第二節　民國初期回族社會賢達出國考察活動

「早年我國有許多學生到印度去求學，至於中國人到印度去求學，而有史可考的，即首推馬復初巴巴，後來有王浩然、馬德寶、哈德成、周子賓、趙映祥、興安馬、王靜齋、馬宏道等」〔註2〕。民國初期，隨著東西交通的日益便利，我國回族等穆斯林前往阿拉伯等地考察、朝覲人數增多，大多數人是為了完成自己的朝覲功課而出國，對本民族社會、文化發展思考很少。但也有一些人為了溝通中阿文化交流而出國考察學習的，如哈德成、王靜齋、馬松亭、達浦生及留埃學生團。哈德成阿訇於 1920 年因經商機會而出國，考察阿拉伯國家文化，歸國後在上海創辦中國回教學會，其後與達浦生阿訇合作，創設上海伊斯蘭師範學校。據達浦生回憶「自外洋歸來，寄居上海浙江路回教堂，朝夕與該堂教長哈德成阿訇共談，中國伊斯蘭教務日頹，文化衰落，回教人民趨勢日形於下，益思有以挽救，蓋挽救之方捨教育則無以啟發愚蒙。正籌商之際，馬公雲亭（即馬福祥）移節南來，鳳軒（達浦生名，字鳳軒）在甘辦學多年，與之有舊，遂至其館，即將夙抱興學救教之旨，縷縷直陳。馬公聽之頗以為然。即提筆慨助五原縣水田三千畝，並許辦好再增。鳳軒得此學田作教育基金，喜出望外，飛奔回寓始告德成……，此即為學校籌辦之開始」〔註3〕。上海伊斯蘭師範學校很快創辦起來，哈德成阿訇不但精於阿拉伯文，英文造詣也很深。達浦生任校長，哈德成、買俊三、金煦生擔任主講教師。

〔註1〕留東清真教育會編：《醒回篇》，王希隆點校，蘭州大學出版社，1987 年。
〔註2〕龐士謙：《回民教育與留埃學生》，《回協》1947 年創刊號。
〔註3〕達浦生：《上海私立伊斯蘭師範學校學校述要》，轉引自李建彪《達浦生評傳》72 頁，作家出版社，2017 年。

　　王靜齋阿訇 1922～1923 年期間與馬宏道一起出國學習考察，與哈德成出國時間相差不遠，他們倆曾在埃及開羅相晤。王靜齋在出國的兩年裏，到過南洋、印度、阿拉伯、土耳其、埃及。他每到一個地方，必先與當地學者交流，討論學術上的問題，與政府官員相晤，交換意見。在土耳其考察期間，正值凱末爾領導的現代化土耳其民族國家剛剛建立，王靜齋先後到舊都君士但丁堡與新都安卡拉考察。到過埃及開羅與亞歷山大城，與埃及宗教領袖就伊斯蘭教義等問題進行討論或交換意見。他還在埃及搜集阿拉伯文、波斯文教義書籍七八百種，於 1923 年底回國，1927 年在天津創辦《伊光》報，同時進行伊斯蘭經典翻譯工作，有譯著《古蘭經詳解》《偉嘎業》問世，他還計劃將《古蘭經》翻譯為甲、乙、丙、丁四種版本，即文言文、白話文、經堂語、文言文兼白話文。1939 年甲種本《古蘭經譯解》出版，還編著工具書《中亞字典》，稍後修改重版時改為《中阿新字典》。

　　王曾善 1923 年畢業於燕京大學，1925 年自費赴土耳其留學，期間曾為到土耳其訪問的國民黨政府行政院院長孫科等要員做翻譯，1930 年畢業於伊斯坦布爾大學，精通阿拉伯文、英文、土耳其文。據王曾善回憶：「餘生於臨清，學於北平，初入北平公立第一中學，後轉入北平匯文中學畢業後，考入北平燕京大學，民國十四年畢業。當時目睹我國國勢凌夷，外侮日寇，怒焉心憂，對於土耳其之戰爭勝利，睥睨列幫，一躍而轉弱為強，心竊佩而慕之，乃隻身自前往土耳其國留學，思有所學，而資借鏡，至土後考入土國國立伊斯坦布爾大學讀書，習文學歷史，凡五年，為我國留學土耳其並畢業於其國立大學之第一人。回憶留土求學時，為餘生活過程中最感快樂之時期」〔註 4〕。1933 年開始任南京立法院立法委員，並連任四、五屆委員。隨後又遊歷希臘、意大利、法國、埃及、沙特阿拉伯等國，並完成了朝覲功課，1938 年率中國近東回教訪問團赴近東一些國家宣傳中國人民抗日戰爭。1938 年在武漢與唐柯三等人發起改組中國回民救國協會，當選為常務理事。1949 年經新疆赴巴基斯坦，1955 年赴土耳其伊斯坦布爾大學任教，1961 年在土耳其去世，終年 59 歲，著有《長安回城巡禮》、《至聖穆罕默德傳》《中國回教近東訪問團日記》，在《月華》等期刊發表文章數十篇。

　　馬宏道（1899～1968），北京牛街回族。1921 年在北京創辦《清真週刊》，1922 年 3 月，隨王靜齋赴印度、埃及等國考察學習。曾在愛資哈爾大學有過

〔註 4〕（臺灣）軍事委員會委員長侍從室人事登記卷。

短暫訪學，在伊斯坦布爾師範學院、伊斯坦布爾大學哲學系攻讀伊斯蘭哲學，1933 年卒業獲文學學士學位。同年秋回國，向當時國民政府建議與土耳其建交。1935 年中、土建交後任中國駐土耳其使館秘書，1940 年回國以後到西北各地考察，並宣傳抗日救國，1948 年在西北大學邊政系任教。新中國成立後在甘肅省文聯工作一段時間，60 年代初奉調回北京，在中國伊斯蘭教協會工作。

第三節　留埃及學生團選派經過

20 世紀 30 年代起，伴隨著近代回族文化運動的深入持續發展，創建了一批新式回民學校，比較有代表性的如 1925 年創辦的成達師範、1929 年上海伊斯蘭師範、1928 年西北中學、1929 年中國回教俱進會滇支部設立的明德中學等，培養了一批具有現代科學知識的回族人才，為近現代回族留學活動儲備了一定人才資源。

在選派回族學生出國留學方面，雲南走在前面。據姚繼德教授研究，上世紀 30 年代中國留埃回族學生的派遣聯絡工作，是由雲南回教俱進會率先單獨進行完成的〔註5〕。1930 年 8 月，雲南回教俱進會暨明德中學正式致函埃及愛資哈爾大學，請求接受回族優秀學生到愛大留學。同年 12 月 25 日接到愛資哈爾大學校長回信，正式表明愛大同意接受雲南回族學生前往深造。之後雲南回教俱進會立即責成明德中學擬定考試辦法及選派資助規章。1931 年 10 月由雲南回教俱進會與明德中學舉行選拔考試，選取納忠一人，由俱進會提供旅費，同時批准林仲明、張有成為自費留學。當時雲南沙甸回族青年馬堅已經從雲南振學社亞文專修學校畢業，在上海伊斯蘭師範學校就讀，當他得知雲南俱進會選派學生前往埃及留學的消息以後，向上海伊斯蘭師範學校提出申請，「該校校董馬晉卿十分器重馬堅的才華，同意由他資助馬堅赴埃及經費，但在上海申辦護照及簽證半年未果，馬堅匆匆自滬返滇，在雲南與納忠、張有成、林仲明、沙國珍（儒誠）老師 5 人一道，由雲南回教俱進會暨明德中學在昆明辦理了所有赴埃申請手續。」〔註6〕在明德中學校長楊士敏呈雲南教育廳發給護照許可證函中稱：

〔註 5〕姚繼德：《中國留埃回族學生派遣始末》，《回族研究》1999 年第 1 期。
〔註 6〕姚繼德：《中國留埃回族學生派遣始末》，《回族研究》1999 年第 1 期。

　　呈為考送留埃學生，懇祈發給留學護照許可證事。竊維提倡教育，端在培養人材，而欲優秀人才輩出，則莫重於留學。誠以遠處國外就學異邦，得受名師碩儒薰陶，多見多聞，益之以勤勞，假之以時日，其進功當不能以道里計，將來卒業歸國，服務社會始有所貢獻。職校有鑒及此，乃決定考送學生前赴埃及留學，就著各大學探討上乘學理，以宏造詣。即於本月舉行試驗，錄取馬堅、張有成、林仲明、納忠等四名。該生等均係在前雲南俱進會立高等亞文專修學校畢業，中亞文各項學科成績俱佳，而居常孜孜好學，奮勵有為，尤屬難得可貴，似此高材再加深造，前程不可限量。茲因該生等旅費行裝皆預備妥帖，惟領取出國留學護照一節，謹查新章應懇請鈞廳發給許可證，以便領取而利遄行。外有職校修學指導主任兼英文教員沙國珍，由校聘為指導員，並請發給許可證，俾途間有人護送指導一切。〔註7〕

　　在回族政界、知識界、商界、宗教界熱心教育人士的共同關注及雲南回教俱進會的推動下，確定向埃及愛資哈爾大學派出第一批回族留學生名額。沙國珍自告奮勇，願意自費護送留學生到埃及，其精神受到當時雲南各界回族人士的普遍讚揚。雲南回教俱進會為表彰沙國珍熱心教育，不辭勞苦，願意自費護送留學生之舉，特頒發給沙國珍金盾獎章一枚。據記載「吾國公費派遣留學學員計二名，一、上海伊斯蘭經學研究社學員馬堅（子實）君；二、雲南私立明德中學學員納忠（子嘉）君等。及自費學員有張有純（成）、林仲明二人，隨同修學指導主任沙儒誠先生，一行五人，已於（1931年）十一月初旬啟程赴埃。沙儒誠君，畢業於香港大學，現任雲南省中等以上學校職教員及市府教育局會計主任各職，此次自籌資斧，親送留埃學生赴開羅。」〔註8〕

　　沙國珍，字儒誠，雲南昆明人，1916年畢業於香港聖保羅大學，回滇後曾在滇西工作，後來回到昆明，在勝利高中及私立明德中學任職，同時兼職雲南回教俱進會工作。沙國珍自籌經費，將第一批留埃學生送到開羅以後，便預備回國，但愛資哈爾大學校長及幾位同學勸他研習宗教。沙國珍在 1932

〔註7〕慕青：《考送留埃學生之經過》，《鐸報》（留埃學生專號）第27、28合刊，1932年2月。

〔註8〕《雲南：中國留埃及學員已出發》，《月華》1931年第3卷第32期。

年完成朝覲功課之後，在開羅的一所美國大學就讀，並獲得教育學碩士學位。因此第一屆留埃學生團實有人數五人。1933 年 5 月愛大成立中國留學生部，聘請沙國珍為部長。

1932 年 6 月，成達師範學校向埃及愛資哈爾大學請求派遣第二批中國留埃學生，很快得到批准，計劃從第一屆成達師範畢業生中選派 4 名前往該校留學深造。1932 年馬松亭阿訇率領馬金鵬、王世明、張秉鐸、韓宏魁、金殿貴五位同學到愛大，成為第二屆中國留埃學生團。

1933 年初，雲南明德中學致函中國留埃學生部沙國珍，轉請愛資哈爾大學，准許明德中學繼續派遣留學生。經沙國珍多方請求，至 6 月得到回應，准許其請，明德中學即刻從第三班畢業生中挑選成績優良者包括納訓等五位學生。因赴埃所需費用較大，由俱進會與學生家庭共同籌措，其中因兩位學生費用尚未籌足，最後納訓、馬俊武、林興華三人成行，1934 年 1 月 8 日啟程，4 月抵達埃及開羅，是為第三屆留埃學生團。

1934 年 5 月上海伊斯蘭師範學校選送的金子常、馬有連、定中明、胡恩均、林興智等五位抵達埃及，組成第四屆學生團。

1935 年 2 月 9 日在印度來克勞大學的海維諒也到開羅加入留埃學生團，成為留埃學生部第五屆成員。海維諒在印度求學超過 10 年，精通印度文、英文、阿拉伯文、波斯文，至此在愛大學習的中國學生有 19 人。

中國穆斯林法魯克留埃學生團是戰前北平成達師範學校派馬松亭阿訇到埃及直接向埃及政府接洽獲准、并經過考試而選派出國的。當時正值第三期學生畢業，參加留學考試的主要是該班學生，另外上海伊斯蘭師範及新疆派兩學生參考，共計派學生 20 名，由成達師範籌措旅費，到埃及以後，由國王法魯克每月提供生活津貼。留學人選確定以後，成達師範派該校教員兼訓育主任龐士謙為團長，正籌備出國之際，「七七事變」發生，北平淪陷，交通阻斷，留在北平的一部分學生繞道京滬前往香港，散處各地的學生在漢口集中同往香港，最後各種原因，5 人沒能成行，只有 16 人出行，包括成達師範學校龐士謙（團長）、馬宏毅、馬繼高、劉麟瑞、馬維之、丁在欽、張文達、楊有漪、金茂荃、范好古、王世清、李鴻清，上海伊斯蘭師範學校的張懷德、熊振宗二人，新疆的杜壽芝、高福蘭。

留埃學生一覽表

屆別	姓名	別號	籍貫	派送機關	到埃日期	備註
第一屆	沙國珍	儒誠	雲南昆明	明德中學	1931.11.20	明德中學訓育主任，留埃學生部長
	馬堅	子實	雲南蒙自	上海伊斯蘭師範	同上	
	納忠	子嘉	雲南水西	明德中學	同上	
	林仲明	子敏	雲南蒙自	同上	同上	
	張有成	子仁	雲南蒙自	同上	同上	
第二屆	韓宏魁	天一	山東泰安	成達師範	1932.12	歿於 1945 年 1 月
	王世明		天津	同上	同上	
	金殿貴	允嘉	山東泰安	同上	同上	歿於 1941 年
	馬金鵬	志程	山東濟南	同上	同上	
	張秉鐸		河南洛寧	同上	同上	
第三屆	納訓	鏗恒	雲南河西	明德中學	1934.3	
	馬俊武	興周	雲南鎮南	同上	同上	
	林興華	賡虞	雲南蒙自	同上	同上	
第四屆	金子常		山東濟南	上海伊斯蘭師範	1934.5.19	
	定中明	星五	湖南常德	同上	同上	
	胡恩均	柄權	江蘇六合	同上	同上	
	林興智	鳳梧	雲南蒙自	同上	同上	
	馬有連	級卿	雲南盼兮	同上	同上	
第五屆	海維諒		湖南寶慶	印度來克勞大學	1934	
第六屆	龐士謙		河南孟縣	成達師範	1938.3.23	成達師範教員，法魯克學生團團長，1942 年起任學生部部長，愛資哈爾大學中國文化講座講師，埃王法魯克東方事務顧問
	馬繼高	聘之	四川成都	同上	同上	
	馬宏毅	重遠	山西晉城	同上	同上	
	馬維之	毓馨	河北獻縣	同上	同上	

劉麟瑞	石奇	河北滄縣	同上	同上
高福蘭		新疆疏附	同上	同上
杜壽芝		新疆輪臺	同上	同上
范好古	啟之	河南周家口	同上	同上
張懷德	澄衷	河南盧氏	同上	同上
熊振宗		廣東廣州	同上	同上
楊有漪		北平	同上	同上
丁在欽	子明	河北張家口	同上	同上
王世清	一民	北平	同上	同上
金茂荃	宜生	山東泰安	同上	同上
張文達	思明	山東沂水	同上	同上
李鴻清	仲華	北平	同上	同上

依據龐士謙《法魯克留埃學生團歸國日記》，載《月華》1947 年 11 月號

　　第六屆留埃學生團到達埃及以後，壯大了中國留學生隊伍，他們一方面刻苦讀書，一方面做抗戰宣傳工作。二戰後期戰火波及北非，埃及受到威脅，留埃學生情緒出現波動，中國回教協會出面與教育部接洽，請求發給留學生回國旅費。第一次請准每生發給 150 英鎊，後因戰事影響，物價上漲，又經第二次申請，增加 100 英鎊。回教協會將此款匯至駐埃公使館，代為發放。據 1942 年回教救國協會工作報告記載「歐戰爆發，北非形勢緊張，我國留埃及愛資哈爾大學學生二十二名，深恐一旦戰事波及埃及，無法繼續求學，不得不早作回國準備，但回國旅費為數甚巨，其學生本身既無是項能力，保送其出國之學校，亦無法代籌，本會自不能坐視此宗教幹部人才閒居海外，乃代為設法，統計其回國旅費共需五百八十六鎊，合國幣三萬一千二百五十二元九角一分，除由教育部補助一萬元外，其餘二萬一千二百五十二元九角一分，由本會撥給，現已將此款設法匯出。」〔註9〕1946 年在法魯克留埃學生團回國之際，回教協會理事長白崇禧致埃及國王法魯克及愛大校長函由留埃學生轉交，表示對埃及政府及愛資哈爾大學多年來接納中國回族留學生並給與的特殊照顧表示感謝。1946 年 10 月 15 日龐士謙等帶領的法魯克學生團回國，並在南京受到白崇禧接見，白崇禧在公館宴請全體團員，馬松亭等作陪，由

〔註 9〕王正儒、雷曉靜主編：《回族歷史報刊文選》（社團卷）下冊 182 頁，寧夏人民出版社，2012 年。

回教協會為他們尋覓出路，大多服務於國民政府外交、教育、文化等領域。
1942 年回教協會請求埃及大學，特准保送 5 名女生入該校文學院學習，但因
教育部限制，沒能成行。

第四節　馬福祥對留埃學生的關心與支持

在 1931 年出版的《月華》第 4 卷 10～12 期合刊中，發現馬堅在埃及愛資
哈爾大學留學期間寫給蒙藏委員會委員長馬福祥的一封信。從這封信可以看出
一位在海外追求學習伊斯蘭文化的青年學人對馬福祥的崇敬與愛戴，這與馬福
祥在有生之年長期關心、支持回族文化教育分不開。同時從這封信中也可以看
出愛資哈爾大學中國學生部成立之經過及埃大對中國留學生的支持與照顧。

雲老委員長勳鑒：

敬啟者：前有沙儒誠先生晉京之便，曾託渠寄上一函，諒邀洞
鑒矣。久未奉教，孺慕良殷，敬維政躬康泰，為頌為祝。近日報載，
倭寇逞央擾我華夏，兄弟鬩牆致遭外侮，不勝憂憤之至。我公黨國先
進，當此國家多難之秋，想益勞瘁也。堅抱病首途，僕僕於煙波浩渺
之間三十八日，始遠託福蔭，安抵埃京開羅。一生活未定，無狀可述，
故迄未函報。雖然夢寐之間，未曾不神馳左右也。埃及地近歐洲，故
歐化程度較我國為高，新舊思想之衝突亦甚劇烈。新舊各趨極端，皆
非所宜，故又有持調和之調者，以為物質文明當以歐人為楷模，至於
精神文明，則我回教亦有獨到之處，未可厚非。以現代學術原理解釋
經訓，即此派之特徵也。埃及行政黨政，政府黨親英，在野黨排英。
英人藉口保護蘇伊士運河，在開羅駐兵四萬，壁壘森嚴，儼若敵國。
各黨機關報對於中日事件，持論尚公允。埃及行金本位制，埃及金與
英金有連帶關係，故同漲同跌，此次英金暴跌，埃及商業大受影響，
一般經濟學者，雖倡埃金獨立之說，然政治不能真正獨立，則經濟之
獨立談何容易。埃及以農立國，棉花為出產大宗，年來棉價低落，生
活大感困難。工業頗幼稚，故外貨充斥，無法抵抗。教育頗進步，識
字者占百分之十二。學校分宗教學校與普通學校兩種，宗教學校歸愛
資哈爾大學直轄。此大學創於九百七十三年前，為回教世界文化之中
心，學生九千二百人，自南洋群島、印度、阿富汗、伊拉克、也門、
漢志、敘利亞、巴勒斯坦、土耳其、巨克斯拉夫、羅馬尼亞、南非洲、

西非洲、美國來著約七百人，惟中國迄未派遣學生，故無中國學生名額。此次學校當局念堅等使命之重大、家鄉之遙遠，故由大學校最高委員會議決，批准沙儒誠先生之要求，特別通融，每月發給津貼兩磅，其他學生至多得一磅耳。自大教長左王協理公長校以來，一面保存舊制，任人選修，無年齡與學年之限制，一面又創設新制，分小學、中學、大學、研究院四級，小學四年，中學五年，除宗教課程、阿拉伯文學外，有史、地、數、理、化、博物、公民、衛生。大學四年，分文學、法學、哲學三系，研究院兩年，分教育、宣傳兩部。學校當局為謀堅等速成起見，特派一最新之教授，每日來宿舍教授，此為空前未有之優待。此間報章、雜誌、商標、廣告咸為阿文。文人學士、販夫走卒無一不操阿語，耳濡目染，進步頗快。埃及人士對於中國回教狀況十分隔膜，堅等抵開羅之次日，大教長親來拜訪，名人學士、新聞記者遂接踵而至，幾有應接不暇之勢。報章雜誌多登載堅等照片及沙儒誠先生關於中國伊斯蘭教之談話、演講，於是中國學生團之名傳遍全國。一般始知中國有五千萬教胞，有無數之回教學校與禮拜堂，且有在中央政府及各省市政府各機關各學校任職之回教人物，與夫十餘種之回教刊物，聞者莫不稱慶。此次中日事件，通俗人也表同情於我，問之則曰以中國有五千萬教胞也。沙先生由左公之介紹，得以中國學生團領袖之名譽觀見埃王傅奧德一世，致謝容納中國學生之特典，並為中國五千萬教胞向埃王致意。埃王優禮有加，且允許竭力扶助中國回教教育之發展，以後要求增加學生名額，必能成功也。堅每日除讀書、造飯、洗衣、禮拜外，間至朋友家練習阿拉伯語會話，生活頗為安適。開羅氣候溫和，空氣乾燥，最適於健康，故賤體得保無恙，請勿遠念，惟望時賜南針，以匡不逮，至盼至禱，餘俟後報，專此致頌，均安。

愚晚生馬堅謹啟

三月二十日〔註10〕

馬福祥接到馬堅來信以後，非常重視，特意寫信給時任成達師範總務主任兼訓育主任馬松亭阿訇，原信如下：

〔註10〕《中國留埃學生的報告》，《月華》1932年第4卷第10～12期合刊。

松亭阿訇大鑒：別來間旬，維起居綏吉是祝。茲啟者，馬堅君，雲南人，前肄業上海伊斯蘭學校，甚知奮勉，現已赴埃及留學，頃接其由埃來函，報告該地風土人情頗詳。茲將原函附抄並祈臺端常與通訊，將本校所出《月華》及各種刊物寄與一份，以便明瞭雙方狀況。專此順頌道祺。

馬福祥拜啟
四月三十日

1932 年北平成達師範學校第一班學生修業期滿，即將畢業之際，董事長馬福祥為畢業生題訓詞「願諸君努力發揚聖教，以無負各方所期望勉之」，並為畢業生每人贈送筆筒、飯盒及自己所著和出資刊印《歸真總義》《蒙藏狀況》《先哲言行類抄》《積善堂訓誡子侄諸孫書稿》《王陽明生活書稿》等五套，每位畢業生各一份。同年 6 月成達師範向愛資哈爾大學派遣留學生的請求報告得到批准，於是選拔韓宏魁、王世明、金殿桂、馬金鵬四位畢業生及張秉鐸等五位學生準備派往埃及愛資哈爾大學深造，同時成達師範總務主任兼訓育主任馬松亭阿訇前往護送。在啟程之前時任蒙藏委員會委員長兼成達師範董事長的馬福祥給校長唐柯三寫信，願意承擔半數學費，原信如下：

柯三世兄惠鑒：

頃奉手書，備悉種切，本校第一屆畢業生，祥略備紀念物品，聊以將意，遠辱藻飾，感愧交縈。承示畢業學生辦法四種，至為完美。送往埃及留學四名，固屬要圖，然其人選不能不特別慎重，對於學問品行、志趣、年齡、中文根底、宗教觀念、體格精神種種方面，均應有切實之考察，蓋其關係國家之觀瞻與宗教之發達均甚巨也……，若將人選預定若干人，祥甚願能來平時，再為當面深談數次，再與諸兄決定四人何如？至學費一層，祥與少雲（馬鴻逵）一度商議，我家擔任半數，其餘之款，請另行設法，共襄善舉。少雲也另有函覆，想荷鑒察。能將出洋學生預定人名若干，並請先將籍貫、年齡、品學大概，開示一二何如？

（1932）七月二十五日
世愚弟馬福祥拜啟〔註11〕

〔註11〕《紀念馬雲亭先生專號》，《月華》第 4 卷第 25～27 期合刊。

這封信發出後，可惜馬福祥在不到一個月以後因心臟病突發，於 1932 年 8 月 19 日行至河北琉璃河車站去世，終年 57 歲。馬福祥去世以後全國各地清真寺、回族文化團體、學校舉行隆重悼念活動，《月華》雜誌組織稿件，出版《紀念馬雲亭先生專號》。

第五節　留埃學生對中阿文化交流所做出的重要貢獻

至 1938 年 3 月派往埃及愛資哈爾大學留學的中國留學生共計六批次 34 人，這批回族穆斯林留學生在愛大的資助下大多留學 8 年以上，對埃及及阿拉伯文化進行深入學習，這批學生在愛大留學期間即開始中阿文化溝通工作，例如馬堅在留學愛大期間將中華文化的傳統經典《論語》《茶神》《中國格言諺語》等譯為阿拉伯文在開羅刊行，向阿拉伯世界介紹中國的學術文化，回國後仍有一批人長期從事翻譯工作，將阿拉伯伊斯蘭文化介紹到中國，對中阿文化交流做出了重要貢獻。

翻譯運動是引進新思想、新文化，是不同文化之間曾進理解與交流的主要途徑，同時也是促進民族文化發展的主要動力。在歷史轉型時期，翻譯活動在一定程度對一個民族文化傳統產生重大影響，有可能導致一個民族文化的巨大變革。在回族歷史上發生過兩次規模較大的翻譯運動，一次是明清時期以劉智、王岱輿為代表的「漢文譯著」活動，他們借用儒家語言、哲學概念來闡釋伊斯蘭教世界觀、認主學、人性論、倫理道德等觀念，實現了伊斯蘭文化與中國傳統文化的很好對接，加速了伊斯蘭教中國化的進程，使伊斯蘭文化在中國大地得以延續發展。20 世紀 30 年代留學埃及愛資哈爾大學的以馬堅、納忠、納訓、龐士謙、海維諒等為代表及王靜齋、哈德成、馬宏道等發起的翻譯運動，一直延續到 20 世紀 80 年代，翻譯了大量阿拉伯學者的文學、哲學、科學技術成果，並且翻譯出多種版本《古蘭經》，其水平之高至今無人超越。這次翻譯運動取得的成果對促進中阿文化交流，推動近代回族文化運動發展起了重要作用。

納忠教授指出：「其實各民族在自己的文化發展過程中，必須互相學習，互相充實，互相繼承，這是人類文化發展的必然規律。學術文化是人類共同享有的，每一個民族必須向別人學習，也必然有自己獨特的文化，歷史上絕對沒有任何民族，在文化上專門引進，毫無創造；也沒有任何民族，專門創

造，毫無引進。」〔註12〕阿拔斯王朝（750～1258）時期阿拉伯地區以巴格達
為中心掀起一場持續百年的翻譯運動，在這場運動中，阿拉伯人翻譯了古代
希臘、羅馬、印度、波斯等國的文化精髓，並在此基礎上創造了豐富多彩的
阿拉伯伊斯蘭文明。

　　在留埃期間，馬堅等即開始致力於中阿文化的溝通、交流工作，1934 年
馬堅用阿拉伯語在開羅世界回教聯合會以「中國回教概觀」一題發表演講，
大受歡迎，「講稿已在該會出單行本，現在流行於埃及和各回教國家了；近來
他把《四書》，翻譯的阿文，曾在《勝利週刊》分段發表，現已印就單行本，
不日發行；此外他又完成了自阿文翻譯過來的第一部書《回教哲學》已在商
務印書館出版，呈諸國人了。最近他又翻譯的《回教基督教的學術及其文化》
一書，即日寄國內出版。納忠同學由阿文翻譯的《伊斯蘭教》，已由北平成達
出版部出版，這些翻譯書籍的價值如何，故不敢怎樣判定，不過拿銷數極多，
擬即再版的這些消息來推測，我們可以想見一些了。海維諒同學由阿文翻譯
的《穆聖默示》一書，已為成達出版部約去，刻在印刷中。林仲明同學由阿
文翻譯的回教歷史教科書第一冊，已在最近寄回國了。此外的好些同學，在
課外時間，已有部分的翻譯來彼此介紹，曾見各種刊物上，現在還有同學正
在暇時，伏案作翻譯的工作。」〔註13〕同時劉麟瑞將《西湖民間故事》《子夜》
《北京的傳說》《家》《春》《秋》等翻譯為阿拉伯文，並廣為傳播。埃及人民
通過中國留埃學生翻譯及發表的文章、演講，對中國歷史文化、中國穆斯林
有了初步瞭解。1933 年成達師範代校長馬松亭應愛資哈爾大學請求，向國民
政府教育部請示，派兩名教師赴該校開設漢語課，「又愛資哈爾大學鑒於東方
聘請教授之舉，認為在外國語科中有添設中華語文之必要」〔註14〕。1947 年
阿拉伯聯盟秘書長在接見中央社記者時稱，中國與埃及同為世界古代文明之
中心，應加強兩國經濟文化之關係，在聯合國之下，為國際正義和平而盡最
大努力之合作。阿拉伯國家視中國為與其相同之東方國家之一，且見中國成
為世界強國殊為光榮。戰時埃王法魯克曾予若干中國留學生以獎學金，其中

〔註12〕 納忠：《阿拉伯——伊斯蘭文化史（第一冊）·譯者序言》，商務印書館，1985
　　　　年。

〔註13〕 林鳳梧：《中國留埃學生團與沙儒誠先生》，《晨熹》1935 年第 1 卷第 21～23
　　　　號。

〔註14〕 《成達教授已啟程，愛資哈爾大學外國語科添華語》，《月華》1933 年 5 卷第
　　　　15 期。

現已服務於中東、中國外交方面者，殊為歡悅，希望兩國能繼續並加強此種文化合作〔註15〕。

　　民國時期中國回族留學事業的發展得益於回族文化運動的普遍開展、回族教育的改革與發展以及回族社會各界的鼎力支持。在近代回族文化運動的推助下，改革傳統經堂教育，創建具有現代特點的新式回族學校熱情空前高漲，不但創建了像成達師範、上海伊斯蘭師範、寧夏蒙回師範、中阿師範學校、明德中學、崇實中學、楷進中學、西北公學等較高層次的中等學校，並且有健全的現代教育組織管理制度，有固定的辦學場所，教室、閱覽室、學員宿舍一應俱全。在回族社團的號召及各界的努力下，各地成立回民小學、清真小學數百所，有力促進了民國時期回族教育的發展，也為派遣留學生打下一定基礎。

　　這批留埃學生回國以後，利通熟練掌握阿拉伯文優勢，長期從事翻譯工作，一直持續到 20 世紀 80 年代，他們已至耄耆之年，許多人仍然從事翻譯及中阿文化溝通工作，將許多阿拉伯文宗教、文學、社會科學著作翻譯成中文，或者著書立說，在國內出版發行，成為名聞遐邇的翻譯家、經學家、文學家和知名人士，他們是中阿文化交流史上的傑出開拓者。

　　馬堅教授（1906～1978 年）是 1931 年第一批至愛大留學的學生，雲南沙甸人，畢業於上海伊斯蘭師範，在愛資哈爾大學留學 8 年。現代著名伊斯蘭教學者，北京大學阿拉伯語專業創建人，主持編寫了中國第一部《阿拉伯語漢語詞典》。1981 年，中國社會科學出版社出版了他用現代漢語翻譯的《古蘭經》，為中國廣為流傳的漢譯本之一。伊斯蘭世界聯盟採用其漢譯本，在沙特阿拉伯麥地那印經局出版了《古蘭經》的阿漢對照本並發行到世界各地。馬堅在留學期間曾以阿拉伯文著《中國回教概觀》，還把中華文化的傳統經典《論語》、《茶神》、《中國格言諺語》等譯為阿拉伯文在開羅刊行，促進了阿拉伯國家對中國文化的瞭解。他翻譯的漢文著作有《回教真相》《回教哲學》《回教哲學史》《回教教育史》《回教基督教與學術文化》《教典詮釋》《阿拉伯簡史》《阿拉伯通史》等著作。其中《古蘭經》《阿拉伯通史》兩部著作的翻譯耗去了大半生精力。1956 年馬堅先生在《人民日報》發表《阿拉伯文化在世界文化史上的地位》一文，闡述了阿拉伯民族在物理、化學、數學、生物、

〔註15〕《阿拉伯同盟秘書長談中埃為古文明中心》，《伊理月刊》1947 年第 10、11 期合刊。

醫學方面對世界文化的巨大貢獻，他還著有《回教天文學史》《伊斯蘭的天文學》《伊斯蘭的醫學》《伊斯蘭的化學》《伊斯蘭的物理》等著作。

龐士謙（1902～1958），河南孟縣人，曾任成達師範教員、《月華》雜誌主編，是成達師範派往愛資哈爾大學第六批留學學員，1938 年 3 月 23 日抵達埃及，為法魯克學生團團長，1942 年起任中國留愛資哈爾大學學生部部長，留學期間曾被聘為愛資哈爾大學中國文化講座講師，埃王法魯克東方事務顧問。回國後曾任北平師範大學阿拉伯語專業教授，著有《埃及九年》和《回民教育與埃及留學》等著作，並翻譯《腦威四十段聖諭》《回教法學史》等。

納訓（1911～1989），經名穆罕默德‧努爾，雲南通海縣納家營人，畢業於雲南明德中學，是第三屆留埃學生團成員，著名翻譯家。1934 年，他被明德中學選送到埃及愛資哈爾大學留學。20 世紀 40 年代他翻譯《天方夜譚》，共 5 冊，由商務印書館出版；50 年代，新譯本更名為《一千零一夜》，譯文語言自然流暢，韻情濃鬱。其單行本有《阿里巴巴和四十大盜》，上海芭蕾舞劇團還將它改編為芭蕾舞劇公演。「阿里巴巴」在中國早已成為膾炙人口、家喻戶曉的故事人物。1984 年，人民文學出版社將《一千零一夜》全譯本分 6 卷出版，共 230 多萬字。這是中國唯一的、直接譯自阿拉伯原文的全譯本，成為我國家喻戶曉的阿拉伯文學作品。中國最早的《一千零一夜》或《天方夜譚》譯本，是周桂笙於 1900 年從英文版譯成中文出版的。

納忠（1909～2008），中國穆斯林著名學者、阿拉伯歷史及阿拉伯語言學家，雲南通海人。畢業於雲南明德中學，1931 年他被選送到埃及愛資哈爾大學深造，1932 年用白話文翻譯了埃及著名學者曼蘇爾的《伊斯蘭教》一書，1936 年榮獲愛資哈爾大學最高委員會授予的學者證書。主編了教材《阿拉伯語》（十冊）和《阿拉伯基礎語法》（四冊），是新中國具有代表性的阿拉伯語教材。他所主持的《阿拉伯——伊斯蘭文化史》（八卷本）的翻譯工作仍在進行中，是當代譯介阿拉伯——伊斯蘭文化最重要的成果之一，在社會科學研究領域有深遠的影響。他著有《阿拉伯通史》，約百萬字。曾為北京外國語學院教授、博士研究生導師，他譯著的史學類著作有《回教與阿拉伯文明》《黎明時期回教學術思想史》《近午時期回教學術思想史》《回教政治史》《回教諸國文化史》《阿拉伯近代史》《埃及近代史》等。

海維諒（1912～2006），湖南寶慶人，第五屆留埃學生團成員，1934 年從

印度來克勞大學轉入愛資哈爾大學，攻讀阿拉伯語，他與張秉鐸為第一批在愛大獲得阿拉伯文博士學位的留學生，抗戰期間他受中國回教救國協會推薦，步入外交界，輾轉於埃及、伊朗、伊拉克、利比亞、沙特等國家從事救亡宣傳與翻譯工作，他在沙特工作18年，先後用阿拉伯文出版了《中阿關係》《中國回教的過去與現在》，譯著有《中國與伊朗的關係》《中國穆斯林》《伊斯蘭人權論叢》《伊斯蘭教義指南》《有先知身份的偉人默罕默德》等。

馬金鵬（1913～2002），1932年留學埃及，回國後曾任上海福祐路清真寺教長，北京大學東語系阿拉伯語副教授，曾翻譯《伊本‧白圖泰遊記》《古蘭經譯注》等。

另外，還有張秉鐸先生《古蘭經漢譯本》、馬宏毅翻譯《布哈里聖訓實錄精華》、林仲明翻譯《回教歷史教科書》、王世明翻譯《埃及獨立史》、定中明翻譯《回教黎明史》、熊振宗翻譯《中東回教諸國簡史》《穆罕默德傳》、林興智翻譯的《回教遺產繼承法》等共近百種。

民國期間這批在埃及等國的留學生，除譯介大量宗教典籍、遊記、學術成果以外，也在中國與阿拉伯國家外交領域做出了貢獻。據1946年《中國回教協會會報》第7卷1期「回民青年出使回教國家」一則消息披露，留埃回國學員中，有幾位在中國駐阿拉伯國家大使館工作。其中王世明出任國民政府駐沙特阿拉伯使館副領事，定中明為伊朗使館隨員，林仲明為伊拉克使館隨員，另外回族青年馬賦良出任駐土耳其伊斯坦堡領事、海維諒為秘書，還有一位回族青年穆文富為阿富汗使館隨員。

1943年中國回教協會曾向國民黨中央建議，派送回族青年軍官及普通生到土耳其留學，並請土耳其駐華代辦戴伯倫商洽土政府免去學雜費。經土耳其政府同意，准許派送10名回族學生到土耳其留學。回教協會與國民政府教育部接洽，教育部堅持不限定回族學生主張，並規定在100名參加考試學生中選出10名，准許回教協會預選5名參加會考。而後教育部以公私費留學生暫停派遣，留學計劃無形擱淺。1947年，土耳其駐中國大使給白崇禧去電，希望派遣回族學生赴土耳其留學，以實現以前願望。同時國民政府外交部致函回教協會稱：「土耳其共和國政府國務會議依照土耳其教育部長之願望，並由土耳其駐華大使館建議，決定在土耳其高等學校中接受中國學生十名，即由中國政府自行分配入下列各校：五名入政治學校，一名入法科，一名入農業學校，三名入語言歷史地理學科，前七名學生膳宿由土耳其政府供給，與

受獎學金之生員同；惟因語言及歷史科無寄宿舍，後三名學生由土耳其政府每人每月發給膳宿費七十五鎊。」〔註16〕接到函以後，回教協會派張劍白、王農村、閃克行三理事前往教育部高等教育司接洽，並提出回教協會意見。回教協會認為，本會派遣留土學生之主要目的，以留學方式進行國民外交，溝通中土文化，培養近東邦交人才。因土耳其為「回教國家」，土耳其駐華代辦多次表示希望派送回族學生，白崇禧也認為派遣回族學生為宜。最後教育部規定選派的 10 名學生中，回族學生占 6 名，而在指定的考選學校中，沒有將回族學生較多的復旦、西北、雲南等幾所大學列入，回教協會多次與教育部商榷均無具體結果，最後呈請蔣介石批准，以全部選送回族學生為原則。之後，回教協會接到教育部電文，稱留土學生一案，已奉行政院批，因外匯困難，暫緩派遣，回教協會派遣回族學生留土計劃再次擱淺。

第六節　《古蘭經》翻譯活動

　　近代以來回族知識階層繼承明末清初王岱輿、劉智等前輩漢文譯著活動，一方面翻譯了一批阿拉伯文伊斯蘭文獻，出版了一批具有較高價值的學術研究成果，同時結合新式回民教育及經堂教育的需要，撰寫了適合不同層次回民教育的教材。在翻譯活動中，以《古蘭經》翻譯備受社會各界關注。

　　在此之前，回族社會內部，特別在阿訇階層，就《古蘭經》能否譯為漢文爭論不休，一部分阿訇認為「真經乃真主啟示之文，不宜輕作翻譯之嘗試。不僅恐一字不當，招致同教之誹議，且慮輕開其端，將蹈景教、耶教古經為後人改竄附會致其失真之弊。是以信徒之邃於中阿文學者，有所顧慮，不敢輕譯，即有譯之，亦因關係極大，不敢舉以示人。清康熙時金陵劉子介廉博讀群書，學貫中西，殫數十年精力，成天方典禮、性理、至聖實錄諸書，而於《古蘭經》則獨無譯述，殆也有此顧慮歟」〔註17〕。

　　民國時期雖有多種版本《古蘭經》問世，但其中最早的譯本是 1927 年 12 月由北平中華印刷局出版發行的漢族學者鐵錚翻譯的《可蘭經》。鐵錚是一位不懂阿拉伯語的學者，他依據阪本建一的日文譯本，並參照羅德維爾英譯本

〔註16〕《土耳其再度要求，中國選送留學生》，《中國回教協會會報》1947 年第 7 卷第 5 期。

〔註17〕《發刊詞》，《中國回教學會月刊》1926 年第 1 卷第 1 號。

轉譯。關於鐵錚的生平事蹟材料比較少，據說他本姓李，在翻譯過程中曾邀請穆斯林朋友做參證，在他漢譯本完成後，皈依伊斯蘭教。

> 青年學者鐵錚氏，長於英漢文法，於民國十六年曾將英譯《古蘭經》譯為漢文，是為我國漢譯《古蘭經》之創本，出版之始風行頗盛，因之教內不懂阿文之人及教外研究回教之士，獲益良多，並予回教有力譯經之阿林一大衝動。蓋彼時鐵君尚屬漢教，故回教學都頗有感觸，是以一般爾林均從事天經之翻譯，惜乎多因經濟不足，實際出書者寥若晨星。乃鐵君自經翻譯古蘭之後，因目睹回教文化之深淵，意義之深遠，遂有傾向回教之志，因於二十二年春，在奉天之文化寺，經劉金信阿衡介紹，由張子文大阿衡引導，正式入教。翌年（二十三年）秋即與北京之李毓梅女士結婚，斯時證婚者李雲亭、米煥章二位大阿衡也。茲後，賢麗均服務於教育界中，近者鐵氏夫婦除於乾麵胡同立達中學執鞭教學外，復有《世界回教史》之編譯，現正在積極進行中。〔註18〕

儘管這個譯本並非以阿拉伯文原本為藍本，但它的問世填補了一項空白，也對中國穆斯林學者起到刺激、促進作用。本來在他之前，有些回族學者早已著手《古蘭經》翻譯，只是過於謹慎及回族社會對翻譯《古蘭經》存在分歧，致使譯經活動裹足不前，結果讓一位漢族學者捷足先登，從而激發了更多穆斯林學者及社會各界對譯經的重視。

《漢譯古蘭經》，譯者姬覺彌，漢族學者，1931年上海愛儷園廣倉學館印刷發行，為我國第二本漢譯《古蘭經》。據「凡例」中介紹，譯本「取材以阿拉伯文為主體，以歐譯、日譯為參考，務使簡明了當，不失其真」。姬覺彌的譯經活動由英國籍猶太人歐司愛哈同夫婦資助，聘請通曉英文、阿拉伯文以及日文學者參證，歷時三年完成。其中阿拉伯文參證者李廷相、薛天輝，英文參證者鍾鉞華、羅友啟，日文參證者樊炳清、胡毅，漢文參證者費有容等。姬覺彌，原名潘羲鳳，曾遠遊土耳其、歐洲和日本，為愛儷園管家，他在《漢譯古蘭經》序言中說：「聞馬君復初曾譯成二十卷，被災於火，只有其五，至可太息。其餘如王靜齋阿衡從事語體，已經脫稿，而李虞辰、楊仲明兩阿衡有副譯；中國回教學會哈君德成暨天真君又次第付諸月刊，錫蘭摩西甸君束

〔註18〕《鐵錚氏之新作〈世界回教史〉已開始編譯》，《震宗報月刊》1938年第4卷第5～6期合刊。

告成漢譯數君，惜皆東鱗西爪，未集大成。近時北平鐵錚君所刊行者，大都淵源日譯，與原經小有出入」，「經再三考訂，句求簡練，文重雅訓，終於完稿，其目的是為僅解漢文未解阿文者，藉此譯本以窺大道於萬一，非敢以漢文譯本代天經也。」〔註 19〕這個譯本儘管存在一些問題，但從學術研究角度看，學界還是持基本肯定態度。

　　《古蘭經譯解》為我國穆斯林學者翻譯的第一部《古蘭經》全譯本，譯者王靜齋阿訇。王靜齋精通阿拉伯語，1932 年他從阿拉伯文翻譯的文言體《古蘭經》完成，被稱為甲種本，由北平中國回教俱進會刊印。王靜齋對於自己翻譯的甲種本《古蘭經》「深知未臻妥善，除刊誤、筆誤外，其極大的毛病是冗長散漫，生硬不暢」，也有許多人認為「通俗白話比較文言容易達意」〔註 20〕，於是產生白話文翻譯《古蘭經》的想法，並付諸實踐。1937 年王靜齋著手重譯《古蘭經》，同時抗戰全面爆發，王靜齋攜帶譯稿歷經千辛萬苦到達重慶，在十八梯清真寺旁邊一小屋內埋頭工作，不久該寺遭敵機轟炸，所有譯稿，被付之一炬。1940 年 9 月，移居北培雲龍山莊，重整旗鼓，重新翻譯，止 1941 年 3 月 27 日三十本《古蘭經》全部譯成，期間寧夏省政府主席馬鴻逵來電，邀請王靜齋阿訇到寧夏銀川對譯稿作進一步修訂。自 1941 年 8 月 1 日起，經一年多時間，整理修訂工作完成，由馬鴻逵出資，付印 60 部「非定草」，一函 10 冊，字跡工整清晰，被稱為乙種本，多用經堂語，帶注釋，私人迄今尚有全套珍藏者，誠不可多得之珍本。1941 年 8 月 4 日，王靜齋在寧夏《賀蘭報》發表《翻譯古蘭經的前前後後》一文，因《古蘭經》出版問題與中國回教協會發生一些誤會，後來經時子周提議，回教協會內部對王靜齋兩種譯本進行審核。1946 年初，王靜齋接受白崇禧邀請回到南京，商量印經事宜，最後由中國回教協會籌資，白崇禧題詞，由上海永祥印書館印刷 5000 部。據記載「本會發行王靜齋阿衡翻譯之《古蘭經詳解》，經數月積極之籌印，最近業已出版，計全經十六開道林紙一厚冊，封面為紅色硬殼，白理事長親筆題簽，譯文永語體，由上海永祥印書館經售，印費由上海教內富紳許曉初先生墊付，數達億餘元。我國《古蘭經》譯本，極為缺乏，教內外人士多年所渴盼，尤以語體譯本，尚屬創舉，對於回教文化之播揚，當有莫大之

〔註 19〕余振貴、楊懷中：《中國伊斯蘭教文獻著譯提要》10 頁，寧夏人民出版社，1993年。

〔註 20〕王靜齋：《古蘭經譯解‧譯者述》，1946 年寫於上海。

貢獻」〔註21〕。這部被稱為丙種本或白話體《古蘭經詳解》，是王靜齋三種譯本中最完美的一種，與同時代的其他《古蘭經》譯本相比較，由於增加大量注解，使看不懂阿拉伯文經注的人能較方便地瞭解《古蘭經》的基本內容，在回族社會有著廣泛影響。

哈德成譯《古蘭經》。早在 1926 年初，哈德成就任浙江路清真寺教長以後，組織上海的中國回教學會部分會員著手翻譯《古蘭經》，《中回教學會月刊》自1936 年第 6 號開始刊登《古蘭經》譯文，由哈德成阿訇口譯，伍特公筆錄。當時伍先生在遭到敵偽通緝的情況下，隱居在沙善餘家中完成的；也反映了當時上海穆斯林，以哈德成阿訇為首並與沙善餘先生和伍特公先生共同促成的伊斯蘭事業的概況和成就。他們從組織商團開始，以翻譯《古蘭經》和闡釋教義為宗旨，以哈德成阿訇從國外帶回的穆罕默德·阿里英譯古蘭為藍本。並發表在《中國回教學會月刊》會刊上三卷。後來哈德成阿訇又把帶回的穆罕默德·阿里英譯本送給王齋阿訇、時子周先生、張裕良先生、劉兆才阿訇，這也就是在王靜齋阿訇的譯本中，加入阿里氏注釋的由來；以及時子周先生在臺灣所譯的《古蘭經國語譯解》出版的來源。那時，中國回教學會也以這個版本進行翻譯，並在會刊上發表。據《中國回教學會月刊》發表《譯經隨筆》介紹，「古蘭經之開譯也，由哈德成就阿文原本逐段講解，天真筆受之，退而參考穆罕默德·阿里之英譯本，繕成初稿。乃就沙君善餘共以阿里英譯本，商榷校正，一字一句，反覆斟酌，迨二稿既成，復由哈君審定之。故每段譯稿，輒三易而始定焉。哈君諳數國文字，英文亦研究甚精，然其校閱譯稿也，僅以阿文為根據，層次意義，務求與阿文吻合，嘗曰：譯稿雖取材英本，然經修正後，謂為純由阿文譯出可也。阿里為印度穆斯林學者，畢業於英國牛津大學，阿、英文造詣甚深，其英譯古蘭經七年始成，出版後風行天下，識者稱其譯文忠實，有功聖道，為英譯本之最完善本。孟夏后，哈君德成、達君浦生集合同志數人，每晨共研經義，羅集著名阿、波文經解多種，而阿里英譯本也在參考之列，研究多時，覺阿里譯文醇正無疵，且知其參考書籍甚多，間或有中國從未見過之名著焉」〔註22〕。前後譯成 3 卷 37篇，均在《中國回教學會月刊》刊登，至 1929 年 10 月，因稿源缺乏，辦刊經費無從籌集，因故停刊，譯經工作也陷入困境。

〔註21〕《王譯古蘭經譯解出版》，《中國回教協會會報》第 7 卷第 1 期。
〔註22〕天真：《譯經隨筆》，《中國回教學會月刊》第 1 卷 6 號，1926 年 6 月出版。

哈德成阿訇

　　馬堅譯《古蘭經》。1932 年馬堅從哈德成等創辦的上海伊斯蘭師範學校被
選送至愛資哈爾大學留學，1939 年馬堅從埃及留學回國，哈德成阿訇代表中
國回教學會親自到香港迎接，並與他商談繼續譯經計劃。馬堅先生也說：「1939
年我從埃及返國，楊福州先生在香港聽見這個消息，就寫信給哈德成阿訇和
資助我出國的馬晉卿先生說：『我們中國回教學會選送出國專攻阿拉伯文的人
快要回國了，我們多年的譯經志願，大概可以實現了。』哈德成阿訇便代表
回教學會親自到香港去歡迎我，並且和我談談譯經的事。他告訴我學會已擬
定譯經的工作計劃，馬晉卿先生志願捐出房產一份，作譯經的經費。他說：『伍
特公先生擔任《申報》的總主筆，在《申報》上拼命抨擊日本人和南京偽政
府，屢次警告，都置之不理，偽政府通緝令上的一百零八人中有他的姓名，
現在他隱匿在沙善餘先生家裏，路透社的工作，由沙先生一人負責。他們兩
位聽見你學成回國，非常興奮。你一到上海，我們的譯經工作就展開了。』
我說：『我雖在埃及苦學八年，但因天資魯鈍，對於阿拉伯文，沒有精深的研
究；對於國文，更沒有根柢。我本想再學十年，然後著手翻譯《古蘭經》，現
在學會既擬定計劃，我當然願意到上海去當一個助手。』〔註23〕1940 年，馬
堅來到上海，加入中國回教學會的譯經委員會，協助伍特公、沙善餘先生翻

〔註23〕馬堅：《古蘭經·譯者序》，中國社會科學出版社，1981 年。

譯文言體《古蘭經》。在翻譯過程中，馬堅產生用白話文譯經的想法，並付諸實踐。利用空閒時間，經過 14 個月的努力翻譯 8 卷白話文《古蘭經》，之後太平洋戰爭爆發，上海已經不安全，要想潛伏作譯經工作已經不可能了。馬堅假扮商人，從杭州、蘭溪、金華回到家鄉雲南，從頭譯起。這期間哈德成阿訇也從重慶來到雲南沙甸，協助馬堅翻譯《古蘭經》，並任教於養正阿拉伯語專科學校高級班。1943 年 10 月 25 日因病歸真於沙甸，終年 58 歲，同年 11 月 11 日中國回教協會在本部理事長室召開哈德成阿衡追悼會籌備會議，出席人員有馬松亭、張裕良、閃克行、白壽彝、楊敬之等人。1944 年 2 月出版的《中國回教協會會報》第 6 卷第 12 期為「哈德成阿衡紀念號」，發表紀念文章有：白崇禧《悼哈德成阿衡》，唐柯三《哭哈德成阿衡在滇歸真》，尹伯清《哈德成阿衡傳略》，定仲明《憶先師哈公德成》，薛文波《悼哈德成阿衡》，趙明遠《悼哈阿衡》，白壽彝《哈德成阿衡》，自適《我所認識的哈德成先生》等文章，對這位德高望重，將一生獻給回族文化教育事業的學者、阿衡給予高度評價。1946 年馬晉卿也在上海歸真。之後馬堅對自己翻譯的白話體《古蘭經》經過反覆修改，至 1949 年由北京大學出版部出版了前 8 卷加注釋的《古蘭經》，馬堅在序言中說：「《古蘭經》中文譯本，雖有六種之多，但我相信發表這個譯本，仍然是有意義的。因為《古蘭經》有許多注釋，見仁見智，各有特色，亦各有價值；《古蘭經》的各種譯本，也是那樣的。除非注釋者或翻譯者對於《古蘭經》認識不夠，或有意的曲解經義，或詞不達意，使人不解，甚至誤解，那就貽誤後學了。因此，我在翻譯的時候，力求忠實、明白、流利；在注釋的時候，不敢牽強、附會、穿鑿。我希望這個譯本對於研究阿拉伯文學和伊斯蘭教的朋友們，多少有一點幫助，同時希望追求真理，關心文化的同志們多多賜教，以便再版時儘量修正」〔註24〕。1978 年馬堅先生去世，全部《古蘭經》注釋工作沒有完成，為使體例一致，1981 年沒有加注釋的全譯本《古蘭經》由中國社會科學出版社出版，有白壽彝教授寫的《序》，馬堅先生 1949 年 12 月 24 日在北京大學文學院寫的《譯者序》，馬堅夫人馬存真寫的《後記》。馬堅先生翻譯的《古蘭經》出版後，得到社會各界與穆斯林群眾好評，被認為是最具權威的譯本，自 1981 年出版後，發行量達 10 萬冊以上。此後，又於 1987 年經沙特阿拉伯親王本·阿布都·阿齊茲閣下捐資、沙特阿拉伯王國伊斯蘭事務、基金、宣教、指導部出版事務與學術研究社的督

〔註24〕馬堅：《古蘭經·譯者序》，中國社會科學出版社，1981 年。

導下印刷發行的阿、漢對照《古蘭經》漢文部分就是採用馬堅的譯本，並發行到世界各地，成為迄今為止全球影響最大的《古蘭經》漢譯本。

馬堅及其翻譯之《古蘭經》

另外 1943 年 1 月劉錦標翻譯的《可蘭漢譯附傳》、1947 年由北平伊斯蘭出版公司印刷出版的楊仲明（敬修）《古蘭經大義》也各有千秋，在民間流傳。1949 年以後，在臺灣及大陸還出版過幾種《古蘭經》漢譯本，其中包括 1958 年由臺灣中華學術院回教研究所理事會整理出版的時子周、熊振宗、常子萱、定中明署名的《古蘭經國語譯解》；1988 年 7 月中央民族大學出版社出版著名回族學者林松教授的《古蘭經韻譯》；1989 年美籍華裔穆斯林學者全道章中阿對照詳注本《古蘭經》自費由譯林出版社在南京出版，免費贈送中國穆斯林；2005 年寧夏人民出版社出版馬金鵬《古蘭經譯解》，該譯本為阿漢對照，譯者馬金鵬早年畢業於成達師範，1932 年留學愛資哈爾大學，中華人民共和國成立後的 1950～1953 年擔任上海福祐路清真寺教長，1953 年應北京大學聘請到東語系擔任阿拉伯語教學工作，自上世紀 90 年代初開始翻譯《古蘭經》，歷經 10 多年翻譯、校訂、注解，在馬金鵬先生 86 歲高齡時，這本 80 多萬字的《古蘭經譯注》終於定稿，2001 年馬金鵬先生逝世，在多方努力下，於 2005 年正式付梓出版。

第六章 社團組織與回族社會互動

社團作為一個文化、學術或公益性的非政府組織，一般情況下較少與基層民眾發生關係。但民國時期的回族社團組織，不論是全國性或地方性的，大都帶有強烈的宗教色彩，他關注整個回族社會群體的發展，往往能夠與回族社會產生互動。特別是當回族宗教信仰或某一地區群體利益受到損傷，回族權利受到侵犯，社團組織能夠站出來，與政府部門進行交涉，推動事件的順利解決，從而達到維護回族群眾利益的目的。民國時期許多回族社團組織試圖扮演民族代言人的角色，這也是近代中國社會轉型促使回族社團組織職能發生變化的一個重要方面。近代回族社團組織的領導者大多以國民政府、地方政府、軍界、文化界的官員居多，與歷史上形成的回族教坊組織相比較，它的組織程度更高、影響力更大。

第一節 督請甘肅省政府解決臨潭回藏衝突事件

歷史上回族無社團組織的情況下，回漢之間或與其他民族發生糾紛、衝突時，往往採取極端手段，容易使矛盾或衝突升級，給衝突雙方帶來巨大損失。自從有了回族社團組織，發生矛盾後他們及時出面，代表地方回族有節有序的向當地政府表達意願及提出解決問題的途徑，使矛盾張力有所緩和，最後順利解決。

一、丁正熙一篇報告引起回族各界對臨潭事件關注

在回族中影響較大的《月華》雜誌 1932 年第 4 卷第 8 期刊發當時臨潭西道堂教下丁正熙一篇調查報告《甘肅臨潭回民狀況及十八年損失》，報告了民

國十八年（1929）甘肅河州事變期間馬仲英途徑甘肅臨潭與當地藏族土司發生衝突，特別是馬仲英部下馬廷賢在逃竄途中遭遇當地藏族武裝襲擊，馬廷賢家屬及侍從被殺，為進行報復，馬廷賢率大軍重返臨潭，縱火燒毀藏族寺院禪定寺，許多無辜藏民死於非命。馬仲英撤出臨潭後，當地土司楊積慶帶領藏兵對臨潭舊城四鄉回民進行報復。發生慘絕人寰的民國十八年大屠殺，使臨潭數萬回族群眾受難，長川、勾洛、太平寨、千家寨、深藏村、它那、汪家聲、旦溝、干呢、下藏、拉直、范來莊、敏家莊等十三村回民死亡五千餘人，這些村莊回民房屋、牛羊、財產損失殆盡，而地方駐軍袖手旁觀，不予制止，許多回民老弱婦女逃避他鄉數年，不敢回家，「自舊城全城火化後，迄今三年有餘，逃外者末上莊，餓殍道路者，不知凡幾，所有回民森林、牧場，無故被土司沒收，其全家覆沒者，田園已成荒蕪……至於回民被殘殺者，前後萬餘人。當今無公理之世，只有付之劫數而已」。事發不久，1928 年 7 月 15 日的《中央日報》，6 月的《大公報》對此事也有簡單報導「甘肅臨潭土司楊積慶虐殺該地回民兩萬餘人」。丁正熙的這篇報導發表後引起全國回族社團組織的高度關注。《月華》第 4 卷第 22 期還刊發《甘肅臨潭土司楊積慶屠殺回民》一文，提出「最後吾人熱望政府，目下對於甘肅臨潭楊土司殘殺回民兩萬餘人的慘案，其處置方法，必須：一、速飭甘肅省政府派員往潭縣查此慘案，秉公處理！二、對於殘殺後子遺回民設法予以優厚的撫慰，以安二萬餘之死者與無家可歸之難民。」1932 年 5 月，中國回教俱進會、北平回民公會、中國伊斯蘭學友會、北平成達師範、北平西北公學五團體就臨潭事件致電甘肅省主席邵力子：「該縣回民慘罹荼毒已歷三年，子遺數千流離四境，懇乞設法拯救等語。」北平伊斯蘭學友會也發出通電稱：

> 中央黨部、國民政府、各部院、各省主席、各省綏靖主任、各報館、各法團，北平回教俱進會、回民公會，南京回民教育促進會、回教公會，天津回教聯合會均鑒：據甘肅臨潭縣難民呼籲團電稱，臨潭回民，於十七年被革職復充土司之楊積慶藉其游擊司令，盤踞臨邑，殘殺回民，至於五次，男丁則悉數授首，婦女則流離四方，而尤野心不息，指使凶僧牛和尚等，率領野蠻胡騎，四出拿人，如在邊塞雙岔地方，將被害敏大哥未及歲之幼子拿去，即其明證，雖經被難殘黎，赴京控告，蒙國府批准訓令省政府查辦在案，時局變遷，久未昭雪。楊土司見屠回慘案無人做主，今則變本加厲，強佔

難民田地，不准難民上莊，倒行逆施，無所不用其極。官庭畏其驕橫，不敢制止等語。夫中華民國乃漢滿蒙回藏五大民族所組成，國民土地，亦即漢滿蒙回藏五大民族所共有，五大民族非依法律褫奪公權，即有服膺三民主義之權利。而楊積慶據臨潭為己有，不准回民上莊，未識何所依據。查西北自有清以來，漢回常有糾紛，實則少數人操縱其間，致釀流血慘劇。方今黨國之下，漢、回皆為國族，應如何團結以完成國民革命。奈何吳越強分，致成異趣，……且國難臨頭，國族方期聯合一致，抵抗外寇，而楊積慶公然破壞，姿行殘暴，有加無已，須知回民首級有數，人道公理無窮，縱數萬餘人之慘冤不能昭雪，而危害共和政體之大罪尤豈可置之不問。信教自由，約法載有明文，國族平等，更為總理遺教，中國國民黨第一次全國代表大會宣言，亦以國族自由聯合為宗旨，灼然正義，共見共聞，楊積慶不知？出此，對於臨潭回族，專以殘殺為能事，小族何辜，荼毒若此，凜西北之紛亂環生，復悲我數萬回民之無辜受戮，揆之情理，難安緘默。弊會對於楊積慶屠殺回族慘案，我全國回族青年之全力做被害數萬回民之後盾，合詞籲請，不除大害不止，務求各界，主張公道，一致援助，俾死者瞑目泉下，生者得歸故鄉，則國家辛甚，民族幸甚。

北平伊斯蘭學友會叩〔註1〕

同時中國回教俱進會、中國回教公會各分會、各地清真寺等組織單位也紛紛致電國民黨中央及甘肅省政府。甘肅省主席邵力子在一份電報中也稱，近日各地回族團體，函電呈請查辦臨潭卓尼土司楊積慶殘殺回教情形之案，紛至沓來，日有數起〔註2〕。

二、甘肅省政府派員前往臨潭處理

面對全國各地回族社團組織及社會輿論的強大壓力，甘肅省府多次開會研究解決方案，最後決定派民政廳長林竟赴臨潭處理，「林廳長本人大公無

〔註1〕《北平伊斯蘭學友會為甘肅臨潭縣回民被土司楊積慶殘殺事通電》，《月華》第4卷第16、17、18期合刊。
〔註2〕《甘肅邵主席致北平成達師範學校之快郵代電》，《月華》第4卷第22、23、24期合刊。

我，漢回一家之宏願，兼任此職，並物色回教中熟悉甘情之人馬子健、馬岐山，於五月二十八日隨同出發，親勘災情，行經寧定、和政、臨夏等縣，繼由土門關道經番地，逕抵臨澤，每到一縣，由林廳長召集漢回民眾，剴切勸導。臨潭回民之逃居番地，黑錯麥隖及岷縣等處者，不惜舌敝唇焦，詳言利害，面加訓勉，尤諄諄以興教育增知識為至囑。對於臨潭，特別請魯大昌師長負責保護，楊積慶被林廳長面加訓誨，楊表示親愛，極力招亡。現在難民之散居各地，已紛紛上莊者，相望於道」〔註 3〕。林竟還挑選幾位回民縣長隨行，以作見證，甘肅省回教教育促進會進行監督，並將處理結果及時電告北平回族各社團組織，此案雙方互相仇殺，不能專責一方。處理結果為：（1）截止民國 19 年 5 月以前，漢、藏、回殺傷事件不追究。（2）被人領取或避居他人住宅之婦女，准其認領。（3）被人強佔或賤賣勒買地土，准其贖回。（4）民國 19 年被人耕種或自行出租田地，所得糧食，兩平均分。（5）自 19 年起，三年免除賦稅差徭，給予災民救濟，由政府蓋房屋作為難民回莊暫住之所〔註 4〕。

同時甘肅省回教教育促進會也給北平伊斯蘭學友會發去《甘肅全省回教教育促進會快郵代電》，並稱：「北平伊斯蘭學友會諸先生鈞鑒，接閱尊電，得悉貴會對於臨潭回民被殺一案，以教誼關係，不忍坐視，代電呼籲，厚誼熱忱，至身欽佩。」同時報告了處理結果，內容與以上大體相同，對林竟廳長到各地視察及處理過程作了簡要介紹。

臨潭回民被殺事件發生正值蔣、馮、閻中原大戰之時，之後北洋政府下臺，馮玉祥勢力退出西北，而國民黨乘機掌控甘肅，邵力子也是 1928 年出任甘肅省長，對事件前後因果還正在瞭解之中。實際上楊積慶屠回事件發生後，臨潭回民代表曾「赴京控告，蒙國府批准訓令省政府查辦在案，時局變遷，久未昭雪」，楊土司見屠回慘案無人做主，更加變本加厲，在這種情形之下，全國各地回族社團組織出面，直接寫信給甘肅省主席邵力子，要求盡快秉公處理，招集逃避周邊各縣的回族難民盡快上莊，恢復生產，特別要求盡快解決回民學童入學問題。而在處理事件過程中，《月華》雜誌發揮了主要輿論引

〔註 3〕《甘肅全省回教教育促進會快郵代電》，《月華》第 4 卷第 22、23、24 期合刊，1932 年 8 月 25 日出版。
〔註 4〕《甘肅全省回教教育促進會快郵代電》，《月華》第 4 卷第 22、23、24 期合刊，1932 年 8 月 25 日出版。

導作用，《月華》第 4 卷 8 期刊發丁正熙《甘肅臨潭回民狀況及十八年損失》一文引起全國各地回民群眾關注以外，同時刊登各地回族社團組織要求甘肅省政府處理事件的公函及甘肅省政府回覆回族社團組織的信函，並及時跟蹤事件處理進展。《月華》也先後刊發《北平五團體為臨潭事件致甘肅邵主席電》《北平伊斯蘭學友會為甘肅臨潭縣回民被土司楊積慶殘殺事通電》《山東回教公會致蘭州邵主席快郵代電》《甘肅省政府為臨潭事件覆北平五團體電》《甘肅省邵主席致北平成達師範學校之快郵代電》《甘肅省政府覆北平伊斯蘭學友會電》《漢口市清真自治公益會致北平伊斯蘭學友會公函》《甘肅全省回教教育促進會快郵代電》《甘肅省主席為臨潭仇殺案覆改復初同志函》及《甘肅臨潭縣土司楊積慶屠殺回民》的電文、代論等資料，為臨潭受害回民鳴不平，並在一定程度充當臨潭回民代言人角色。臨潭事件之所以順利解決，逃亡各地避難多年的數千名回民群眾得以重返家園，被人強佔的房屋、田產能夠收回，恢復生產，與各地回民社團及全國回民的一致聲援有很大關係，也與近代回族新聞媒體的宣傳、引導分不開。

實際上臨潭事件當時解決並不徹底，雖然經各地回族社團多方呼籲，甘肅省政府派民政廳長林竟親自前往處理，但還是有許多回民躲避在外，沒有上莊，或土地被當地土豪霸佔，不予歸還，至 1942 年穀正倫任甘肅省主席期間，引起中國回教救國協會關注，救國協會函請省政府主席谷正倫，要求徹底解決遺留問題，「甘肅臨潭縣西區甘申藏莊十三莊難民，自遭十八年慘殺以來，回教同胞十室九空，老弱婦孺，被逐境外，流離失所，慘苦不堪言狀，十三莊業產，被各土司侵奪，各土豪霸種，迄今十三年之久，迭請上峰迫還，而政府雖有招撫上莊之令，屢因地方官吏之黑暗，土司之壓迫，始終未得公平解決。經本會函請甘肅谷主席，轉飭民政廳暨臨潭縣府，監督上莊，應使早回故土，免致失所。經谷主席將此案提出省府會議，當議決解決此案三項原則，尚稱公平，此案庶可得公平解決，本會得穀主席覆函後，即函飭十三莊難民，遵照上莊，回居故土。」〔註 5〕

可見臨潭事件處理前後歷經十多年，有許多回族社團參與其中，雖然作者還沒有見到甘肅省主席谷正倫解決臨潭事件的「三項原則」內容，但中國回教協會在工作報告中將此事提出，說明回教協會對此事件的重視及對最終解決所起的作用。

〔註 5〕《中國回教救國協會工作報告（1939 年 8 月～1942 年 2 月）》。

第二節　整頓、規範北平清真食品市場

北京，又稱北平，從元代開始成為中國政治、經濟、文化中心，1928 年國民政府設立北平特別市，1937 年日偽政府於又將北平改為北京（但並未得到國民政府和人民承認，北平的名稱在此階段仍在延用），1945 年日本戰敗投降後，恢復原名北平。民國期間許多回族社團總部設在北平，遇到一些重大事件，便於各社團一起協商，聯合組織行動。

一、民國時期北平回族社會構成及社團組織

據統計 20 世紀 30 年代，北平有回族人口約 17 萬，主要分布在牛街區、崇東區、朝外區、朝內區、德外區、三里河區等地。那時的北平回民以商人居多，其次為知識階層。商人中以經營古玩玉器、清真餐飲業、牛羊肉業者居多，其他行業如牙行、駝行、果行等，以小商小販居多。經營玉器寶石的回民多集中在牛街及崇東一帶，歷史上許多中亞、阿拉伯穆斯林商隊沿陸上絲綢之路到內地經商或朝貢，帶來香料、奇珍異石等，一些人長期定居內地經商，最後加入中國國籍，牛街一帶逐漸形成穆斯林聚居區，有些人世代經營玉器寶石，有「識寶回回」之稱。北京回民經營的珠寶玉器行又分為「金珠」「玉器」「古玩」等。「清代服制冠帶，動須珠寶，且經濟充裕，聲色之好，無所不至，多樂購古玩珠寶，以示豪富，故珠寶玉業盛行一時，回民業此致富者，數見不鮮。……降至民國，服制即改，珠玉不需，且自遷都後，豪富顯宦，率多離去，於是珠寶業漸行中落。」〔註6〕

北平也是回族社團組織最早發起地之一，民國元年，隨著國體的變更，在王寬等人的組織下成立中國回教俱進會，參加者多為北京社會各界回族知名人士，各省設立支部，逐漸發展成全國社團組織。之後又有回族青年組織成立的穆友社；繼之伊斯蘭學友會成立，其宗旨是聯絡感情，砥礪學行，後更名為中國回族青年會；追求學會是 1925 年成立，1931 年西北公學的學生成立勵進學會。陝甘青寧新旅平回教同鄉會是西北各省旅平回民之慈善組織。

以上回族社團組織中，除中國回教俱進會外，其他幾個或因人事變遷、或因規模較小，沒能對當時北京回族社會形成影響。1928 年成立的北平回教公會因有白崇禧、馬福祥、馬天英、李廷弼、馬松亭、張兆理、王夢揚等回族政界、文化界、宗教界人士的參與，成立之初盛況空前。但第二年隨著白

〔註6〕王夢揚：《北平市回教概況》，《禹貢半月刊》1937 年第 7 卷第 5 期。

崇禧返桂，會中主要骨幹也多離平，會務工作又陷入停頓。1929 年之後隨著成達師範遷平、西北公學的成立，北京又聚集大批回族知識階層，會務工作又有起色，並逐漸推進，特別在處理回漢糾紛，社會宣傳作了一些工作。

　　1933 年《世界日報》侮教事件發生以後，經唐宗正與北平廣播電臺主任沈宗漢商榷，確定每隔一周之星期三下午 4：00～4：30 舉辦一次伊斯蘭教知識廣播，以提高社會各界對伊斯蘭教之認識，避免不必要的誤會發生。據記載前後共有 25 次廣播，主要由馬松亭、馬善亭、趙振武、金吉堂、王夢揚、山子餘等阿訇與回族知識界人士講解伊斯蘭教基本知識，如馬松亭阿訇講解「伊斯蘭的信仰」，馬善亭阿訇曾播講「回教的清潔」「回教的精神」「齋戒」「古蘭經首章釋義」等，趙振武講「穆罕默德的生平」「朝覲」「開齋節」，金吉堂主講「回教在中國的源流」，孫燕翼講「對於回教應有的認識及回民本身應有的努力」。這次廣播演講，對宣傳伊斯蘭教及主流社會群體對伊斯蘭教的認識，也對於回漢文化溝通起了積極正面作用，取得了預期效果。

二、北平回民食品營業審查委員會參與清真食品市場管理

　　清真食品是指按照伊斯蘭教法規定生產、經營、加工、儲藏、運輸，符合穆斯林生活習俗與消費特點的食品。將「清真」與回族穆斯林飲食文化聯繫起來，應該在清末民初，之前回族飲食有無清真標識，還沒找到可靠資料。20 世紀 30 年代，在成達師範及回族社團組織的倡導下，一些回族青年學生擔負起全國回族人口、生計、教育等內容的實地調查，有學生對北平回民飯館展開調研。據資料記載早期回民飯館用藍幌子作為清真標誌，例如有一篇文章稱：「荷葉樓，本是漢教買賣，並且它也沒有湯瓶牌，可是彼時的回教人，差不多都去照顧，同時他鋪中的夥友，也沒有回教人，至於他的一切設備，倒是處處加意，樣樣留心，所以連反教規的行為，在他那裡反倒找不出來」。在清真飯館出現之前，外出旅行、做生意回民有時會在漢民開的素食餐館吃飯，後來回民到一些飯館就餐時，向人打聽「是一面還是兩面？」若說是一面的，那便是漢民開的飯館，只供漢民就餐，若說是兩面的，便是回民所開飯館。因為漢民開的飯館，只有漢民去吃，所以叫一面，而回民開的飯館，回、漢人都去照顧，所以就叫兩面。在一些地區的回族也曾使用過藍布條、藍幌子等為飯館的清真標誌，例如回民飯館，都是用一個木圈，四周糊上些藍紙條，「這是表示回教的買賣而售賣麵條。那麼，漢教的買買便使用紅色，

因此我們遠遠一看，也就知道那鋪子是回是漢」〔註7〕。至於荷葉樓，是漢民所開，卻掛的是藍幌子，他本應當賣一面，但回民多去照顧，因此有人說「荷葉樓是一面的買賣，而賣兩面的錢」。

後來有人用湯瓶壺作標識，門口放一個用來洗手用的湯瓶壺，一般食客也就知道是回民飯館。但是一些推車、挑擔的回民小商販因為攜帶湯瓶壺多有不便，便在一塊小木板寫上「清真回回」、「清真古教」、「西域回回」等字樣，或手繪一個湯瓶壺，被統稱為「湯瓶牌」，逐漸成為清真飲食的統一標識。

因為湯瓶牌製作簡單，一些漢族為擴大經營，招徠顧客，也在木牌寫上「真正清潔」，也有一些漢族商販私自製作湯瓶牌，冒充清真，或漢民飯館老闆投機取巧，雇傭一個回民夥計，給他支撐門面，「賣兩面錢」，被稱為「頂帽」。也有一些漢民商販，也不掛湯瓶牌，只在幌子或錢筒上書寫「清潔衛生，真素食品」「真正清潔」等字樣，使一些識字不多的回民往往誤食。

北平一個賣切糕的漢族劉某掛著湯瓶牌經營多年，也無人過問，一般回民也熟視無睹。1936 年某月，有兩個回民出面干涉，要求摘取湯瓶牌而引起糾紛，最後訴諸法律。面對回民飯館及食品市場亂象叢生，當時北京幾個回民社團組織，如北平回民公會、北平回教俱進會及教務研究會等，於 1936 年9 月 27 日在西單清真寺聯合召開會議，討論因摘湯瓶牌事件而引起的回、漢糾紛及應對措施。到會者有各團體代表 70 餘人，會議由薛文波主持，馬少雲、趙瑞林報告為摘湯瓶牌引起回漢糾紛的經過，會議決定由各大回民社團主要領導人組成北平回民食品營業審查委員會，製作統一的湯瓶牌，並由北平回民公會報請公安局備案，印製調查證，由各清真寺對附近商販進行調查。調查確認回民經營的商販，發給統一製作的湯瓶牌，凡發現回民私售湯瓶牌清真標記的，經查明屬實，給予警告和制止。凡回民製售不合教規要求的食品，要派員勸解。當時經審查符合清真食品之商鋪，核發清真標識 2400 餘家，稍後將湯瓶牌改換為「回教營業證明書。」〔註8〕並發布《全市回民公鑒》：

> 查我們清真教，最重清潔，尤其是對於飲食的講求，為任何宗
> 教民族所不及。因為飲食關係我們的生命和德性，所以教典規定，
> 性惡貌醜質污的東西，一概不得食用，取捨的標準極為嚴格。不但
> 對於物品有選擇，就是對於製作的方法和製作的程序，也都是隨處

〔註 7〕馬瑚：《北平的回教飯館（一）》，《震宗報月刊》1936 年第 2 卷第 1 期。
〔註 8〕劉東聲、劉盛林：《北京牛街》97 頁，北京出版社，1990 年。

留意，以免稍有不潔，而影響於德性。尤其是對於經營飲食的人，更有種種的條件。按照普通的習慣，第一是要純正的穆斯林，第二對於用水知道「侯昆」，第三對於食料知道「侯昆」，第四在調做以前，必須身手清潔，也就是必須有「烏斯里」。此外對於器具的安放，烹調的隨時留心，都是必備的條件。我們清真教因為如此嚴格的辦法，所以才博得清潔的美名。一般外教人也都喜歡用回教的食品，這是多麼榮譽的事呢！但是近年來，忽發現一種極不好的現象，就是有許多外教人，因羨慕回教售賣食品的道路寬，竟私掛湯瓶牌，冒充回教，用一個回教人給他支撐門面，叫做頂帽，又叫做賣兩面錢，魚目混珠，希圖漁利，一般教民不擦，每每誤為食用，有的終身不知，有的事後知道，後悔莫及，以致影響信德，影響健康。並且因為這種冒牌的生意多了，無形中影響我們的生活發展不少，也就是影響我們的經濟了，這是對我們多麼不好的事呢？我們考察這種冒牌的生意，至少有下列幾種：

一、完全外教人，居然掛湯瓶牌，掛有幛子，冒充回教。

二、東家是回教人，掌櫃夥計一律外教。

三、是外教人，也不掛湯瓶牌，只在幛子上或錢筒上端標著什麼「清潔衛生，全素食品」或「真正清潔」等等的字樣，以圖蒙混。

考察促成這種現象的原因，固然由於回教飲食生意道路較寬，使一般利慾薰心之輩不顧道德廉恥，立意冒充，更有一般糊塗教民，受了和自己交好外教人的運動，居然請出幾位同教人，替這外教人掛牌，豈不是糊塗的事情嗎……本會為全市現任阿訇及經師組成，對於整頓教務責無旁貸，現在本會決議，取締這種冒充的辦法數項，希望大家加以注意：

一、編印傳單，分發各商號及教民，使家喻戶曉，對於各處售賣食品的，要隨處留心，發現是冒充的絕不購買，若我本身能夠深惡痛絕，則冒充自然就斷絕了。

二、由本市回民公會制定標準湯瓶牌。凡是本市回教食品營業，都要來會請求核定，經證明無訛，酌收費用以後，再行發給，廣使教民一望而知，不致上當。

三、由回民公會正式通知公安局，另由本會印製調查證，分發各寺負責人，在警察保障之下，就附近食品營業隨時加以調查，使冒充者無法立足。

四、所有本市各商號不須使用外教夥友，亦不得收納外教學徒，除他們真心改奉回教。

五、將來由平市各寺舉辦食品商民教義傳習所，或印發傳單，務使全市商民能夠瞭解「侯昆」，實際做到「清真、清潔」的地步。

諸位教民，諸位回教食品商民，伊斯倆目是講清潔的，北平是全國回民表率的地方，假使我們諸事不求甚解，那麼宗教前途必受重大影響，飲食一項，關係於我們的道德、生命、經濟是很大很大，盼望全市教胞對於本會指示各項，應遵守的遵守，應戒絕的戒絕，應輔助的輔助，務使在最近期間，能夠發生效力，收到結果，那是最盼望的。

回民公會
教務研究會
北平市回教俱進會　同啟〔註9〕

北平回民團體統一製作、發放湯瓶牌，並對經營清真食品的個體戶進行集中培訓，對規範清真食品市場、防止假冒「清真」起了重要作用。「七七事變」以後北平回民公會將原來的「湯瓶牌」統一更換為「回教營業證明書」。

據記載，中國回教救國協會河南支會「因售賣小販所掛『清真回回』牌，向係自由製作任便懸掛，甚有冒充回教等流弊。茲由支會製『清真牌』二種，並於背面揭衛生簡別，俾資遵照，經審查認為確係清潔者，姑準發給，以杜冒濫」〔註10〕。同時民國時期一些回民報刊從伊斯蘭教法、衛生角度對穆斯林飲食問題進行宣傳解釋，如《回教飲食問題概論》《回教飲食概說》《回教徒對於飲食的選擇》《回教禁食的幾樣東西》等，一般回民也開始注意保持傳統飲食習慣，回民經營的飯館也掛出「清真」標識，或標有阿拉伯文的清真食堂、清真飯館普遍出現。

〔註 9〕《北平回民各團體為制定湯瓶牌事件討論會記錄》，《月華》第 8 卷第 26 期，1936 年 9 月 20 日出版。

〔註10〕《中國回教救國協會分支會活動情形》，《中國回教救國協會會報》1942 年第 4 卷第 9～12 期。

據《月華》報導：濟南「城內西關、南關、商埠、萬字巷、北大槐樹、津膠兩站等等回民不下七千餘戶，近有一些商販，貪圖小利，為各教館子頂帽，來往回教客商，看門上貼有『都阿』招牌，全掛著清真教門的大招牌，往往受害。回教公會曾有見於此，所以做來千餘個識別證，每日派出五六班人徹底清查，凡頂冒的牌子，完全拿走，真正的穆士林，把他姓名、年齡、住址登記，發給識別證，以資識別。」〔註11〕

歷史上回族從事牛羊屠宰業者比較多，受伊斯蘭教法影響，非穆斯林教職人員宰的牛羊穆斯林不能食用，穆斯林對教規訓條奉命惟謹，絕無通融餘地。一般人對穆斯林的飲食禁忌不能理解，誤會時有發生。1922年南京清真董事會編《清真教飲食篇》，分上、下篇，上篇論述穆斯林可食之物，下篇言不可食之動物〔註12〕。1940年江蘇徐州地方官員強迫回民按新法屠宰牛隻（以釘釘入牛腦），招致當地回民反對，此時江蘇已經淪陷，當地回民不得已，該地回教分會副會長文少山親自到北京，向偽中國回教總聯合會反映情況，經回教總聯合會與地方組織交涉，該地官員收回成命，特許回民用舊法屠宰。1941年北京警察局為減少牛牲痛苦，倡議用新法宰牛，即改用機器屠宰，考慮到伊斯蘭教規，警察局約請各清真寺教長商討，意在尋找一種折衷方法，一方面能減少牛的痛苦，又能為穆斯林所接受，各位教長紛紛表示，此事無通融餘地，捨棄舊法，別無它法，紛紛表示愛莫能助。

第三節　妥善處理多起侮教事件

民國時期國內接連發生一系列針對伊斯蘭教的侮教案，嚴重影響了回漢民族關係的正常發展，如《南華文藝》案、「北新書局」案、《世界日報》案等，曾引起全國各地穆斯林的抗議，當時北京、上海等地成立臨時性質的護教團，形成回族等穆斯林的反侮教鬥爭。從案發形式來看，一種屬於作者對伊斯蘭教或穆斯林風俗習慣不暸解所造成，也有些屬於一些無聊文人政客別有用心、精心編造策劃造成的。

〔註11〕《揭破一切冒牌回回，徹查回教大小食物店》，《月華》第6卷第31～23期，1934年11月30日出版。
〔註12〕王建平主編：《中國伊斯蘭教典籍選》（第3冊），中國古籍出版社，2007年。

一、「回教護教團」成立及《南華文藝》案的解決

20 世紀 30 年代，國內民族矛盾依然十分尖銳，一些政客文人挖空心思，編造侮辱回族伊斯蘭教文章，侮教事件接連發生，當回民出面質疑時，這些報館往往以「事出無心」「與回教向無惡感」或「來稿未加詳閱」搪塞回應，引起全國各地回民更強烈的抗議。在這些抗議活動中，中國回教俱進會、北平回民公會起了組織領導作用，與國民政府、出版社、侮教事件當事人展開鬥爭，表達回族意願，曾先後成立「華南護教團」和「華北回民護教團」「廣州回教青年護教團」等臨時性組織，要求國民政府重申「民族平等、信教自由」等政治訴求。其中 1932 年「南華文藝案」影響最大，引起全國各地回族一致護教行動。

1932 年《南華文藝》1 卷 14 期刊發婁子匡《回教徒怎樣不吃豬底肉》一文，對回族「想盡想絕的挖苦」，其文字之低俗惡劣使一般穆斯林實難忍受，於是北平各回族社團組織行動起來，組建「華北回民護教團」，發表宣言，構建組織大綱，「以精誠團結維護本教榮譽為宗旨」，「上海南華文藝侮教事件結束時解散之」。

1932 年 10 月 5 日下午北平回民在牛街清真寺內舉行大會，對外宣布「華北回民護教團」成立。出席會議的有各省回民代表，中國回教俱進會，北平回民公會，中國伊斯蘭教學友會，北平城郊 40 餘座清真寺的代表，北平西北公學中學部、小學部，北平成達師範學校，《正道》雜誌社，《月華》報社，《震宗報》社，《穆光半月刊》社，及北平各回民商會，如馬行商會、玉器商會、果行商會等 500 餘人，齊聚牛街清真寺，公推馬振五先生為臨時主席，報告此次侮教案之經過，上海「北新書局案」之解決詳細經過。組建華北護教團辦事處，討論「南華文藝案」之解決步驟為：

1. 呈請國民政府罷免鐵道部次長、《南華文藝》主編曾仲鳴本兼各職，移交法院科以割裂民族、危害民國罪。

2. 政府飭令首都警察廳及上海市政府勒令《南華文藝》停刊。

3. 請中央令浙江省政府逮捕撰稿人婁子匡送交法院治罪。

4. 通電全國各省回民團體一致聲援。

華北回民護教團為《南華文藝》侮教案呈國民政府電文中指出：

> 前行政院秘書長現鐵道部次長曾仲鳴主編之南華文藝，竟有異常侮辱回教之文字，該刊物第一卷第十四期載有「回教徒怎樣不吃

豬底肉」一文，附會鄙野無稽之西遊小說，憑空結撰，狂悖荒唐，
肆意詆毀，直視五千萬回民為異類而欲屏之人群之外，閱覽之下，
不甚駭憤。……籲請鈞院，將該主編鐵道部次長曾仲鳴明令罷免，
交付法院科以離間民族、危害國家之罪，並立飭首都警察廳、上海
市政府，勒令南華文藝即日停刊。再撰稿人妻子匡，憑空虛構，公
然侮辱，罪惡尤為重大，現在匿居杭州地方，請飭令浙江省政府，
立將妻子匡逮捕，交付法院一併依法治罪。〔註13〕

《南華文藝》侮教事件發生後，引起全國各地穆斯林的抗議，《月華》第
4卷28、29、30卷合刊為「辯誣專號」，刊發「南華文藝登載侮教文字」社論
一篇，全國各地學者辯論性文論8篇，「華北回民護教團宣言」等專件9篇，
山東、河北、陝西、河南等省市各種回族社團組織函件事多篇。北京《震宗
報》1932年第3、4、5號也為「教案專號」，開闢「專電、專件」欄目，刊發
「南華文藝侮教案原文」「呈國民政府文」「致全國教胞電」等專電、專稿 10
餘件。寧夏作為回族聚居區，接到「華北回民護教團」通電以後，群情激憤，
立即組織寧夏護教後援會，由蘇盛華代為草擬電文，因措辭過於激烈，沒有
得到官方通過，被扣不許發出，幾經磋商修改，形成如下電文：

連接華北護教團及全國各地回民團體先後函電，驚悉中委兼鐵
次所主編之《南華文藝》社及著名書肆「北新書局」，最近相繼刊布
極端侮辱回教之文字，請一致力爭等語先後傳來，我寧夏回民無不
義憤填膺，痛不欲生。查我回教入華千餘年，歷代以來篤行守道，
或勤王靖難，以衛社稷，或斬荊闢萊，以開國基，種種偉烈豐功，
史不絕書。然而恭順安分，總無政治之野心，尤為中國客籍民族之
特點！光復已還，贊襄共和，參加革命，迭著勳勞，中外咸知。雖
間因不堪軍閥之壓迫，不免有拼命抗拒強權之特性之表現，要皆以
服從中央為一貫之職志，事實昭彰，不庸掩飾。我回教果何以負於
中國而必欲擬之異類，致之絕境而後快乎？況當倭寇深入，國勢阽
危之秋，國人正宜依國內各民族一律平等之遺教，而回族亦必本其
忠誠愛國之天性，相與提攜團結，共挽危局，而禦外侮。何物妻氏，
竟敢漠視國難，憨不畏法，喪心病狂，至於此極！曾氏身居黨國要

〔註13〕《華北回民護教團為南華文藝侮教呈國民政府》，《月華》1932年第4卷第28
～30期，1933年10月25日出版。

津,「北新書局」為文化之府庫,對此等蜀犬吠日不值識者一笑之狂妄絕倫之文字,不即唾棄,公然刊布;其狼狽為奸,朋謀離間民族之罪,昭然若揭。回族雖弱,亦安肯在青天白日之下,無辜受此空前之奇恥大辱?除即日成立寧夏省回民護教後援會率全省教胞,追隨華北回民護教團之後誓死抗爭外,謹特電請中央政府「將該團所要求各項迅賜圓滿之解決,俾平回民不同戴天之公憤,用示政府一視同仁之至意,則國家幸甚!回教幸甚!不勝屏營待命之至」等語。竊尤有進者,查此等橫逆之來,固由於無聊政客失意敗類,唯恐天下之不亂,故肆其挑撥之伎倆,藉遂其破壞之野心,實國家之蟊賊,人類之公敵!然亦吾人本身之無組織無教育,缺宣傳諸弱點,適遺人以可乘之隙。故此次吾人治標,故應誓死擁護華北護教團之各項要求,必達圓滿之目的而後已!治本則宜對症下藥,群謀今後所以根本補救之道,庶一勞永逸,自身健全,外侮自泯矣!臨電激昂,不知所云。

後來還召開過第二、三次代表會,主要討論華北護教團組織大綱草案,討論本團宣言,選舉執行委員,組織請願團赴京(南京)請願等事項。護教團決定先派王子馨、王微言、劉柏石、丁正熙四代表南下,如尚不生效果,即組織大規模的請願團赴京。10月16日,華北回民護教團北平後援會成立,作為護教團的堅強後盾,會址設在教子胡同清真寺。11月20日,廣州回教青年護教團成立,成員由中國回教俱進會粵支部會長,懷聖寺、東營清真寺教長組成,並聘請法律顧問,發表宣言「民國之立,全賴五族之共和。今上海《南華文藝》第一卷第十四期,竟載有《回教徒怎樣不吃豬底肉》一文,其言謊謬絕倫,不近人情,無端毀辱。思其意義,無非為挑撥搗亂、離間民族,擾惑人心,因此則中國之基礎動搖,而國家之淪亡更速矣。華北教胞為救國護教起見,故聯合組織華北回教護教團,主持此事,以便長期奮鬥,而上海即日亦組織護教團。然各地亦紛紛相繼成立,至於廣州方面,自接到上海來電及各地之刊物後,同人等即行籌備,組織廣州回教青年護教團,以為援助。同人等深望廣州回教志士青年,踴躍參加,則其效力於吾教,亦即效力於國家,此同人等之所厚望為。」〔註14〕

〔註14〕《廣州回教青年護教團籌備會宣言》,《天方學理月刊》1932 年第 4 卷第 12 期。

　　華北回民護教團因為南華文藝侮教致全國教胞電中稱:「全國回教同胞公鑒:《上海南華文藝》第一卷第十四期載有《回教徒怎樣不吃豬底肉》一文,附會無稽西遊小說,肆意詆毀,無端侮辱,事出非常,令人髮指,同仁等糾集華北同志,組成華北回民護教團」。並附有給南京行政院要求處理南華文藝案的三項要求和該刊原文各一件,一時全國各地回民團體、清真寺紛紛來函,支持護教團進行合法鬥爭的行動。請願代表南下途中受到各地回民的熱烈歡迎,最後南京政府對南下請願代表提出的四條均全部接受,南華文藝雜誌社被封,曾鐘鳴向全國穆斯林道歉,婁子匡被依法追究刑事責任〔註15〕。

二、回教俱進會、北平回民公會出面交涉《簡明世界史》案

　　1936 年商務印書館出版的《簡明世界史》中對伊斯蘭教創始人穆罕默德妄加評論,又引起北平穆斯林的公憤,中國回教俱進會與北平回民公會及時出面與商務印書館交涉,兩社團在《為世界簡明史誣聖案致商務印書館函》中提出五條解決原則:

　　　　一、該書誣衊穆聖部分應由原譯者根據史實重新輯著,原書該部分作廢,另以更正文字補訂之,未改訂之前,絕對禁止發售。

　　　　二、所有正史部分,須請就近向上海中國回教學會請求審查,經該會認為無舛,然後付印。

　　　　三、由貴館及本會等聯銜通知全國書業分會轉知各書店,尊重公令,禁止刊行誣衊回教文字,並要求以後如有關回教文字,可請由上海中國回教學會代為審查,以免無謂之紛擾。

　　　　四、由貴館正式具道歉書,由本會等通知全國回民,以息眾憤。

　　　　五、請貴館將以前出版各書,如《世界史綱》等詳細審查,如有類似此類文字,均須逐一更正。

　　　　上列數點係本會代表回教民眾為最低限度之要求,如何之處,希速示覆。

中國回教俱進會本部
北平回民公會

〔註15〕尊三:《關於〈南華文藝〉侮辱回教事件之面面觀》,《月華》第 4 卷,第 28、29、30 期合刊,「辨誣專號」,1932 年 10 月 25 日出版。

在《商務印書館覆中國回教俱進會本部等函》中稱：敝館復業以來，應社會之需要，出版書籍日益繁多，而對於宗教尤其尊重，闡揚貴教者，如《中國回教概論》《回教哲學》等書，均係新近特請貴教名人馬振五諸先生著譯。發行以來，流播甚廣，日前據友人見告敝館數年前譯印之《簡明世界史》內第四十三節原著文字，有觸犯貴教之處，檢閱之下，無任惶然。查此書係樊君仲雲就英國韋爾斯原著直譯，敝館印行時亦未能發現，甚為抱歉，立即通知上海發行所及各地分館將存該書一律停止發行，收回刪改，並於本月十一日登報聲明道歉，承開示各節，均當遵辦，並分述如下：

一、該書先已收回停售，原書文字不妥之部分作廢，在未修改以前，絕不發售。

二、刪改部分除先已寄請馬子貞先生校正外，當再遵囑送請上海中國回教學會，審閱滿意，然後付印。

三、已由敝館函請上海書業同業公會通知各同業所有出版物，如有關於回教文字，須特別慎重，如有懷疑，可送請上海中國回教學會代為審查，以免無謂之紛擾。

四、敝館以前出版之韋爾斯世界史綱，已一併停售，收回審查，尚有不妥之處，亦自當刪改，其他各書，亦當特別注意。

五、前已登報向貴教同仁表示歉意，茲再以本函正式向貴會等道歉！並附奉所登報紙一份，敬祈查閱、鑒諒為荷，專泐奉覆。此致中國回教俱進會本部、北平回民公會。〔註16〕

1936年1月11日上海《申報》刊登《商務印書館為停售並修改簡明世界史啟事》，譯者樊仲雲也登報導歉，此事暫告平息。不料2月28日北平《東方快報》又出現侮辱伊斯蘭教創始人穆罕默德文字，北平回民群情激憤，北平回民公會及時出面，與冀察政務委員會、北平市政府交涉，民憤暫平。3月30日北平《全民報》刊登一篇《新疆纏回婦女婚嫁風俗特寫》，文中充滿下流侮辱之詞，被北平回民發現後電話告知各清真寺，經交涉，該報登文道歉。而4月3日的《時言報》又原文轉載，4月5日、6日的《世界晚報》《公民報》也相繼轉載，並將題目改為《哈密為出產美女的聖地》。北平回民認為兩報有意侮辱穆斯林，城郊41坊回民聚集牛街清真寺，有五千餘人參加遊行，

〔註16〕《簡明世界史侮教事件交涉記》，《月華》第8卷第3期，1936年1月出版。

一時間新疆穆斯林及外省回民團體發來聲援書一百餘件，更有外地穆斯林趕來支持。許多小商販也聞風而動，加入遊行隊伍，事態擴大，兩報館被搗毀，陝甘寧青新回教同鄉會、天橋清真寺、錦什坊街清真寺董事會、王府井大街清真寺、北平回教公會等組成「北平回民各團體臨時聯合會」，與北平市政府進行交涉，臨時聯合會提出：

　　1. 由市政府及新聞記者公會負責保障以後不再發生此種侮辱文字。

　　2. 雙方損失，各不賠償。

　　3.《世界晚報》《公民報》自行登載更正道歉啟事三日。

　　4 負責人員由各該報館自行懲處。

　　以上4條被各報館接受，北平市公安局發表「保教通令」，要求各報館尊重宗教及信教群眾，此事件得以平息。後來還發生譯製片《戰地英魂》事件，也是由回民團體出面與國民政府中央電影審委會聯繫，禁止在全國播映。〔註17〕

1926 年～1936 年侮教簡表 〔註18〕

案號	教案名稱	發生年月	案情	處理結果
1	北平教案		《華北日報》刊登侮教文字頗多	經過及結果未詳
2	報館侮教案	1926 年 7 月 30 日	《天津報》館主筆吳宗慈在該報登「回教不吃豬肉的原因」一文，謾罵回教，津界回民向該館交涉	經八善堂出面調解，送「古教可尊」匾額及「萬古流芳」牌
3	商教本侮教案	1913 年出版，1929 年發覺	商務印書館出版之《世界史》第 2 章 3 節及《本國地理》上冊載有侮辱伊斯蘭教文字，全國回民電請教部審查令改	教育部明令商務印書館更改，該館聽令即行
4	綠雜誌侮教案	1929 年 9 月	杭州藥社出版之《綠玫瑰》雜誌 1 卷 1 期載「鹽城之回教」一文，謾罵回教，引起回民交涉	該雜誌更正，負責人道歉
5	新亞刊侮教案	1931 年 4 月	國民政府考試院院長戴季陶主辦《新亞細亞》月刊於第 2 卷第 4 期載「南洋回人不吃豬肉的故事」亂罵回教，北平《月華》刊社致戴季陶函	該刊第 2 卷第 6 期更正

〔註17〕《北平教案始末》，《月華》第 8 卷第 12 期，1936 年 4 月 30 日出版。
〔註18〕汪沛：《近十年來侮教案簡表》，《突崛》第 3 卷第 9 期，1936 年 9 月 15 日出版。

6	南華刊侮教案	1932 年 11 月	鐵道部次長曾仲鳴創辦之《南華文藝》第 1 卷 14 期刊登婁子匡、覆江紹一文，演述《回教徒怎麼不吃豬底肉》一文，荒謬無稽之事實。以毀損回教徒之名譽，惹起全國回教徒之激烈反抗	行政院通令全國不得輕視回教，婁子匡由杭州地方法院判處徒刑，勒令該刊停刊
7	北新書局侮教案	1932 年	上海北新書局發行民間故事小叢書，其中有林蘭女士所編《小豬八戒》一書，故意侮辱回教，回民公憤，提出交涉	銷毀該書存版
8	河北通縣侮教案	1933 年 1 月	河北通縣萬壽宮吳家戲院演唱秦腔《雙弔孝》時，伶人小白菜、陳永春、李德秋等故意侮辱回教，惹起回民公憤	伶人等在吳家戲院懸掛匾額，以表歉意，並向清真寺立悔過書
9	河南歸德侮教案	1933 年 5 月	河南歸德西關漢族李全閣祖孫父子在二家西關演賣戲劇，登臺侮罵回教徒，釀成鬥毆之事	雙方各傷四五人，由城關紳士出面說和，李等道歉
10	競智局侮教案	1926 年出版，1933 年發覺	上海競智書局出版胡憝珠編輯之《香妃演義》一書，純屬侮辱回教，謗穆聖，江西南昌市回民在該地廣益書局（代售）發覺，提出交涉	回民代表請求該轄區公安局追繳其書，並呈請政府懲辦編輯人
11	唐山報侮教案	1933 年 12 月	河北《唐山報》第 5 版唐山欄內載有「談是非」一文，內容任意侮辱回教	該處回民請求黨政官府究辦，通電全國教胞一致聲討，迅將該報依法查封，究辦社長王恩普，經理馬伯元。
12	中學新聞侮教案	1934 年 1 月	北平德勝門內羅波倉中學新聞社出版之《中學新聞》第 17 期內載「三子趣聞」一則，故意侮辱回教，惹起北平回教徒公憤	經各方勸解，明白該報系某派學生所辦，意在挑起民族情感，吾人不可上當，一場風波，無形平息
13	南京朝報侮教案	1934 年 5 月 14 日	南京《朝報》載有劉民□作的「回教徒不吃豬肉之原因」一文，內容荒誕無稽，引起回民公憤	該報及撰稿人在《大道報》聲明道歉

14	華新報侮教案	1934年5月17日	山東濟南趙自強所辦《華北新聞報》轉載本年月14日南京《朝報》所載《回教不吃豬肉的原因》一文，引起濟市回民憤慨	經何冰如、笑鵬與回民公會接洽，該報更正道歉
15	棗林莊侮教案	1934年5月	河北通縣棗林莊回民李鳳祥於自己井內發現豬油一塊，偵悉漢人張六故意所為，乃報告教胞，大起公憤，對方大懼，央求張家鎮鎮長陳楷雲、商會會長謝陰三等出面和解	在棗林莊清真寺掛匾一方，留紀念。為李鳳祥淘井，以表示歉意
16	東方快報侮教案	1936年5月27日	北平府右街運料門內《東方快報》「中學生」欄中有署智軒，穿插玉皇大帝、王母娘娘、耶和華、如來佛等，撰成荒謬文字，侮穆聖為外夷，平市教胞見報提交	北平回民公會分電黨政軍當局飭令制止
17	天津大成等侮教案	1934年6月	天津市大胡同大成、直隸、蔚文三書局編印小書一種，名《年羹堯征西》，內有侮辱回教之處，回民前往交涉，與負責人決裂	搗毀該三書局門窗書架，回教聯合會聞訊，派代表勸告大眾和平交涉，一場風波暫告平息
18	信陽縣侮教案	1934年8月2日	河南信陽縣北形集鎮有回民王鳳昌，因細故與該鎮長黃三點生舌戰，黃恃鎮長威權竟取豬腸置於王鳳昌面前，任意褻瀆侮辱。呈請明巷教胞雪恥，該地回民直提交涉	當地紳商要人出面向回民再三懇請，黃三點誠懇認罪，並願製匾，登報道歉，回民不再追究
19	新民報侮教案	1935年4月26日	浙江無錫《新民報》副刊新村內載「馬來人的風俗」一文，謾罵回教，引起回民憤慨。回教刊物《文化週報》社等去函交涉	《新民報》更正道歉
20	華北報侮教案	1935年6月	河北鄭縣《華北日報》載桂省奇文一則，說回教徒是xx的後人，激起回民公憤	該報登道歉啟事一周，並停刊五日
21	河南報侮教案	1935年6月	《河南晚報》「星光欄」載《奇聞怪事》一文，內有回教徒以×為祖宗之詞，回民提出交涉	未詳
22	繪聖像侮教案	1935年	上海新亞書局繪中外聖人像八幀，中有至聖穆罕默德一像，腰間繪有小刀一柄，像下另有鄙俚文字，回民起而交涉	內政部通令銷毀存版，查禁出售

23	世教本侮教案	1935 年	上海世界書局出版之《社會》課本第六冊載有侮辱回教之詞，回教刊物《文化週報》社去函交涉	該書局自動刪除糾正
24	中村鎮侮教案	1935 年	阜陽南鄉中村鎮回民黃開設醬園，鄰人張某故擲豬腸於黃姓醬缸，回民提起交涉	對方向回民道歉
25	光魯報侮教案	1935 年 7 月 31 日	山東濟寧縣黨部《光魯日報》副刊內載有「醒了睡眠者」一文，內容涉及回教，回民起而交涉	該報每週刊載回教教義
26	商務史侮教案	1935 年發現	上海商務印書館出版之《簡明世界史》，係英人韋爾斯原著，樊仲雲譯，內中記載欠詳實，且有侮穆聖之處，漢口市回教支會通電警告	該館登報導歉，並將原印書版悉數收回，另請回民馬良改正，重新付印
27	揚州侮教案	1935 年冬	江蘇揚州漢民張玉林用豬油塗抹回民王渭泉，雖由當事人道歉，但暗含侮辱回教，回民提出交涉	至 1936 年 1 月尚未解決
28	東方快報侮教案	1936 年 2 月 18 日	北平《東方快報》「大觀園」內載「玩具世界」一文，對穆聖極盡輕薄，北平回民電冀察政委會，請嚴厲制裁，以免糾紛	政委會警告該報，和平平息
29	伶人界侮教案	1936 年 3 月 3 日	河北通縣西大街同慶戲院，演唱《東皇花》，飾被劫人之生角孟鳳儀，在臺前侮罵回教，該地回民聞訊，提出質問	未詳
30	電影片侮教案	1936 年 3 月發覺	南京新都電影院放映《戰地英魂》，此片誣衊回教之處頗多，回民發覺後，向回教公會備文，呈中央電影審查委員會	中央電影審查委員會剪去侮回教部分。月後又有演映者，此明別有居心也
31	鎮平縣侮教案	1936 年	河南鎮平縣西關侯鴻岑與回民吳姓對戶而居，常放豬入回民家，回民屢請，不禁忍無可忍，傷其豕，侯率眾，將回民家中不分男女，極端蹂躪，縛以豬腸，打以豬腿，豕蹄填侮婦褲，豬肉強塞入口，最可恨者，復抱小豕，橫噬少婦之乳	此案至 1936 年 9 月尚未結果

32	河北雙旗杆侮教案	1936 年	河北雙旗杆東首文昌閣有回民沙福元，開設燒餅店，與開豆腐店鄰人李學仁發生口角，葷油先塗案板，後擦燒餅滿處，並詈罵回教徒，其妻又到回教支會門首，立罵不休，回民請黨政機關維持公道	未詳
33	新通訊侮教案	1936 年 3 月 30 日	北平《全民報》新疆通訊一則，題為《新疆纏回婦女婚嫁風俗特寫》中涉及回教教長，此文又在南京、北平各報轉載，各地回民見此文與事實不符，有侮回教尊嚴，向各報提出質問	凡登該文之各報大字更正
34	石家莊商報侮教案	1936 年 4 月 20 日	河北《石家莊商報》副刊內登「世界之奇俗」一則，中有侮辱回教之處，當地回民提出質問	該報自認錯誤，並請人調停，回民原諒不究

　　從上表可以看出，上世紀 30 年代前後是侮教事件頻發期，分析案件發生原因，大多是漢族社會對回族習俗不瞭解所致，不論是報刊文章，或是回漢民間糾紛，大多以回族最敏感的豬製造事端。這個簡表只收錄至 1936 年，此後此類事件還在陸續發生，給回漢民族關係帶來一定負面影響。筆者將這一簡表引用，在於提醒一般回族群眾在今後遇到此類事件，應具體問題具體分析，理性對待，主要還是文化溝通不暢通，特別在一些回族人口占極少部分地區。回族分布全國各地，與漢族接觸最多，也容易因生活習俗不同產生摩擦。而回漢文化溝通工作在當代來說，仍然顯得特別重要，筆者作為一個回族知識分子，也經常到南方出差，一次在廣州與出租車司機閒聊，這位司機對客人熱情，服務周到，他得知我來自寧夏回族自治區，就說「你是回族吧？」我說「是」，我向他提出一個問題：「你瞭解回族嗎？」他回答「我只知道回族不吃豬肉」，我說「你知道原因嗎？」他就說是回族祖先之類話。還又一次，也是向另一位出租車司機問同樣問題，得到同樣答案。可以看出更多的是文化溝通不暢。但也有因歷史上遺留的民族偏見、民族歧視在極少部分人中根深蒂固，目前網絡中有意侮辱中傷回族，給當前民族關係的和諧帶來嚴重挑戰，今天回族應有更強大心理承受能力，面對此類問題，應尋求法律渠道解決，自覺維護目前安定團結大好局面。

第七章　創辦報刊雜誌

　　作為一種新興大眾傳播傳播媒體——報刊在清朝末年迅速崛起，一些回族知識群體「因時而動」，也開始加入創辦報刊隊伍。在近代回族文化運動的發展過程中，創辦報刊是其中關鍵的一環。回族報刊創辦的大背景與近代中國社會所面臨的內憂外患、回族社會積貧積弱現象相聯繫。回族報刊是近代回族文化運動的一項主要內容，回族文化運動也孕育了回族報刊的誕生，不同的歷史時期回族報刊表現出不同時代特徵，許多回族報刊本著開啟民智、發展教育、溝通文化、改良宗教、振興民族、凝聚人心、化除畛域、傳達各地回民信息作為辦刊目的，在推動近代回族進步、動員抗戰中做出了重要貢獻，也產生深遠的社會影響。近代回族知識階層在全國各地創辦的報刊據統計達 270 餘種〔註 1〕。

第一節　回族報刊的時代特點

　　1907 年國內 14 個省留學於日本的 36 名回族青年學生，發起組織「留東清真教育會」，1908 年，留東清真教育會在日本東京出版了回族歷史上第一個刊物《醒回篇》開始，至 1949 年 11 月 15 日由龐士謙在北京東四清真寺創刊的《回民大眾》，在近半個世紀裏，回民創辦的報刊達 200 餘種，從辦刊地點來看，北方主要集中在北京、天津、遼寧、開封等地，南方有上海、廣州、常德、鎮江等，西北主要在蘭州、西安、西寧等，西南在昆明、重慶、成都、武漢、桂林、大理，香港也出了幾種。從出版時間長度看，出版一兩期就停

〔註 1〕馬博忠：《民國時期中國穆斯林報刊統計表》，《回族研究》2008 年第 4 期。

刊的不少，出版一兩年後停刊的也有一些，出版一個時期，停刊一個時期，再出再停的也有，如《伊光》《清真鐸報》等，也有出了 20 年沒有間斷的也有，如《月華》。從報刊主編、編輯人來看，有的是幾個人臨時湊起來成立報刊社，缺乏編輯方針與長遠規劃，由於缺乏經費、稿源或其他原因，出了一兩期就停刊，報刊社也就散了夥。有的報刊編輯人員雖經過多次變動，而報刊繼續存在的有《突崛》等。有的僅有一兩個人負責編輯、出版、發行的全部事務，這類刊物占一大半。也有一個人辦一個刊物的，從撰稿、編輯、校對發行等一人包攬，如王靜齋辦的《伊光》。也有近代回族社團辦的機關刊物，如《中國回教救國協會會報》《中國回教學會月刊》等。還有一些是學校創辦的，如成達師範的《成師月刊》《成達文萃》，西北中學主辦的《北平伊斯蘭》等。從辦刊人文化背景、辦刊時機及辦刊宗旨分析，近代回族報刊走過了艱難歷程，有的報刊側重於闡發伊斯蘭教義，彌合回、漢感情，消除歷史上遺留的民族隔閡與偏見；有的關注邊疆問題；也有的側重於學術問題探討。抗戰爆發以後，許多回族報刊將辦刊方向及時調整，動員全民抗戰，報導抗戰消息，同時也新創辦了幾種刊物，如《回民言論》《回教大眾》等，而民國政府對此類報刊也給予支持。

抗戰時期回族報刊辦刊質量有較大提高，出現許多內容豐富，信息量大，發文質量高，頗受社會各界歡迎的回族報刊。中國回教救國協會先後出版過幾種刊物：例如《中國回教救國協會會刊》（1939～1940）、《回教文化》（1942）、《中國回教協會會報》（1941～1948）。《回教文化》雖然只出版有四期，但影響較大，主張「與教內外人士共同研究回教文化，使教外人士愈加理解回教教義及其真正精神之所在，使整個中華民族契合無間」。各地分會也曾出版過一些宗教性刊物，如廣西分會曾創辦《正義》月刊，廣泛進行抗日宣傳。四川分會創辦《回聲》雜誌，後來又與回民青年會共同創辦《鐸聲》報。抗戰勝利，改組後的中國回教協會豫北各支縣聯合會於 1946 年創辦《回聲月刊》，提出消除教內外派別隔閡，提高教胞知識水準，增進各民族之間情感交流；湖北省分會創辦《伊理月刊》。中國回教俱進會主辦《穆聲月報》、《穆光半月刊》，主編陳鷺洲，還成立「清真學理譯注社」，主要翻譯阿拉伯文伊斯蘭教經典。中國伊斯蘭青年會廣西分會曾出版《國民與憲政》刊物，中國回教青年學會成立後曾發行《清真導報》，後因經費原因停刊。1946 年由回民青年會（原中國伊斯蘭青年會）主辦《回民青年》將融洽民族感情放在辦刊宗旨首

位。1941 年 6 月馬宗融在《抗戰四年來的回教文藝》一文中，對當時現有的回族報刊進行評介：

　　　　一直到現在，回教人雖然沒有寫出什麼算的傑出的文藝作品的東西，可是，伴隨著抗戰的進展，期刊一天一天地發達起來：在漢口有《回教大眾》半月刊，形式內容都相當活潑新穎，可惜遷到重慶後，出了數期就停刊了。在桂林有從北平移植去的《月華》，這是一個注重宗教文學的刊物，卻也不忽略了一般的政治、社會等等的問題，它的姊妹刊要算是《成師校刊》，這個刊物的使命在報告成達師範學校的校務及學生的活動，也有研究介紹宗教學問的文章和其他範圍的文章或文藝寫作，大都由學生執筆，但時時可以發現很好的著作。在重慶萌芽的是《回教論壇》，它的前身即《回民言論》，乃一個綜合性質的半月刊，其中論著、文章及文藝、翻譯，都很精彩。《中國回民救國協會報告》除會務報告外，雖有文章，卻不是編者所注重的。乃至一度改為《會刊》，再度改為《會報》，增添了各種門類的文章，內容就充實的多了，並且連會務及整個回教的活動的報告也十分地豐富起來。近來又將發刊一種《回教文化》季刊，執筆者不限定回教人，著重在發揚回教文化，研究回教問題，恐怕鼓勵文藝創作與翻譯也會是他所負的使命之一。《伊光》月刊雖是由王靜齋阿訇獨立撐持，可是刊行很久，已達百數十期，也表現著它的獨特精神。《突崛》是一群邊疆回族青年組織的刊物，其中涉及的問題是多方面的，言論也頗具朝氣。上海的《綠旗》，以潔白的道林紙，印著綠色的鉛字，編法也活潑玲瓏，從形式已透露出它內容的新鮮有力，確是一柄短小精幹的戰具。《伊斯蘭青年》是伊斯蘭青年會的會刊，除報告會務外，刊載著很多有價值、有興趣的文章。《清真鐸報》是雲南出版的，執筆者有白壽彝、馬堅、納忠諸位，故學術風氣相當濃厚。甘肅蘭州有一種《伊斯蘭月刊》，編者係石覺民先生，在抗戰前該刊在南京即已出版，抗戰後方前往蘭州發行，雖歷經艱難，仍繼續刊行，除宗教問題的研究外，也涉及政治及社會的批評。青海的《新月》也是一種有前途的刊物，其中分教義研究、學生文藝等，已有一二年的歷史。同省回教教育促進會也有一種文藝期刊印行，頗值得我們注意。在香港則有《回教青年會月刊》，是

香港回教青年會的會報。〔註 2〕

馬宗融先生主要從文藝角度介紹 1941 年以前回族報刊發展狀況，但也有助於我們瞭解這一時期回族報刊辦刊宗旨及所關注的主要問題。

民國期間回族報刊雜誌的創辦，一方面極大地推動了民國時期伊斯蘭文化研究，在宣傳動員回族民眾參與抗戰方面起了重要作用，同時加強了全國各地回族之間的相互瞭解，也為回漢之間的溝通架起一座橋樑。「作為一個愛國的宗教團體，既要搞抗日救亡的工作，也要宣傳伊斯蘭教教義，雖兩者兼顧，但必須做出先愛國，後愛教的示範。」〔註 3〕回族報刊在引導回族愛國與愛教關係方面進行了正確抉擇。同時由於回族分布全國各地，這些期刊雜誌的創辦對各地回族之間信息交流、發表回族伊斯蘭文化最新研究成果提供了平臺。許多雜誌辦刊時間長，宗旨明確，欄目設置內容豐富，涉及回族政治、經濟、文化、宗教、各地回族介紹、國外伊斯蘭教研究動態等各個方面，也有許多文藝作品。更為重要的是許多漢族學者通過這些刊物對回族伊斯蘭教有了全面瞭解，並受到高度關注，參與到對一些問題的討論中，如民國時期禹貢學會主辦，漢族著名學者顧頡剛、譚其驤主編的《禹貢半月刊》連續多期開設「回教專號」，刊登了許多回、漢學者關於回族伊斯蘭教研究的文章，對回族伊斯蘭文化研究方向起了很好引領作用。

中國伊斯蘭青年會在抗戰勝利以後於 1946 年更名為中國回民青年會，並於 1946 年 5 月創辦《回民青年》雜誌，該刊辦刊宗旨為「團結全國回族，爭取回民利益，融洽民族感情，共負建國任務」，該刊以發表許多對回族現實問題的思考性文論，在回族社會產生一定影響，如讀者在給該雜誌的一封信中稱讚說：「看到貴會創辦的《回民青年》刊物，讀了貴會宣言和諸公的大作，我們的血沸騰起來，我們高興得沒辦法再形容了！我們立刻把這刊物傳到各友好同志讓他們看。我們很懇切地向諸公說，從來沒有人顧到回民大眾利益的，從來沒有人替我們說話的，我們也從來沒有將本身的環境和遭遇公告諸社會的。以致回民受到社會的歧視，回教一般衰落的現象，到了不堪收拾的地步。你們將回民的運動歷史說得非常清楚，將我們所要說的話大聲疾呼地讓社會人士知道，沉默的回民社會因諸公的努力而緊張活躍起來，我們對諸

〔註 2〕轉引自李樹江等編：《馬宗融專集》，寧夏人民出版社，1992 年。

〔註 3〕喇文波：《回憶彭縣回教救國協會》，《成都少數民族》，四川人民出版社，1997年。

公抱著無限的熱望，我們的希望不僅是諸公當回民的喉舌而已，而是希望每位教胞能夠普遍的覺悟，拋卻任何人的私見，一致回教復興，精誠團結努力奮鬥，回民在中國有了政治上的地位，加強了一般人的自信心，那回教的一切衰敗現象都可挽救過來，並能求到真正的回民大眾利益。」〔註4〕

第二節　艱難的辦刊歷程

　　1938年2月《回教大眾》在武昌創刊，出刊9期，因武漢遭日軍轟炸，被迫停刊，1939年1月遷至重慶復刊，主編沙蕾，其辦刊宗旨「我們要使得更廣大的回教大眾都踴躍動員，讓他們在這個偉大的時代中獻身民族，同時喚起世界回教大眾對我的同情和援助」〔註5〕。《回教大眾》曾刊發一系列抗戰文章，如甘寧青抗敵救國宣傳團《告全國回教同胞書》《日本帝國主義者給回教民族的誘惑》《保衛西北與協和回漢》《戰時中國的回教徒》《鞏固和擴大回漢團結》《目前回民應有的幾項工作》等。許多民國政要為《回教大眾》題詞，時任國民政府軍事委員會委員長的蔣介石題詞「回教大眾，復刊紀念：中華民族，同心同德，貫徹抗戰，完成建國，蔣中正題」；國民政府主席林森題詞「回教大眾半月刊：團結民族力量，捍禦強敵侵陵，就此意義努力宣傳，必收勝利之效果，林森」；行政院院長兼財政部長的孔祥熙題「回教大眾半月刊題詞：憤切同仇，孔祥熙」；立法院院長孫科題「抗戰大業，眾擎斯舉，闡揚宗風，用禦外侮，疆場同仇，群情鼓舞，卻敵功成，又安海宇。二十八年元旦題贈，回教大眾半月刊，孫科」；司法院院長居正題「充實而有光輝之謂大，大而化之謂聖，聖而不可知之謂神。回教大眾社囑題，居正」；蒙藏委員會委員長吳忠信題「喚起抗戰意識，爭取最後勝利，二十八年元月，吳忠信題」；四川行轅主任賀國光「發揚民族精神，爭取最後勝利，民國二十八年元旦書，回教大眾半月刊題」。《回教大眾》創刊於抗戰初期，全國抗日民族統一戰線的形成及團結各民族共同抗日也是當時國民政府的一項基本國策。1937年底，南京淪陷以後，國民黨中央黨部與國民政府軍事委員會、行政院、監察院、外交部、財政部等部門以及軍政首腦要員們均移駐武漢，恰逢此時《回教大眾》在武昌創辦，成為民國時期回族報刊中接受國民政府要員題詞最多的一個。

〔註4〕《東北回民青年代電》，《回民青年》1947年第2號。
〔註5〕沙蕾：《發刊的意義》，《回教大眾》創刊號，1938年2月25日出版。

抗戰大業 眾擎斯舉闡揚
宗風用禦外侮疆場同仇
摩情鼓舞御敵成功成仁安
海宇 二十八年元旦題贈
回教大眾半月刊 孫科

回教大眾半月刊
團結民族力量捍禦強敵
侵陵就此意義努力宣傳
必收勝利之效果
林森

回教大眾 復刊紀念
中華民族同心同德
贊澈抗戰完成建國
蔣中正題

　　《回教青年月報》是南京回教青年會主辦的一份期刊，創刊於 1936 年 4 月，主編石覺民，社址設在南京淨覺寺內，先後出版 52 期，從第三卷（1940 年 12 月）開始更名為《回教青年》。該刊辦刊宗旨主要有以下七條：（一）宣達中央德意；（二）闡揚三民主義；（三）揭櫫邊民痛苦；（四）統一回民思想與信仰；（五）記載各地回民實況；（六）闡發回民真義；（七）灌輸回民智識。創辦初期，報導各地回民狀況。1936 年底西安事變後，各地回民團體發表電文，對楊虎城、張學良行為進行譴責，要求釋放蔣介石。對侮教事件也有報導等，發表一些有學術價值的文論。由於該刊在南京創辦，國民政府主席林

森、國民黨元老戴傳賢為該刊題寫刊名，並題詞，為《回教青年月報》題詞的還有于右任、孫科、賀耀組、陳調元、谷正倫、陳立夫、居正、韓復榘、白崇禧等。

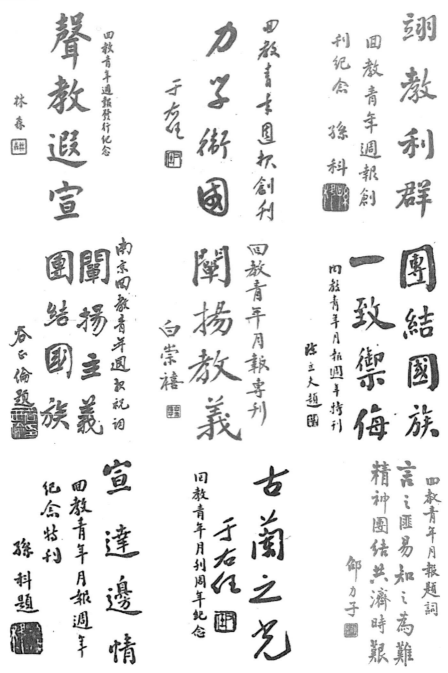

其中戴季陶（傳賢）的題詞比較長，原文如下：

余為佛教信徒，世界人士既知之，國民既諒之矣。然余之對於回教則夙具尊敬，其理由有三。中國漢族自古為敬天、敬上帝之一神教，以國民古代宗教言之，與中亞發生之一切一神教同其源，一也。釋迦世尊教人雞鳴五念而念天，乃其一端，二也。中國回教信徒其信仰之堅、組織之密、號令之嚴、為公家服務心之真而強，辦法之妥善而認真，與乎清潔莊嚴之能確實推行，雖在異教至多、風俗至頹之社會中亦能毅然決然保其風範若斯教者，洵可謂與兩年來蔣先生所倡導之新生活無二。我佛教之在中國，一切正當宗教皆為良友，而回教則尤為畏友。斯乃就日常生活而言者，若夫教義，則非斯文所宜論者也，此其三也。回教青年發行月刊，囑余為之題辭，余與回教教義讀書不滿百冊，於回教聖地又未嘗巡禮，而大德高賢知之者又至少，惟希望世界自古聖人之正教皆得不為後世曲解濫用，而發展無疆。又望一切宗教之信徒皆秉其明德、新民止於至善之慈悲大願，互相親愛，在家為克家子，在國為忠良民，在教為正信弘法之徒，在世界為頂天立地、愛眾親仁之大善士，則誠正、修齊、治平之道，於是乎實現於今之世矣。

民國二十五年二月　　戴傳賢〔註6〕

抗戰爆發，南京淪陷以後，《回教青年月報》編輯部人員一路向西轉移，先到重慶，1938年初遷往蘭州，出刊多期「抗戰專號」，主要任務為動員回民積極參與抗戰，發表蔣介石《告戰區回教同胞書》，國民黨中央宣傳部《告回教同胞書》及各地戰況圖片及文字報導。也發表白壽彝《論設立回教文化研究機關之需要》、馬霄石《西北民族問題專號》。主編石覺民在「蘭州復刊詞」中提到日軍轟炸南京及對中國人民犯下的滔天罪行，編輯部人員投入救助傷員及難民、艱難向西遷移的過程：

七月七日盧溝橋，日本小鬼來逞兇；

藉故要把平津占，小題大做把城轟

掀起全民來抗戰，焦土決心與倭爭

自從上海開了火，難民傷兵聚南京

〔註6〕《回教青年月報》創刊號，1936年4月1日出版。

有的扶老攜著幼，有的炸傷不成形
饑沒吃來渴沒飲，無家可歸真苦情
有說獸兵太蠻橫，任意槍殺我壯丁
婦女輪姦還不算，擄劫少女回賊營
房屋燒的無其數，屍滿街衢血染紅
有說敵機亂投彈，犧牲無數老百姓
有的炸的成肉醬，有的炸的成肉餅
上海有個龍華寺，三個炸彈炸個平
難民炸死一千多，沒有一個身完整
南京天天來轟炸，死的無辜數不清
本報仝人心悲憤，不怕轟炸和寒風
不論晝來不管夜，救濟難民和傷兵
有的擔任擔架隊，有的擔任換藥生
管理難民衣食住，臨行發給乘車憑
登記難民一萬多，照料傷兵千餘名
只知為公去服務，沒有準備離南京
自從國都遷重慶，市面漸成冷清清
十家八家把門鎖，街上走的盡傷兵
避免無謂犧牲掉，各背行李起了呈
圖書印刷全拋棄，各樣器物都犧牲
中華門外火車上，男女老少擠的凶
吵鬧哭喊成一片，頭等車上人四重
丟掉行李好幾個，擠死小孩一二名
車上玻璃全打碎，沙發踏的淨窟窿
當晚車到蕪湖站，頭暈眼花認不清
每個旅館客都滿，小茶館裏把身容
候船候了一星期，有個英船上水行
想盡方法把船上，船上買辦太無情
五十塊錢一個鋪，另外買票買飯用
我們仝人十幾位，無奈坐在前稍棚
忍饑受餓還不算，寒風吹的都頭痛

三晝兩夜到漢口，個個臉上帶病容

正在躊躇無投奔，幸得教胞表同情

大家搬入清真寺，籌備發刊忙不停

臘月十三南京陷，滅絕人道是日兵

殺我同胞有五萬，兒童兩萬運東京

婦女編成慰勞隊，分發各師任獸行

哭叫吶喊驚天地，鐵石心腸也心疼

大家越想越悲痛，集議宣傳西北行

一面散發宣傳品，一面口頭來說明

路上走了一個月，這才到了蘭州城

能在蘭州來復刊，也算不幸之中幸

希望西北同胞們，目前局勢要分明

中國只有一條路，惟有抗日能復興

我們趕快組織起，莫等倭鬼大炮轟

擁護領袖蔣委座，保我國土主權整

抗敵不分老和幼，守土哪管西和東

再說報仇和雪恥，匹夫之責不能丟

尤其我們回教徒，反抗侵略載天經

為國抵抗殘暴寇，犧牲獲得兩世榮

這是血淚一套話，寫在蘭州復刊中。〔註7〕

　　《醒回篇》是中國留日學生以留東清真教育會名義創辦的一份回族刊物，只出版一期，其辦刊宗旨是「謀內地之宗教改良及教育普及兩事」。王希隆先生認為《醒回篇》「是我國回族歷史上的第一個自辦刊物，也是近代中國資產階級知識分子在日本創辦的進步刊物之一。」〔註8〕早於《醒回篇》的有1906 年回族人丁國珍創辦的《正宗愛國報》。《醒回篇》共發表文論 15 篇，其中在日本留學的留東清真教育會會員文章 10 篇，以談論回族教育文章居多，內地 5 篇稿件包括蔡大愚撰《留東清真教育會序》及童琮兩篇文章。附雜件 4 篇，包括《東亞清真教育總會之狀況》《留東清真教育會記事》《留東清真教

〔註 7〕石覺民：《蘭州復刊詞》，《回教青年月報》（抗戰特刊第三號），1938 年 3 月 1 日出版。

〔註 8〕王希隆點校《醒回篇·點校前言》，蘭州大學出版社，1987 年。

育會章程》《留東清真教育會會員錄》。關於《醒回篇》的價值，早已引起學術界關注，早在 1987 年 12 月 15 日在蘭州召開的第三次回族史討論會上，著名學者羅萬壽教授向大會提交《回族近代革命史上的光輝篇章——〈醒回篇〉思想簡析》一文，認為「它集中反映了回族進步知識分子的愛國思想與救國主張，反映了他們當時探索挽救國家危亡，振興民族和宗教的思考歷程」〔註9〕。蘭州大學王希隆教授曾對《醒回篇》點校，於 1987 年由該校出版社出版，為研究者提供了方便，也反映出學術界對《醒回篇》價值的認可。最近王希隆教授準備再版《醒回篇》，增加一些研究內容，王教授表示，他正在對「留東清真教育會」14 省 36 位會員回國以後主要活動事蹟進行研究。《醒回篇》一開始就關注回族教育及宗教改良，成為近代回族文化運動討論並實施的主要內容，因此可以說，「留東清真教育會」的創立及《醒回篇》的出版發行揭開了近代回族文化運動的序幕。

　　《正宗愛國報》是回族人士丁寶臣於 1906 年 11 月 16 日創辦於北京的一份白話文報紙。面向全國民眾，以「開通民智」「傳達民情」「匡正時弊」「鼓吹愛國」為號召，以喚起人們「合四萬萬人為一心」，「讓黃臉面、黑頭髮」

〔註 9〕羅萬壽：《回族近代革命史上的光輝篇章——〈醒回篇〉思想簡析》，馬通主編《回族近代史研究》，甘肅民族出版社，1992 年。

的中國人「痛癢相關，愛國如命，保衛中華……萬萬年」為宗旨，並將「崇實」「提倡公益」「勸學」「勸工」列為報紙主要內容。通過論說、雜談闡明自己對社會、民族宗教等問題看法，也刊發回族社會方面一些報導，他主張爭取回民的權利，改革宗教，提倡發展回民教育。丁寶臣號召回族青年摒棄保守陳舊思想，學習實業技能，開拓新的謀生方式。丁寶臣在牛街開辦織布廠，招收回族學徒。在政治上，宣揚愛國保國思想。雖然叫「愛國報」，但創辦時的「國」還是清王朝統治下的封建國家，辛亥革命終結了一個老態龍鍾的封建王朝後，報紙上的這個「國」字才有了真正的意義。丁寶臣反對袁世凱倒行逆施，報導各地討袁新聞，抨擊袁世凱的復辟陰謀，1913 年 7 月 28 日報紙被查封，丁寶臣於 1913 年 8 月 1 日被捕，19 日遭殺害〔註10〕。《正宗愛國報》共出版近 7 年 2363 期，發行最多時達 4 萬份，是當時北京地區影響最大，辦刊時間最長的報刊之一。

　　《月華》在近代回族報刊中以辦刊時間長、內容豐富、辦刊宗旨明確、社會影響大、印刷相對精美而著稱，也是近代回族政界、文化界、宗教界精

〔註10〕張巨齡：《清末民初的回族報刊和丁寶臣等五大報人》，《雲夢學刊》2006 年第
　　5 期。

英人物通力合作的傑出成果之一。創刊於 1929 年 11 月 5 日，1937 年北平被日軍攻陷而被迫停刊，1938 年復刊，後又停刊，1946 年復刊，一致堅持到新中國成立後改為《回民大眾》。共堅持創辦 20 年，約計出版 17 卷 485 期。馬福祥、唐柯三、馬振五、趙振武、孫燕翼（幼銘）、馬松亭等人發起，成達師範學校主辦，北平月華報社編輯發行。據記載「《月華》報蓋創始於隴右馬雲亭先生。先是民國十八年秋某日，雲亭先生在平與寶慶馬振武先生、鄒縣唐柯三先生、北平孫燕翼先生等會於報子胡同私宅，喟然以吾教教義不彰、西北民智落伍為歎，乃有發行刊物以發揚教義、啟發民智之決定。維時，群以唐柯三先生長校成達，與不佞等念經人接近，措施較易，乃委託負責計劃其事。」〔註 11〕《月華》在回族文化研究、闡釋教義方面的確有過重大貢獻，在中國回族文化史上具有劃時代的意義，曾經一度發行到海外阿拉伯地區，在溝通中阿文化交流方面也頗有成績。雖然因為國難的影響，曾出現短時期的間斷，但因為全國回族的期盼、編輯部同人的努力，他們克服重重困難，繼續刊行。《月華》的創辦，集當時回族政界、文化界集體智慧，其中政界馬福祥作用最大，他不僅幫助成達師範學校順利遷平，也是《月華》創辦發起人之一，特別在辦刊經費方面給予大力支持。據唐柯三在《月華》10 週年慶祝會上講「五三之變，暴日據濟南，省中大中小各學校，一律停閉，余所創辦之成達師範學校，亦不能例外，謀之馬雲亭先生，得其贊助，乃由濟遷平。次年春，雲亭先生自南來，到校訓話，與余談及今日回教文化就湮，回民知識落伍，茲值北伐告成，國家亟待建設，吾教人民，若不力圖振作，前途何堪設想？余謂興辦教育，固為今日之急務，然欲喚醒民眾，一致奮起，必須有言論機關，從事宣傳，方可收普遍敏捷之效。馬公重蒞之越日，在其宅內，邀集馬振五、孫燕翼、馬松亭諸先生及余討論此事，詢謀僉同，共議遂定，馬公月任經費百元，余由成達學校負責籌劃，聘請孫君幼銘、趙君振武主編輯，於是《月華》遂應時代之需要而產生矣！發行迄今，悠悠十載，期間關於教義之闡揚，民智之啟發，回民教育之宣傳，回教生活之指導，戶口之統計，文獻之調查，以及回教世界之聯絡，莫不悉力而為，卓有效果，國內閱戶之多，亦為其他回教刊物所不及。惟此十年中，以人力、物力之限制，備嘗艱難，於理想之目的，相去尚遠，然其一貫之主張與理論，並無絲毫移動，

〔註11〕趙振武：《五年以來〈月華〉報——代社長在成達周會報告》，《月華》1934 年第 6 卷第 28、29、30 期合刊。

十年有如一日，且無論經何障礙與挫折，始終繼續刊行，此發起人之初衷所堪告慰者也。今者《月華》無恙，而發起人中雲亭（馬福祥，字雲亭）、振五、幼銘、振武諸先生相繼物故，思之能勿愴然！願死者長已矣，生者責無旁貸，宜如何悉力扶持，更是其發揚光大，以成死者未竟之志耶。抗戰以來，《月華》亦隨抗戰之全陣線而移動，由北平而桂林，處境較前益艱，而奮鬥之力量亦愈銳，其言論與思想，頗足以領導大部分回教民眾，予以宗教與政治信仰之適當標準，俾意志集中，而力量加強，故其內容，亦較向日為擴大。」〔註12〕

《月華》創刊以後，趙振武、白壽彝、金殿桂、馬金鵬、龐士謙等先後出任主編。「七七事變」以前，是趙振武負責編輯工作，桂林復刊後由白壽彝負責編輯工作。起初社址設在北平東四牌樓清真寺成達師範學校內，後因戰亂先後隨成達師範學校遷至桂林、重慶，抗戰結束以後返回北平。《月華》辦刊宗旨是：發揮回教適合現代潮流之精義；介紹世界各地回民之消息；增進中國回民之知識與地位；解釋回教新舊派之誤會，發達中國回民之國家觀念；提倡中國回民之教育及生計。《月華》欄目豐富，主要有古蘭詮注、時事述評、言論講壇、學術講座、論著選載、回教世界、講演錄、調查等〔註13〕。《月華》之所以能得到回族群眾的一致擁護與支持，在於辦刊宗旨明確，主張適中，討論教義皆以《古蘭經》「聖訓」為出發點，引導宗教順應社會發展。撰稿人隊伍也比較固定，包括成達師範學生，留學埃及的同學，還有分散在各省的《月華》通訊員及自由投稿者，還有一些漢族文化名流如陶行知、顧頡剛、盛成中等。《月華》同樣也團結了一批近代回族文化精英，在《月華》發文最多的有王曾善、馬堅、馬松亭、海維諒、趙振武、唐柯三、王夢揚、龐士謙、謝澄波、薛文波、王國華、孫繩武、丁正熙、金殿桂、馬金鵬、傅統先、金吉堂、張秉鐸、閃克行、王農村、納忠、李廷弼、張兆理、白壽彝、虎世文、蘇盛華等。《月華》在封面、版式設計方面也極具個性，《月華》的主要設計人是孫幼銘先生，他曾擔任《北平晨報》編輯多年，也是著名新聞人，積累了豐富辦刊經驗，《月華》經他精心設計，從內在質量到外在包裝得到回族大眾認可與喜愛，在回族社會產生廣泛影響。〔註14〕「《月華》自出刊以來，差不多已成為全國回民的普遍讀物，家喻戶曉，不脛而走。此次曾善等訪問近

〔註12〕唐柯三：《〈月華〉十週年》，《月華》1939年第11卷第31、32、33期合刊。
〔註13〕雷曉靜：《回族近現代報刊目錄提要》（上冊）206頁，寧夏人民出版社，2006年。
〔註14〕愚克：《〈月華〉的特色》，《月華》1939年第11卷第31、32、33期合刊。

東回教各國，到達之地，如埃及阿拉伯各國的大圖書館及公共會所，隨處都可見《月華》的蹤跡。很多的外國同教，在談話間常常說出《月華》的名字，以表示他們對於中國回教之關心與注意。《月華》所刊之阿文文字，間亦有能道其內容，藉以窺知中國回教之狀況者。此又可見《月華》在溝通中外回教文化，聯絡中外穆民感情方面的貢獻了」〔註15〕。「闡揚回教教義，介紹回教文化」是民國初期許多穆斯林報刊的辦刊宗旨，如雲南《清真鐸報》，廣州《天方學理月刊》，上海《中國回教學會月刊》，天津《明德月刊》等，大多偏重介紹伊斯蘭教教義，同時發表一些學術及翻譯文章。但《月華》除此之外，重視改良回族教育，研究回民生計問題，對內則呼籲開發西北，彌合回、漢感情，對外注重溝通中阿文化等。1947 年改為《月華週報》，為六日刊。

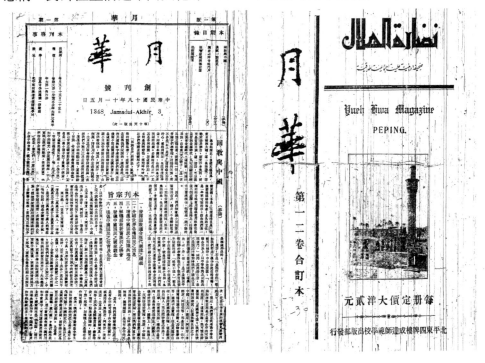

　　《清真月報》《清真鐸報》是雲南回族知識群體創辦的雜誌。《清真月報》創刊於 1915 年 2 月，由留東清真教育會會長保廷梁發起創辦。1908 年保廷梁在《醒回篇》發表，《宗教改良論》一文，提出宗教改良的三個要件，「一、設立宗教改良調查機關；二、組織清真月報，以報告其調查情形，以指謫其腐敗之狀況，以宣示其改良之方法，以開通其頑固之方法，以表現其清真之

〔註15〕王曾善：《〈月華〉百歲》，《月華》1939 年第 11 卷第 31、32、33 期合刊。

要義。三、立宗教學會」。保廷梁曾留學日本政法大學法學科，回國後任雲南省高等審判庭庭長，並開始實踐他在留日期間的設想，創辦《清真月報》，可惜只出了四期，於 1915 年 4 月停刊。1917 年雲南回族又辦《清真彙報》，不足一月又夭折。1922 年再度創辦《清真旬刊》但一年之後又復夭折。1928 年馬聰當選雲南回教俱進會會長後，宣傳處白亮誠、馬聘三提出創辦《雲南清真鐸報》，得到馬聰會長、何廷棟、趙鍾奇副會長支持，並設法籌劃辦刊經費，提供編輯部辦公場所，馬聰擔任社長，納忠、納訓曾擔任編輯。1929 年 2 月中國回教俱進會滇支部創辦《雲南清真鐸報》正式創刊，期間幾度停刊復刊，1931 年停刊過一次，1936 年又再次停刊，直到 1940 年復刊時更名為《清真鐸報》，共發行 36 期，並辦有副刊，馬適卿、馬慕青、納忠、白壽彝、馬堅、沙德珍、納鍾明、納訓先後出任主編。雲南回族鍥而不捨，克服重重困難，堅持創辦自己刊物的決心一致存在，但由於經費缺乏，稿件不能保證或辦刊人意見不統一，許多刊物沒能堅持下來，或中途夭折，「雲南回教之有刊物，遠之如民國四年之《清真月報》，六年之《清真彙報》，十一年之《清真旬刊》，但不久即告停刊。迨民國十六年，重整旗鼓，創辦《清真鐸報》。在當時回教刊物中，頗負聲譽。其後由二十年至二十三年中，因主持編輯與發行者人事變動，又復遭頓挫而致中斷。自抗戰事起，承中央之意旨，組織回教救國協會，各省縣組織分支區會，策動整個中華民族之回教同胞，認識抗戰意義，加強抗戰力量，一致起來與日本帝國主義者奮鬥，以保領土完整，以求國家之生存，於是停刊日久之《鐸報》又告復活」。

復刊之《清真鐸報》以抗戰救國為宗旨，號召回族同胞「愛國愛家，崇正義，禦外侮、重團結、尚救濟、輕犧牲」。抗戰期間，《清真鐸報》在中國回教救國協會滇分會指導下連續出版，直至抗戰勝利。自 1945 年以後，《清真鐸報》調整辦刊方向：一、闡揚教義與伊斯蘭文化；二、介紹回教真相；三、灌輸國民常識，爭取回胞地位；四、陳述回胞痛苦，喚醒其國民應享的權利與法律上應有之保障；五、溝通中阿文化，介紹有關名著，多方啟迪；六、報導各地回民動態〔註 16〕。這一時期的《清真鐸報》上發表大量反內戰求民主的文章，甚至轉載過中國共產黨民主與和平主張的大量文章，還發表過西南聯大和雲南大學著名文化學者、民族學家、社會學家如顧頡剛、馬寅初、白壽彝、費孝通、張溪若、楊志玖、江應梁、吳澤霖等大量學術文章與

〔註16〕 《復刊週年獻詞》，《清真鐸報》1945 年新 19～20 號。

時政文章，成為當時雲南乃至全國輿論界十分活躍的民主進步刊物。〔註 17〕
1948 年 6 月《清真鐸報》新 37 期出版以後，因人事變動及經費困難等問題被
迫停刊，1948 年 9 月，報社編輯人員沙德珍、納鍾明、林松等又在昆明民意
日報社出版《伊斯蘭通訊》週刊，每星期五出版。1949 年又轉至昆明《觀察
報》社，繼續印刷發行，先後編印 38 期，主要內容為宣傳伊斯蘭教義，報導
全國回民動態〔註 18〕。2014 年雲南大學出版社出版《清真鐸報》影印本，該
資料為雲南大學姚繼德教授經多年搜集整理並做了精心修版而正式出版，為
學者學術研究提供了方便，也是彌足珍貴的回族歷史文獻。

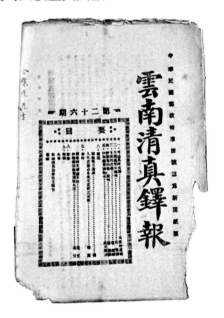

　　《突崛》是南京國民黨中央政治學院附設蒙藏班（1933 年 7 月改國立南
京蒙藏學校）的回族青年學員穆建業、穆成功於 1934 年 5 月創辦，馬繼周、
馬成智、馬建業、汪治等先後擔任主編，由《突崛》月刊社發行，地址在南
京曉莊，其辦刊宗旨是：喚醒中國回民，闡揚回教教義，倡導回族教育，聯
絡回教民族。對於邊疆問題，特別是甘寧青回民教育問題格外關注。創刊初
期，每期發行 1500 份左右，其中贈送國民政府各部門及各省市文化機關 250
餘份。在這份期刊中回族、回民、回教、回教民族、伊斯蘭教、清真教等混
用，反映出當時人們對民族、宗教，特別是回族與伊斯蘭教關係認識比較模

〔註 17〕姚繼德：《影印〈清真鐸報〉序》，雲南大學出版社，2014 年。
〔註 18〕馬穎生、馬德生著：《馬驄評傳》126 頁，雲南大學出版社，2015 年。

糊。抗戰爆發後,《突崛》以「喚醒中國回胞,以促進中華民族精誠團結,共
禦外侮;聯絡世界回教,發揚伊斯蘭精神,消滅侵略者」為宗旨,號召將所
有力量都集中在抗戰大業上。1937 年 8 月,敵機轟炸南京,《突崛》編輯部隨
校西遷廬山,總務與發行遷往安徽九華山,這裡沒有印刷廠,也不通郵,繼
續辦刊、發行都遇到極大困難,但他們沒有放棄,編輯人員帶著雨傘、草鞋
下山到大通去印刷,印刷出版後運回九華山發行,一次往返數百里路程,而
且大通隨時在敵機空襲中,他們將生命置之度外,在萬分艱苦中,編輯出版
了 4 卷 80 餘期。

　　南京失守以後,《突崛》編輯部又一路向西轉移,他們每到一處,沒有忘
記抗日宣傳,至湘西芷江縣又奉命停止,當時各方接濟不達,經費及其困難,
印刷也成問題,但他們克服各種困難,出版兩期「戰時特刊」。因日軍步步緊
逼,《突崛》編輯部又隨幾位回族青年向武漢轉移,兩個月之後至 1939 年 5
月又奉命向四川轉移,在距重慶不遠的巴縣界石駐足兩月,繼續辦刊。1939
年夏,編輯部全部遷至重慶小溫泉,一切工作漸入正軌。1942 年《突崛》社
在昆明成立分社,1942 年昆明分社主辦之《新穆民》雜誌問世。經過艱難歲
月的磨煉,這幾位回族青年開始思考回族與中華民族之間關係,「回族在中國
所以成為回族,自有其自然條件在,猶如漢族的成為漢族,蒙、藏族的成為
蒙、藏族,同樣的情形,是自然演進而成的,並無勉強作用。現在中華民族
已經由自然演進而到了成立的時期……,總理從前曾主張中國民族有漢、滿、
蒙、回、藏之分者,並不是一種定論,而是把中國所有的民族歸為五類,作
為中華民族演進的最後過程。若嚴格的分起來,中華民族豈止僅有五族而已?
所以我們希望中國國民的民族觀念,應朝向一個共同的方向以促成整個的中
華民族,不要則各自強調自己的小民族,而對其他民族加以分化或否定……,
同時深望我們回胞自身,更應加倍努力,團結一致,健全地做中華民族的一
份子,共起從事抗戰建國工作,不要予敵人各個擊破的機會」〔註19〕。《突崛》
創辦之初,主要負責人為穆成功、馬建業,後來馬裕恒、馬俊榮、高文遠、
張永順、馬秉義、馬良駿加入編輯、發行團隊。廬山、芷江時期,以馬裕恒、
馬俊榮、高文遠為中心,入川後馬成智、全寶玉、鄭通治為負責人,馬建業、
汪浩、汪沛、少淑嫻繼之,他們在艱難困苦中鍥而不捨的辦刊精神令人敬佩。
10 多年時間,《突崛》編輯部隨先後從南京曉莊——青陽九華山——湖南芷江

〔註19〕《〈突崛〉八週年獻辭》,《突崛》,1942 年第 8 卷第 9、10 期合刊。

——巴縣界石——重慶小溫泉，一路走來，歷經艱險。《突崛》以純正的立論、堅定之立場、正義之吶喊，作為回族等穆斯林喉舌贏得了讀者及社會各界讚譽。開設的欄目有論壇（評論）、論著、教務、調查、敘述、轉載、通訊、文藝等。根據形勢需要，還曾編輯出版「中國回民教育專號」「回教青年問題專號」「新疆回族專號」「戰時特刊」「紀念凱末爾將軍特刊」「伊斯蘭青年之呼聲」「伊斯蘭學府風光」等。至 1944 年第 67 期，《突崛》辦刊 10 週年之際，有人作過統計，10 年期間，發表伊斯蘭教義類稿件 21 篇，回族等穆斯林教育類 96 篇，學術類 17 篇，回教名人事略 15 篇，回教社會問題 173 篇，國內回族社會調查類 72 篇，國外穆斯林社會運動類 41 篇，討論國內回漢問題稿件 11 篇，一般回族社會問題類 95 篇，回族史類 7 篇，通訊稿件 24 篇，其他 100 餘篇〔註 20〕。辦刊經費主要依靠各方人士捐助，有時經費無處籌措，辦刊人員從學校補助的伙食費中節省一半用於支付印刷、發行費用。「《突崛》在過去的十年，是由各位社友節衣縮食，挨餓忍渴，竭盡了力量，嘗飽了痛苦，從一點一滴的努力中掙扎下來的成績，在這成績裏面，潛伏者刻苦奮鬥的意志與自強不息的精神」〔註 21〕。1945 年抗戰勝利以後，國民政府遷返南京，「國立南京蒙藏學校」停辦，《突崛》也就停刊了。

〔註20〕金式如：《春風十度話〈突崛〉》，《突崛》1944 年第 67 期。
〔註21〕英夫：《〈突崛〉十年》，《突崛》1944 年第 67 期。

　　《伊光》創刊於 1927 年 9 月，主編王靜齋，《伊光》報社發行。其辦刊宗旨是：遵經求實，弘揚伊斯蘭文化。在創刊詞中王靜齋寫道：「現今世界，非從前可比，東西洋如同是裏外屋，種種的消息時發時至，所以國際間相需互動，各施發展國權的巧妙手段。獨有我國的同人，對於國外本教的消息茫無所知……，本報願作國人的耳目，按期將本教各國的近聞介紹給大家……，作各方穆民同胞研討學問、互換知識的小機關」。創刊初期，社址設在天津清真北大寺，每月出版一期，每期四版。內容豐富，有經訓、教義、教法、教史等譯文，也有述評、遊記、人物介紹、專訪、問題討論、新聞報導、各地教務活動，全面介紹中國穆斯林生活，至 1939 年出版 100 期。在絕大部分時間裏《伊光》只有王靜齋一個人支撐，集撰稿、編輯、出版印刷、發行於一身。王靜齋在《伊光》百期感言中說「本刊自民國十六年創始，迄今十二年之久，因中途不斷發生變故所以至今才滿一百期。自創刊那一天起，自我一個人搞，直到現在已然沒有第二者來幫助。創刊號發自天津，而後所謂伊光報社，時常隨著本人遷移，若奉天、安東、長春、哈爾濱、故都等地，全都發行過這張小報（從前是四開的一小張，由八十期以後改為本子）。內容已經幾次變更。初起，不過把我由西國得到的一點見聞以這伊光作工具，介紹給讀者。……自前年七七以後，本人流亡魯、蘇、皖、豫、陝、鄂、湘、川各省，除隨處譯經，藉在『困苦』中得到精神上的安慰外，更於去年，在漢口、河南兩地續刊本報。因見到抗戰期內『人盡其才，物盡其用』起見，乃一變往常宣教義、正舊誤的本旨，乃努力於有關抗戰的宣傳，欲喚起全國教胞抵禦外侮，愛護國家的情緒，自復刊以後，頗得各方讀者贊許」〔註 22〕。王靜齋阿訇學識淵博，通曉《古蘭經》經注學、教義學、教法學，精通阿拉伯語、波斯語及古漢語，歷任河北、北京、遼寧、黑龍江、天津、山東等地清真寺教長，設帳講學，門徒眾多，1922～1923 年在埃及愛資哈爾大學深造，1923 年秋與馬宏道赴麥加朝覲，遊歷沙特阿拉伯各地及土耳其君士坦丁堡、安卡拉，考察伊斯蘭世界現狀，受近代伊斯蘭教改良主義思潮影響，為回國後從事回族文化運動及翻譯《古蘭經》打下堅實基礎。1936 年在北平西單牌樓中國回教俱進會總部成立「中國回教典籍編譯社」，從事翻譯《古蘭經》工作。抗戰爆發以後，王靜齋在重慶十八梯清真寺旁一簡陋小屋一邊從事《古蘭經》翻譯，一邊繼續辦報，不久清真寺遭敵機轟炸，所有譯稿，悉付一炬，阿訇

〔註22〕王靜齋：《本刊百期紀念致詞》，《伊光》1939 年第 100 期。

不氣餒，繼續移地重譯，經一年多，即告完成，由中國回教救國協會代為印行。王靜齋的其他譯著有《回耶辨真》《中亞字典》《中阿雙解新字典》《歐姆代序文》《選譯詳解偉嘎業》《真鏡花園》及回憶錄《五十年求學自述》《我之譯經小史》等。《伊光》共出約 130 期。

《伊光》主編王靜齋阿訇

　　《回民言論》為抗戰時期創辦的一份刊物，半月刊，創刊於 1939 年 1 月 15 日，主編為孫繩武、王夢揚。從 1939 年 7 月 15 日出版的第 2 卷第 1 期開始，更名為《回教論壇》，社址在重慶上清寺聚興村 5 號，分重慶、蘭州兩種版本，辦刊宗旨為「推動回民救國工作，發揚回教文化，研究回民切身問題及促進我國與近東國家之邦交。」〔註 23〕發表許多動員回民抗戰文章，介紹各地回民動態。在《回民言論》發刊詞中說，「不論在前線，在後方，或在海外，都有大量的回民在做救國的工作。貢獻雖不能說偉大，而無時不在進步。但是在救國言論方面，卻感到非常的缺乏，這未始不是一個缺陷，而且是亟待補救的。正為了適應這個需要，乃有本刊的誕生。它的主要目的，即在集

〔註 23〕雷曉靜主編：《回族近現代報刊目錄提要》538 頁，寧夏人民出版社，2006 年。

中學術性質的回民救國言論，供全國回胞的研究、批評和採納，並作回民救國工作推動的力量」〔註24〕。從《回民言論》到更名為《回教論壇》，共出版5卷，政論性文章比較多，如發表《蔣委員長對全國回民的訓示》《蔣委員長痛斥投降理論》《蔣委員長嘉勉馬主席步芳》《軍事委員會給予各地清真寺的保護》《孔院長接見西北回胞代表訓詞》，白崇禧的《敬告全國回教同胞》《抗戰新形勢》《全面抗戰與全面戰術》等。開闢有「回教學人及知識青年介紹」欄目，對回族教育也比較關注，刊發大量教育、伊斯蘭文化譯著類文章，薛文波、李廷弼、王夢揚、王靜齋、孫繩武、馬堅等積極為《回民言論》撰稿，使該刊文章質量較高。

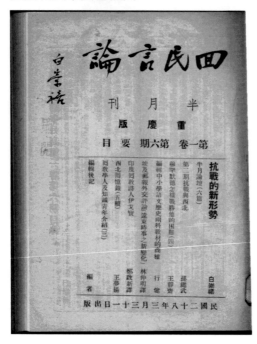 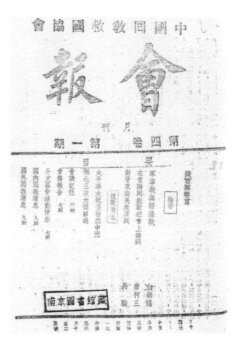

　　《中國回教救國協會會報》是中國回教救國協會主辦的機關報刊，創刊於1939年10月15日，其前身為1938年1月10日創刊的《中國回民救國協會通告》。《通告》係16開報紙單張兩頁，主要報告回民救國協會一些公告、簡章及會務情況。1939年7月中國回教救國協會第一屆全體會員大會之後，隨著中國回民救國協會改組為中國回教救國協會，該刊也更名為《中國回教救國協會會刊》。《會刊》16開本期刊，每期20餘頁，內容也較為豐富、充實，

擬定會刊簡章及投稿簡章，並聘請特邀編輯 26 人，在成都、桂林、昆明、蘭州、西康、邵陽及國外埃及、阿拉伯等地聘請通訊員 9 名，按期供給稿件，出版後分贈本會分、支、區會及社會各界，頗受歡迎。出版兩卷以後，中國回教救國協會又創辦《回教文化》學術期刊，遂改《會刊》為《會報》，內容偏重救國協會活動情況報導及國內外伊斯蘭教消息介紹，有關回族及伊斯蘭文化研究學術稿件刊登在《回教文化》期刊。1943 年隨著中國回教救國協會更名為「中國回教協會」，該刊也相應也更名為《中國回教協會會報》，「救國」二字出銷。辦刊宗旨為：提高教胞國家與民族意識，宣傳鼓動抗戰，闡揚教義，推行教務，介紹有關伊斯蘭教及穆民情況。該刊為民國時期在回族社會最有影響、發行量最廣的綜合性刊物之一，應抗戰而生，一直堅持到 1948 年 10 月，內容除動員回民抗戰、報導國內抗戰動態及救國協會、各地分支會活動以外，還開設有古蘭聖訓、論著、短論、會議記錄、會務報告、會議消息、抗戰概述、宣傳資料、調查通訊、國內消息、國外消息及伊斯蘭名人介紹等欄目。社址最初設在重慶張家花園 62 號，抗戰勝利以後遷至南京太平路 310 號。《會刊》《會報》共出版 8 卷。

《中國回教學會月刊》是中國回教學會主辦並發行的學術型刊物，創刊於 1926 年 1 月，1929 年停刊，同年 10 月復刊後改為季刊，僅出一期又停刊。主編為沙善餘、伍特公，社址在上海方濱路晉昌里 8 號。辦刊宗旨：恪守中國回教學會章程所規定，闡明教義，聯合同志。指導中國同教在宗教上趨同；糾正其宗教上相沿已久之錯誤習慣；提倡其社會上地位之改善；灌輸關於世界回教之知識；消除新舊派之紛擾。設有圖畫、論說、教義、講演、時評、教律、史傳、調查、常識、遊記、譯叢、專件、會務、時事小說等。〔註 25〕《中國回教學會月刊》是上海第一份回族刊物，也近代回族知識分子創辦較早的一份刊物，辦刊經費從學會會員經費支出，不足部分依靠社會各界捐助。《月刊》的主要內容大致包括：反對泥古守舊，呼籲順時革新；啟迪民智，主張建社團、辦學校，發展教育；提倡《古蘭經》漢譯。該刊曾與日人佐久間貞在上海創辦《回光》雜誌進行針鋒相對的鬥爭，對佐久間貞的一些錯誤言論進行批判。發表《古蘭經》部分漢譯章節，至 1929 年停刊。該刊印刷、設計精美，2015 年由寧夏少數民族古籍整理辦公室與北京市民族古籍整理出版規劃小組辦公室聯合整理出版影印本。

〔註25〕《本報編輯大綱》，《中國回教學會月刊》第 1 卷 1 號，1926 年 1 月出版。

الإعلام

من جمعية الإسلام العلمية الصينية

الشهري العلمى الادبى الدينى

第一卷 第一號

中國回教學會月刊

"THE CHINA MUSLIM"

Published Monthly by
The China Muslim Literary Society,
K Tsin Chong Lee, Fong Pan Road,
Shanghai, China.

VOL. I.   RAJAB. 1344. JANUARY. 1926.   No. 1.

民國十五年一月
總號一四四年十一月
中華郵政局認為新聞紙類

大中華印刷局啟事

本局開設上海寗波路貴州路口二百七十七號專印鈔

證書地圖家譜十字譜仿單
票錢票股票獎券禮券文憑
招貼各種商標碑帖中外簿
記五彩圖畫月份牌以及美
術風景圖像影印古版書籍

無不精益求精交貨迅速如
委影印阿剌伯文經典則局
中有款攷監印力求潔淨取
費從廉以副盛意

民國十五年一月一日發行

編輯處　中國回教學會
發行處　上海中國回教學會
代印處　大華印刷公司

本報定價表		
郵費	報價	期數
本埠　一分	一角	每冊一分 一期
本國　二分	一元二角	半年六冊
外國　每冊一分	二元	全年十二冊

凡定閱者報資郵費均請先惠不過郵匯之處可用郵票代發九五折計算以一分二分者為限

廣告價目表		
地位	全面	半面	四分之一
---	---	---	---
一期	十二元	七元	四元
半年六期	三十元	十八元	十元
全年十二期	五十六元	三十四元	十八元

封面裏面及底頁裏外加價章目如議